对外经济贸易大学
远程教育系列教材

U1018747

公共管理学
（第二版）

Public Management (Second Edition)

辛传海　主编

www.euibe.com

对外经济贸易大学出版社
University of International Business and Economics Press
中国·北京

内容简介

本教材内容共分三个部分：第一部分是基础知识，主要介绍了从公共行政到公共管理的演化过程、公共管理学的发展与特点、公共管理者角色与技能以及公共部门的角色与定位、公共责任的本质含义与公共管理伦理的价值取向。第二部分是公共部门过程管理，主要介绍了公共管理过程中的战略、计划、决策、组织、绩效的基本理论与基本方法。第三部分是公共资源管理，主要介绍了公共部门中的人力资源管理、财力资源管理和信息资源管理。

图书在版编目（CIP）数据

公共管理学／辛传海主编．—2版．—北京：对外经济贸易大学出版社，2013.6

对外经济贸易大学远程教育系列教材

ISBN 978-7-5663-0697-5

Ⅰ.①公… Ⅱ.①辛… Ⅲ.①公共管理-高等教育-远距离教育-教材 Ⅳ.①D035

中国版本图书馆CIP数据核字（2013）第110244号

公共管理学（第二版）

Public Management (Second Edition)

辛传海 主编

责任编辑：赵 昕 王 京

对外经济贸易大学出版社

北京市朝阳区惠新东街10号 邮政编码：100029

邮购电话：010-64492338 发行部电话：010-64492342

网址：http://www.uibep.com E-mail：uibep@126.com

唐山市润丰印务有限公司印装 新华书店北京发行所发行

成品尺寸：185mm×230mm 20.125印张 430千字

2013年6月北京第2版 2013年6月第1次印刷

ISBN 978-7-5663-0697-5

印数：0 001-3 000册 定价：35.00元

总　序

（第二版）

2012年正值对外经济贸易大学远程教育学院（简称“贸大远程”）成立10周年。10年来，贸大远程在组织结构、管理体制、招生网络、教学管理、技术平台、教材建设、课件开发等方面已形成了自己的特色。远程教育的名人名师战略、西部战略，以人为本、终身学习的服务理念，以及多元互动的国际化办学特色已在社会上产生了较大的影响力，成为业内公认、全国知名的优秀网院之一。2010年在全国远程教育十周年庆典表彰活动中，贸大远程一举荣获网络教育教材建设奖金奖、国家网络精品课程（网络教育）建设组织奖银奖、优秀网络课程推广奖银奖、优秀论文奖和远程教育贡献奖等五项大奖，成为全国69家试点高校获奖最多的高校之一，受到了教育部和全国高校现代远程协作组的充分肯定和高度赞誉。

《国家中长期教育改革和发展规划纲要（2010－2020年）》强调指出：要“大力发展现代远程教育，建设以卫星、电视和互联网等为载体的远程开放继续教育及公共服务平台，为学习者提供方便、灵活、个性化的学习条件”。中国现代远程教育经过十余年发展，为实现教育大众化、促进教育公平、加快教育教学改革、推进教育信息化等做出了重要贡献。在远程教育系统中，教材无疑是与远程学习者关系最为密切的一个要素。抓好教材建设是办好远程教育的一项十分重要的工作，应充分认识教材建设在远程教育工作中的必要性和重要性。近年来，随着现代远程教育工程试点工作的展开，作为教学资源建设的一个重要组成部分，远程教育教材的研发也越来越为各办学机构所重视。早在2006

年，即“十一五”规划开局之年，贸大远程就率先组织本校具有丰富教学经验的优秀教师，以所开设的两个学历层次的七个特色专业为依据，以现有的导学课件为基础，编写了一套“对外经济贸易大学远程教育系列教材”。本套教材共分为经济贸易、工商管理、法律、金融与会计、行政管理、外语、综合七大系列，全面覆盖贸大远程相关专业的上百门课程。到目前为止，本套系列教材已经编写出版了近90种，其中，《商品学》、《投资管理》、《公共关系学》、《经济法学》和《商务英语写作》先后被评为“北京高等教育精品教材”；《公文写作》、《世界贸易组织概论》、《大学英语》、《国际商法》等教材经多次重印，仍畅销不衰。本套系列教材以品种全、质量高、成规模、销量大而著称，其选用者不仅限于贸大远程，而且涉及其他高校远程学院和培训机构；不仅在学校教学中发挥了重要作用，而且在社会上也具有良好的使用效果，产生了一定的社会效益和经济效益。

对于远程教育的教材而言，“质量与特色”是一个至关重要的问题。教材是否具有远程特色，是否适合远程学习者学习，直接关系到学习者的学习成效，也关系到远程教育的质量。贸大远程在系列教材的策划初期，就高度重视学生在开放教育环境中的个性化学习需求，突出成人教育和远程教育的教学规律，专门为远程学生量身定制。在系列教材的编写与出版过程中，学院高度重视教材建设，始终与作者和出版社保持密切联系，注重收集来自教师与学生的反馈信息，对教材进行及时有效的评价与更新，注重教材的系统性、针对性，确保教材的质量。在系列教材的使用过程中，随着国家政治经济形势的不断变化，国家法律法规的不断颁布与修订，学科的不断发展与知识的不断更新，以及学习者需求的不断变化，贸大远程审时度势，及时根据学院“十二五”教材建设规划作出了对第一版系列教材进行修订再版的决定，以顺应形势的变化、学科的发展以及学习者的需求，适应学院事业发展的新战略。工作着眼点从追求教材的“数量与规模”逐渐转为注重教材的“质量与特色”，着力打造贸大远程优质教材品牌。

第二版远程教材的修订，除了要继续保持和发扬第一版教材在编写体例、结构形式、版式设计等技术层面的原有特色外，更加注重对教材内容及体系的更新和创新，使之更加突出现代远程教育人才培养模式与教学规律，更加体现远程课程体系、教学内容和教学方法方面的改革创新，更加注重理论联系实际和对学员应用能力的培养，更能适应成人教育对象业余学习并以自学为主的特点和需要，较之第一版教材具有更强的针对性、实用性和可操作性。现代远程教育的一个本质特征就是教的行为和学的行为在时空上的相对分离，并以计算机、多媒体、网络为主要媒体的教育形式。在这种新的教育体制下，传统的纸介质教材虽然不再是教学活动的主要媒介，但是在当前技术条件还十分有限的情况下，它仍然是远程教学活动必不可少的辅助工具。有鉴于此，本次远程教材的修订工作，更是有针对性地提出了交互性、一体化的修订策略。力争在导学教材自身的交互性方面有所突破，并力争在媒体建设上实现一体化。将纸质教材与多媒体教学资源有机结合，充分发挥远程教育电子媒体教学资源的优势，减少纸质教材的篇幅。纸质教材要求简洁明了、重点突出。在纸质教材讲清楚基本概念、基本知识、基本技能基础上，拓展阅读参考资料，将与课程内容相关的法律法规、工具模板、操作范例等以多媒体网络资源的形式提供给学生。伴随第二版教材的修订工作，与之相配套的导学课件也将进入新一轮的更新制作阶段。

一套教材只有经过市场的考验，不断修订、完善与更新，才能打造成为精品之作。随着第一版远程系列教材的出版，已经整整过去6年了，经过贸大远程广大师生两至三轮教与学的使用与实践，经过社会大众学习者多年的选用与检验，教材的组织者、编写者和出版者从中积累了丰富的编写与出版经验。随着学院对教材工作的更加重视，我相信在不久的将来，将会有一批体系更加成熟、内容更加实用、形式更加新颖的新版教材陆续问世。步入“十二五”新的历史发展阶段，贸大远程将与时俱进、不辱使命，本着对学生、对社会高度负责的精神，及时推出第二版远程教育系列教材，这是我们贸大远程人为推动中国远程教育的进一步发展所尽的一份教育者的责任。

“读书百遍，其义自见。”希望广大学员养成读书的好习惯，多读书，读好书，并且学以致用。衷心祝愿本套系列教材的修订再版，能够进一步满足接受远程教育的广大学子日益增长的教育需求，伴随大家不断成长和进步。

对外经济贸易大学远程教育学院院长

2012年7月于北京

总　　序

（第一版）

中国远程教育的发展经历了三代：第一代是函授教育；第二代是广播电视教育；20世纪90年代，随着现代信息技术的发展，以网络为基础的第三代现代远程教育应运而生。到目前为止，教育部批准开展现代远程教育试点的高校共67所。对外经济贸易大学远程教育学院（简称“贸大远程”）是在中国加入WTO后的第一年，于2002年3月正式成立的。

现代远程教育作为新生事物，对传统的教学模式、学习习惯、获取新知的途径等产生了巨大的冲击。如何在网络时代打造学习型社会，构筑终身教育体系，是当今时代的重大课题，现代远程教育试点高校为此进行了许多卓有成效的探索。在网络教育的具体实践中，贸大远程始终坚持依托学校的整体优势和特色，坚持知识的内在逻辑性与职业、行业的市场需求的统一，坚持开展面向广大在职人员的现代远程教育，逐步形成了独具我校特色的“7+1”学习模式（即网络课堂、网上答疑、课程光盘、教材资料、适量面授、网上串讲、成绩检测，以及第二课堂活动），为学生个性化学习提供了广阔的空间。自2003年起，贸大远程连续3年蝉联新浪网、择校网、搜狐网和《中国电脑教育报》联合评出的全国“十佳网络教育学院（机构）”称号。值得一提的是，“国际贸易实务”课程荣获国家级奖项，“商务英语”等7门课程荣获北京市优秀教材一等奖和精品课程称号，另有10余门课程在全国性的远程教育课程展示会上获得大奖。

几年来丰富的现代远程教育实践和教学经验积累，为我们出版配套的贸大远程系列教材奠定了厚实的基础。目前，普通高等学校的现有教材并不完全适合远程教学，市面上真正用于现代远程教育的成规模的网络教材还不多见，与网络课件相配套的系列教材更是寥寥无几，因此为接受远程教育的广大莘莘学子专门设计符合他们需要的教材已成为现代远程教育发展的迫切需求。

基于以上原因，贸大远程按照学校一级教学管理体制，本着为社会、为学生服务的宗旨，致力于教学质量的保证和提高，特组织了国际经济与贸易学院、金融学院、国际商学院、英语学院、公共管理学院等学院的优秀教师，以目前开设的两个学历层次的7个专业为依据，以现有的导学课件为基础，编写了这套远程教育系列教材。本套教材共分为外语、经济贸易、工商管理、法律、金融与会计、行政管理、综合7大系列，全面覆盖两个学历层次7个专业的上百门课程。为了打造贸大远程优质教材品牌，我们与清华大学出版社和对外经济贸易大学出版社达成协议，计划3年之内全部出齐。

本套教材在策划编写过程中，严格遵循现代远程教育人才培养的模式与教学客观规律，充分考虑到远程学生在职和成人继续教育业余学习的实际情况，专门为远程学生量身定制而成，具有较强的针对性、实用性和可操作性。本套教材的编写具有如下特点：

一、在教材体系和章节的安排上，严格遵循循序渐进、由浅入深的教学规律；在对内容深度的把握上，考虑远程教育教学对象的培养要求和接受基础，其专业深度比本科有所降低，基础面相对拓宽，不是盲目将内容加深、加多，而是做到深浅适中、难易适度。

二、在每章开篇给出明确的学习目标与重点难点提示，涵盖了教学大纲的重点或主要内容。相对于传统的学校教育，远程教育更倚重于学生的自学能力和自控能力。明确的教学目标有利于学生带着任务有目的地学习。同时，教材中充分考虑到了学生学习时可能遇到的问题，给他们以提示和建议。由于本套教材的作者都是经过挑选的具有长期教学经验的优秀教师，且大多数作者都来自远程教学的第一线，是远程网络课件的主讲老师，能够为学生提供比较丰富的、切中要害的问题解答，从而使远程学生在学习时少走弯路。

三、在章后和书后分别设置“同步测练与解析”和“综合测练与解析”栏目，涵盖了本章及本书的重要知识点，并给出了详尽的参考答案，对难题还进行分析点评，列出解题思路与要点，更加方便学生自学。测验是检验教学目标是否达到的有效手段。由于远程学生是在虚拟的网络课堂上课，远离教师，处于相对独立的学习环境；教师不能通过直接交流，了解学生对学习内容的掌握情况；学生也由于与教师、同学之间的分离，无法判断自己的学习状况。针对这种情况，我们在教材中设置了大量自测自练题目。旨在通过这种自测自练方式，积极引导学生及时消化和吸收所学知识，不断加深对教材内容的理解，阶段性检查学习效果，全面复习和掌握所学知识，综合评判自己对知识的掌握程度，巩固最终学习成果。

四、考虑到有些专业课程具有较强的社会实践性，在教材的编写上也力争做到理论联系实际，注重案例的引入。尽可能安排一个或多个案例，并进行详细的分析讲解。旨在通过案例教学，对课程重点难点进行深化分析和实操训练，加强学生对知识点的理解和记忆，强化学生分析问题、解决问题的能力以及动手操作能力。

在本套教材的编写与出版过程中，我们得到了众多业界专家学者的真诚理解与支持，得到了清华大学出版社与对外经济贸易大学出版社的通力合作，在此向他们一并致以衷心的感谢。在前所未有的战略机遇期和"十一五"期间，相信本套教材的出版，必将是全国远程教育界一件很有意义的事情。衷心祝愿现代远程教育在建立学习型社会、构筑终身教育体系的进程中，在推动中国教育事业向现代化大教育形态的历史转变中，迈出更大更坚实的脚步。

对外经济贸易大学远程教育学院院长

谢毅斌

2006 年 7 月于北京

再版前言

远程教育主要借助于网络学习，不能到课堂听老师讲授，因此，一本好的教材就显得特别重要，好的教材就是好的老师。

《公共管理学》教材自出版以来，已经历时5年，主要作为对外经济贸易大学远程教育公共管理学科的教学用书，深得学生好评。它主要有这样一些特点：一是内容丰富，基本涵盖公共管理学的主要议题；二是体系完整，包括公共管理基础知识、公共部门过程管理及公共资源管理三个部分，各部分之间具有内在逻辑；三是深入浅出，从基本概念入手，对每一个理论和原理的阐释清楚明了；四是编排新颖，便于学习，每一章前都有本章节的重点难点提示，章节后有对本章内容的总结，然后是针对本章内容的练习题，最后是根据本章所涉及基本知识和原理的实际案例剖析。

但由于时间推移而带来的变化，以及在使用过程中发现的一些具体问题，使得本书在适用5年之后，有进行再次修订的必要。如，在公共管理领域里的一些理论上的重要创新，公共政策的变化和政府改革的新的规划和进程，公共部门变革的新趋向，一些由于时间的推移显得已经过时了的案例的更新，学生在使用本书过程中问题集中较多的章节等等，都是本次修订的重要依据。

本书修订过程中，对两章内容进行全面修改，分别是第八章“公共部门人力资源管理”和第十一章“公共部门信息资源管理”，这两章的修改工作是由我的研究生陆苑琪协助完成的。其他部分根据其不同情况，不同程度地进行修改。刘哲西、任治奇、马楠、刘甜、廖云翔、王伟强、颜拓、娄云、李璇、洪嘉等同学在修订的过程中从资料收集、图表制作、文字校对、具体修订等不同方面给以协作，在此一并表示感谢。

对在本书的修订工作中对外经济贸易大学出版社编辑李晨光老师给予的大力支持表示感谢。

辛传海

2012 年 12 月 26 日

CONTENTS

目　录

第一章　绪论 …… 1
第一节　从公共行政学到公共管理学 …… 2
第二节　公共管理学的基本概念和相关范畴 …… 10
第三节　公共管理学的理论基础 …… 15
同步测练与参考答案 …… 23

第二章　政府部门管理 …… 25
第一节　政府部门概述 …… 26
第二节　政府与市场、社会的关系 …… 31
第三节　政府再造 …… 35
同步测练与参考答案 …… 43

第三章　公共企业管理 …… 47
第一节　公共企业管理概述 …… 48
第二节　公共企业的治理结构与环境 …… 52
第三节　公共企业民营化 …… 55
同步测练与参考答案 …… 63

第四章　非营利部门管理 …… 67
第一节　非营利组织概述 …… 68
第二节　非营利组织的运作与管理 …… 73
第三节　非营利组织的发展趋势 …… 78
同步测练与参考答案 …… 85

第五章　公共管理战略 …… 89
第一节　公共部门战略管理概述 …… 90
第二节　公共部门战略管理的过程 …… 94

第三节　公共部门战略管理的问题与改进……101
同步测练与参考答案……107

第六章　公共组织管理……111
第一节　公共组织概述……112
第二节　公共组织理论的演进……118
第三节　公共组织设计……125
同步测练与参考答案……132

第七章　公共部门决策……135
第一节　公共政策概述……136
第二节　公共政策运行过程……142
第三节　公共政策与公共管理的关系……149
同步测练与参考答案……155

第八章　公共部门人力资源管理……159
第一节　公共部门人力资源管理概述……160
第二节　公共部门人力资源管理的基本制度……165
第三节　我国公共部门人力资源管理的改革和创新……169
同步测练与参考答案……177

第九章　公共预算管理……179
第一节　公共预算管理概述……180
第二节　公共预算的方法、程序、技术和工具……185
第三节　公共预算管理的改革与发展……192
同步测练与参考答案……197

第十章　公共部门绩效管理……201
第一节　公共部门绩效管理概述……202
第二节　公共部门绩效管理的指标和方法……204
第三节　公共部门绩效管理的问题和对策……208
同步测练与参考答案……213

第十一章　公共部门信息资源管理……………………………………………… 217
第一节　公共部门信息资源管理概述……………………………………… 218
第二节　公共部门信息资源的开发与利用………………………………… 222
第三节　电子政务……………………………………………………………… 226
同步测练与参考答案…………………………………………………………… 235

第十二章　公共管理方法…………………………………………………………… 237
第一节　传统的公共管理方法……………………………………………… 238
第二节　目标管理……………………………………………………………… 239
第三节　全面质量管理……………………………………………………… 247
第四节　其他现代公共管理方法…………………………………………… 249
同步测练与参考答案…………………………………………………………… 255

第十三章　公共管理的责任与伦理………………………………………………… 259
第一节　公共管理责任……………………………………………………… 260
第二节　公共管理伦理……………………………………………………… 265
同步测练与参考答案…………………………………………………………… 276

综合测练与参考答案…………………………………………………………… 279
综合测练与参考答案（一）　………………………………………………… 279
综合测练与参考答案（二）　………………………………………………… 285
综合测练与参考答案（三）　………………………………………………… 291

参考文献………………………………………………………………………… 297

C

CONTENTS

Public Management (Second Edition)

CONTENTS

Chapter 1 Introduction to Public Management 1

1. 1 From Public Administration to Public Management 2

1. 2 Some Basic Concepts of Public Management 10

1. 3 Theoretic Bases of Public Management 15

Exercises & Answers 23

Chapter 2 Management of Government 25

2. 1 Outline of Government 26

2. 2 Relations between Government and Market, Society 31

2. 3 Government Reengineering 35

Exercises & Answers 43

Chapter 3 Management of Public Enterprise 47

3. 1 Outline of Public Enterprise 48

3. 2 Managing Structure and Environment of Public Enterprise 52

3. 3 Privatization of Public Enterprise 55

Exercises & Answers 63

Chapter 4 Management Of Non-profit Sector 67

4. 1 Outline of Non-profit Sector 68

4. 2 Operation and Management of Non-profit Sector 73

4. 3 Development of Non-profit Sector 78

Exercises & Answers 85

Chapter 5 Strategy of Public Management 89

5. 1 Outline of Public Management Strategy 90

5.2 Process of Public Management Strategy ··· 94
5.3 Problems and Improvement of Public Management Strategy ··· 101
Exercises & Answers ··· 107

Chapter 6 Management of Public Organization ··· 111
6.1 Outline of Public Organization ··· 112
6.2 Evolution of Public Organization Theories ··· 118
6.3 Design of Public Organization ··· 125
Exercises & Answers ··· 132

Chapter 7 Public Policy Making ··· 135
7.1 Outline of Public Policy ··· 136
7.2 Operation of Public Policy ··· 142
7.3 Relationship between Public Policy and Public Management ··· 149
Exercises & Answers ··· 155

Chapter 8 Human Resource Management of Public Sector ··· 159
8.1 Outline of Human Resource Management of Public Sector ··· 160
8.2 Basic Institutions of Human Resource Management of Public Sector ··· 165
8.3 Reforms and Innovations of Human Resource Management of Public Sector ··· 169
Exercises & Answers ··· 177

Chapter 9 Management of Public Budget ··· 179
9.1 Outline of Public Budget Management ··· 180
9.2 Approach, Process, Technique and Instrument of Public Budget Management ··· 185
9.3 Reform and Development of Public Budget Management ··· 192
Exercises & Answers ··· 197

Chapter 10 Efficiency Management of Public Sector ··· 201
10.1 Outline of Public Sector Efficiency Management ··· 202
10.2 Index and Approach of Public Sector Efficiency Management ··· 204
10.3 Problems and Solutions of Public Sector Efficiency Management ··· 208
Exercises & Answers ··· 213

Chapter 11 Information Resource Management of Public Sector ······ 217
11.1 Outline of Information Resource Management of Public Sector ······ 218
11.2 Development and Exploitation of Information Resource Management of Public Sector ······ 222
11.3 Development of Electronic Government ······ 226
Exercises & Answers ······ 235

Chapter 12 Approach of Public Management ······ 237
12.1 Traditional Approach of Public Management ······ 238
12.2 Objective Management ······ 239
12.3 Total Quality Management ······ 247
12.4 Other Modern Public Management Approach ······ 249
Exercises & Answers ······ 255

Chapter 13 Responsibility and Ethics of Public Management ······ 259
13.1 Responsibility of Public Management ······ 260
13.2 Ethics of Public Management ······ 265
Exercises & Answers ······ 276

Comprehensive Tests & Answers ······ 279
Comprehensive Tests & Answers Ⅰ ······ 279
Comprehensive Tests & Answers Ⅱ ······ 285
Comprehensive Tests & Answers Ⅲ ······ 291

References ······ 297

第一章

CHAPTER ONE

绪　论

学习目标

通过本章的学习，掌握公共行政学的起源、发展历程及其局限、公共管理学诞生的背景。明确公共管理的含义、基本特征、公共管理与私人管理的区别、公共管理学的研究对象和内容。了解公共管理学的基础理论。

重点难点提示

- 公共行政学的起源、发展与局限
- 公共管理学诞生的背景
- 公共管理的基本特征
- 公共管理学的研究对象、内容与方法
- 公共管理学的理论基础

第一节　从公共行政学到公共管理学

一、公共行政学的起源

（一）公共行政学诞生的背景

虽然公共行政的历史与政府一样漫长，但在19世纪前一直没有形成相对规范的理论。这主要是那些时代社会生活和政府职能的简单性使然。因此，那时的公共管理基本上是建立在个人观察、判断和直观基础上的传统经验管理，尽管管理思想源远流长，管理理论却进展甚微。

到了19世纪，这一局面发生了根本变化。科技革命带来的生产力方面的巨大变革，使社会生产力得到迅速发展，社会经济结构发生了巨大变化。工业革命后，机器劳动取代手工劳动使社会生产力取得了飞跃发展，新的经济组织——工厂制度普遍建立，大量工厂的经营不善和破产倒闭使传统的经验管理遇到了挑战，改进管理、降低组织活动的成本成为当务之急。19世纪40年代末，美国掀起了铁路建设的热潮，由此导致美国铁路企业的成长。铁路企业的管理需要专业性的特殊技能和训练，支薪管理人员从此产生，现代职业经理阶层得以形成。19世纪六七十年代以后，在美国、德国等国家发动的“电气革命”（第二次工业革命）进一步促进了生产力发展。同时，股份制的企业制度从铁路行业扩展到各个行业，所有权、控制权分离产生的职业经理人员形成了新的社会阶层（被称为“经理革命”），职业经理人员构成了管理理论专业研究队伍的主体，从而形成了社会性的管理研究潮流——“管理运动”。管理运动促使了科学管理理论的诞生，也为早期公共行政学奠定了基础。

19世纪的技术进步和革命促进了社会生产力的迅速发展，使经济结构发生了巨大变化，也使得社会管理经济的任务越来越繁重，社会关系日益复杂，并带来了一系列的社会问题。政府职能迅速扩大，行政管理部门的工作领域和工作数量极大拓展，并使得任何一种政府职责都变得更加复杂和困难。政府管理范围的扩大，使得行政机构迅速增加，行政人员队伍日益壮大，公共事务管理职能日益扩大，行政经费开支急剧膨胀，对政府的效率不断提出更高的要求。与此同时，行政人员的贪污腐化、不负责任、能力低下和不称职等情况也日益严重。19世纪末，一场废除政党分赃制，建立“中立的”文官制度和“功绩制”的文官制度的改革运动在美国兴起，直接推动了公共行政学的研究。另外，率先在行政改革方面获得成功的一些城市对公职人员专业培训的需要，也促使行政学独立。正是在这样一系列背景下，公共行政学应运而生了。

（二）公共行政学的理论渊源

对行政或行政管理进行专门性的研究大致始于17世纪末18世纪初的西方国家。德国学者冯·史坦因于1865年出版了《行政学》一书，最早提出了“行政学”的概念。史坦因认为19世纪应当是行政学的世纪，他试图建立一门有关国家行政的社会科学。但是，当时的行政研究是与法学研究合为一体的，还不能与之严格区分开来成为一门独立的学科。直到1887年美国学者伍德罗·威尔逊（Woodrow Wilson）发表了《行政学研究》一文，才标志着公共行政学学科的建立。

公共行政学的理论渊源与以下四种理论有着不可分割的联系：

其一，西方近代政治学说，尤其是西方政治学说中的国家学说，直接为公共行政提供了有关国家权力（行政权）、民权、民意、政府结构以及政治过程等基本概念和范畴，提供了经典的以理论思辨为特征的研究方法。

其二，君主制时代德、奥两国的“官房学”。官房学主要研究如何有效地为国家（君主）管理财政、经济、行政等问题。官房学在改进行政管理制度、积累行政管理经验和人员培训等方面为后来的公共行政管理提供了有益的启示。官房学以后逐步演变为公共财政学。

其三，普鲁士的任官制度和英国的文官制度。18世纪初期，普鲁士在西方首创了依据考试任用官吏的制度。1713年，普鲁士规定必须经过考试竞争才能任用法官，10年后进一步明确此规定适用其他官吏。英国则在1805年设立了常任文官，1854年正式确立了常任文官制度。文官制度为公共行政学的人事行政研究提供了最主要的范畴和最早的规范，因而对公共行政学的形成具有直接的推动作用。

其四，西方资产阶级革命时代兴起的行政法学。行政法学与资产阶级革命几乎同期产生，其最初的宗旨是要反对和制止封建君主对资产阶级的强权的、粗暴的甚至是肆无忌惮的干涉和掠夺，后来则演变为研究行政法律关系的学问。行政法学开创了“依法行政”思想源流，建立了“法制行政”最初的理论规范，而这恰恰是迄今为止公共行政管理最重要的理论基础之一。

威尔逊为公共行政学的建立奠定了理论基石，他的贡献在于提出了政治与行政两分原则（Dichotomy of Politics and Administration）。这一原则的确立不仅促进了行政学同政治学的分离，而且，后经古德诺（Franc J. Goodnow）的系统发展，成为产生广泛影响的行政管理理论。在政治行政两分原则的基础上，威尔逊阐述了一个良好的政府应有两大支柱：坚强有力的政务官和效能精干的文官系统。威尔逊还论述了行政管理中的创造精神、行政责任、文职官员培养等问题。他精辟地阐明了公共行政学的内涵以及基本原则，因而威尔逊被认为是公共行政学的开山鼻祖。

马克思·韦伯（Marx Weber）的官僚制（科层制）理论构成西方行政管理学的另一个理论基础。他在《经济与社会》（1922）这一论著中对官僚制作了系统分析。“官僚制或科层制”（Bureaucracy）被用来表示一种特殊的组织结构安排，也用来表示一种特殊的行为模式。韦伯依据对古埃及、罗马、中国的官僚制以及拜占庭帝国和19世纪到20世纪初欧洲出现的现代官僚制的研究，试图从“真实世界”中探讨最充分发展了的官僚制的组织形式。他将官僚制看做是一种建立在权威和理性基础上的最有效的组织形式，它在指挥和控制现代社会方面发挥主要作用；它在纪律的精确性、稳定性和严格性，以及在可靠性、效率性等方面比其他组织形式更优越。韦伯的官僚制理论对于传统公共行政学注重正式政府组织及其结构形式的研究产生了重要影响。

二、公共行政学的发展

考察公共行政学的发展历程，一般认为，公共行政学经历了下述几个理论阶段：

（一）传统行政理论

指行政学发展初期的理论及研究方法。传统行政理论侧重于研究行政原理、行政组织、行政人员、行政法规等一系列静态的对象，注重行政组织、行政权限、行政职责、行政法规、行政程序、行政方法、行政任务等具体内容。传统行政理论过分注重正式组织和正式权限，忽略了行政人员的主观精神和心理活动，同时其研究方法也不够系统，研究领域也比较狭窄。

（二）科学管理行政理论

科学管理行政理论形成于20世纪初，是受泰勒（Frederick W. Taylor）科学管理理论的影响而发展起来的。科学管理行政理论主张用科学的方法探讨行政活动的规则，根据一定的步骤进行实验，从而确定行政目的、行政方法和行政措施。如科学管理行政的基本要求是进行时间和动作研究，确定最适合于完成行政活动的过程、方法、工具等条件，清除无用无效的动作，使之标准化，从而提高工作效率；进行任务管理，实行激励工资制；实行组织职能化管理等。科学管理行政有利于提高工作效率，但其局限性也很明显，主要的缺点在于它用一种机械模式和机械关系来规定行政活动和行政关系，忽略了人的复杂感情、心理活动和多层次的需要。

（三）人际关系行政理论

人际关系行政理论也称行为理论，它与科学管理行政理论的观点迥然不同。人际关系行政理论认为，行政体制要提高效率和扩大能量，不应仅限于研究如何改善行政组织与行政条件，而应当把在行政过程中活动着的人当作分析的中心，注重研究影响人的行为变化的各种因素和条件。持这种理论观点的学者注重研究人的动机与激励、团体关系、团体动态学等课题，并总是乐于运用心理学、社会学、社会心理学等学科的知识。人际关系行政理论的观念有着持久的影响，至今不衰。当代行为学派、需求层次学派、X理论、Y理论、Z理论等都与人际关系行政理论有密切的关系。

（四）系统行政理论

系统行政理论是系统论与行政学研究相结合的产物，它运用系统论来研究行政活动和行政关系。系统行政理论首先把行政体系视为一个系统，然后确定系统的内部结构和功能，研究系统与环境的关系、系统的输入输出、系统的平衡机制和系统的动态过程等。

（五）决策行政理论

决策行政理论认为任何行政首先需要决策，决策决定着行政的效率。在行政体系中，高层行政人员决定整个行政的目标和方针，中层行政人员贯彻执行高层行政人员决定的总目标和总方针，决定部门的目标和计划，并将其传达给下级行政人员，下级行政人员就日常的行政作出决策。在作出决策时，组织目的、效率标准、公正标准、个人价值均会成为决策的价值前提。在整个行政过程中，要注意克服知识和信息的不完整性，克服团体行动的不稳定性，克服价值体系的不稳定性；要分析行政人员的心理因素，分析行政人员的学习过程、记忆和习惯；要完善计划系统、组织结构和控制系统等。

公共行政还有其他一些理论流派，如社会体系理论、数量理论、结构—功能理论等。

与其他学科相比，公共行政学的历史是较短的，直到今天，人们还乐于把它称为一门交叉学科或边缘学科。也就是说，它与现代社会一切新产生的学科一样，总是在广泛吸收其他学科的积极成就的基础上谋求自身的发展。所以，公共行政学具有兼收并蓄的综合性学科特征。

三、传统公共行政学的局限

从学科发展的角度看，在公共管理学产生之前，有关公共领域管理方面的知识集中体现在公共行政学（Public Administration）上。尽管至今还有学者坚持认为公共管理属于公共行政学的范畴，是公共行政学的一个分支，但“从行政学到公共管理学是一种学科范式的转换”的看法逐渐成为主流的认识。依据这种主流认识，需要我们探讨的一个问题是：传统的公共行政学在处理公共领域的管理事宜时究竟存在什么局限，才催生出公共管理学？

综合起来看，用公共行政学的理论和方法处理当代公共领域的管理事务时，主要存在着以下局限：

（一）理论框架局限

行政学的理论基础主要是由政治学和管理学两者构成的。其中行政学与政治学关系渊源最深。在经历了一段相当长的重合期后，行政学才从政治学中分离出来。威尔逊在1887年发表的《行政学研究》是行政学学科走向独立的标志。他主张行政不应是政治的附庸，而应从政治中独立出来，成为专门的研究领域。但是，行政学既然以政府管理作为研究内容，就注定无法独立于政治学，因为“政府”本身就是一个政治学范畴。行政学在威尔逊以后一百多年的发展中，一直与政治学保持着时亲时疏、若即若离的关系，政治学所具有的规范取向（Normative Orientation）是行政学始终无法回避的问题。另一方面，从“行政管理学”的名称本身可以看出，人们在相当程度上把行政学作为管理学的一个分支学科来看待，将其视为一门特殊的管理学科，即行政的管理学。但是，将管理学原则贯彻到底，采取一般的工具取向（Instrumental Orientation），使公共行政类同于一般管理的研究，又会抹杀公共领域特有的政治文化价值。显然，如何在规范取向和一般工具取向中找到契合点，同时，冲出政治学和管理学的藩篱，将政策分析、社会学，尤其是当代经济学等学科纳入到自己的理论基础和研究方法论体系中，是研究当代公共管理学科所需要解决的重要问题。

（二）管理主体局限

公共行政学明确地将管理主体界定为政府或国家行政机构，有学者更是将公共行政学称之为政府管理学。诚然，现代政府作为全体社会成员共同利益的代表，通过民主程序产生，其权力得到社会公众认同，具有合法性和强制性。在社会生活中，政府负有承担公共服务的主要责任，无疑是最重要的公共管理主体。但是，将公共管理的主体局限于政府，就难免失之褊狭。事实上，随着社会生活的复杂化和多样化，社会公共事务也日益呈现多样性的特点。为了有效地弥补政府功能的不足，保证社会生活的正常进行，人们在政府之外组建了各种非政府的公共组织。这些非政府公共组织已逐渐成为公共管理的重要组织形式。这些组织广泛分布于教育、科学研究、文化艺术、医疗保健、社区服务、咨询、行业协会、消费者保护等领域，它们从政府获得授权进行公共管理，与政府一起努力提供公共产品，维护社会公共利益。因此，研究它们在公共管理中的作用和活动规律是很有必要的。同时，即使是对于政府主体，也存在着依据时代的要求进行研究视角和研究主题创新的问题。

（三）管理理念与手段局限

现代公共管理是在市场经济条件下的管理。公共部门如何在与市场、企业和社会的关系中确立科学的管理理念和切实有效的管理手段是一件至关重要的事情。由于传统公共行政学的核心管理理念可以概括为“全能的政府以行政的手段实施全面管理”，这就在管理主体上排除了非政府主体的参与，在管理任务上将规则制定、监管与直接管理混为一谈，在管理手段上排斥私营部门成功的管理手段和竞争机制，这就使机构臃肿、效率低下、运转不灵、官僚主义盛行、腐败现象丛生成为难以克服的顽症。因而，从根本上突破公共行政学在管理理念和手段上的局限，成为公共领域管理发展的内在要求。

（四）管理对象与目标局限

公共行政学将管理对象确定为两类：一类是政府本身，包括人（国家行政机关工作人员）、体制（行政体制和行政组织形态），以及过程（公共行政的动态过程）；另一类是属于政府管辖范围的公共事务。在这两类管理对象中，行政学注重的是内部管理，关注的焦点是行政秩序和行政效率，然后才是属于政府管辖的传统事务。但行政学忽视了行政与外部环境的关系，忽视了行政作为一个系统对“外部”公共事务的作用力，也忽视了传统上不属于行政学管理对象的社会公共事务，如公共环境、公共伦理、绩效评估等。由管理对象所决定，行政学的管理目标也是内部取向的，其重视的是管理的机构、过程和程序，强调的是管理过程的规范性。这一点在政府的官僚制组织形态及其运行中表现得尤为突出。显然，对公共管理而言，只有兼顾内外环境的关系，特别是重视外部环境，以结果或绩效为管理目标，才能实现有效的管理。

四、公共管理学的诞生

公共管理学作为一门新兴学科，其产生不是偶然的。20 世纪 60 年代以后，伴随着全球化、信息化、市场化浪潮的冲击，人类社会发展的形态出现了巨大的变化。对于这种变化，人们以不同的方式来进行描述，如第三次浪潮、后工业社会、知识经济社会、信息社会，等等。处在这样一个时代，无论是理论界还是实务部门，都深感建立在官僚体制下的公共行政理论无法有效地解释公共管理领域的现象，难以指导相关实践。于是西方各国纷纷进入公共管理部门改革、尤其是政府管理改革的时代，“新公共管理”的运动风行全球。可以说，公共管理的实践和理论发展都具有鲜明的时代特色。

始于 20 世纪 70 年代末 80 年代初，全球范围内的、以政府改革为中心的公共行政改革浪潮，将管理行政由公共行政阶段推至公共管理阶段。具体来讲，公共管理学产生的社会背景包括如下几个方面：

（一）西方国家摆脱困境的需要

第二次世界大战以后，西方国家的发展经历了一段黄金时期。然而到了 20 世纪 60 年代末，西方国家纷纷从发展的高峰跌入危机的深谷，面临一系列的困境，成为公共管理学产生的直接动因。这些困境具体表现在如下几个方面：

1. 政府角色膨胀和规模扩大引起民众的不满

在福利国家理念的推动下，西方国家政府的权力不断扩张。政府职能范围的扩大，政府角色的多样化，尤其是为了保障公民之福利，政府大量通过立法管制（包括经济性的管制和保护性的管制）干预民众生活，结果使政府规模扩大。政府一方面必须投入大量的资源以提供公共服务，另一方面必须采取重税政策来支付大量的公共开支，这种情况导致民众的普遍不满。

2. 经济衰退和财政压力的加剧

西方国家政府角色过度的膨胀，尤其是实行福利国家政策，造成政府每年必须负担庞大的转移性财政支出，拖垮了政府的预算和经济，表现为通货膨胀居高不下，经济停滞不前，失业率上升，政府税收能力下降，财政压力巨大。与此同时，国际经济的自由化趋势所造成的竞争压力不断加剧，进而对各国政府造成了巨大的压力。如何节省政府施政成本，促进国内经济发展，是各国决策者不能不考虑的问题。

3. 社会问题与政府不可治理性的增加

随着工业化和科技发展，在社会进步的同时，也引发了层出不穷的社会问题。如人口膨胀问题、都市化问题、社会治安问题、环境恶化问题、失业问题、教育问题、种族歧视问题、交通问题、犯罪问题等，往往是旧的问题尚未解决，新的问题又不断出现。政府所面临的公共问题的复杂性、动荡性和多元性环境，导致政府不可治理性（Ungovernability）的增加。

显然，此种情况决定了只有进行政府改革，特别是让公共服务回归社会和市场，缩小政府职能，才能化解政府面临的种种困境。

（二）科学技术革命和全球化浪潮

1. 科学技术革命是公共管理学产生和发展的重要推动力量

科学技术革命对公共管理也产生着巨大的影响。首先，现代科技革命使社会成员参与公共领域活动的性质和形式发生了重大变化。在现代科技推动下的经济发展，使知识含量较高的第二、三产业的从业人口比重大大上升；教育的发展，使整个人口的科学文化水平大幅度提高；科学技术推动了公共管理赖以存在的社会基础的巨大变化。其次，现代通信和信息技术革命对传统政府管理提出变革的要求。信息化使政府的传统金字塔式权力结构和信息处理结构明显不能适应社会的需求，从而要求公共部门的组织结构、运行方式、工作行为有一个重大的变革。第三，科技革命将导致社会治理新形态的出现。正如工业文明创造了官僚制政府管理模式一样，新经济文明必然要求新的社会治理形态与它相适应。

2. 全球化是公共管理学产生和发展的另一推动力

全球化给公共管理学以重大的影响。全球化使整个国际社会成为一个相互联系和相互依赖的网络，经济的全球化、交通工具的发达，使这个网络进一步强化。在全球化的时代，政府仍然拥有各自的管辖权，并有自己独特的内部治理结构或管理系统，但它们再也不能像过去那样独立于其他治理主体之外，而是处在相互依赖之中。全球化导致了许多国际性公共物品的出现，如统一的世界市场、国际竞争力等。由于一个国家的国际竞争力是与其生存和发展密切相关的大事，如何保持和提升本国的国际竞争力便成为每个国家关注的焦点。政府在国家综合国力和国际竞争力方面的主导地位，使得各国政府不能不锐意改革，以顺应全球化浪潮，提升本国的国际竞争力。而这种政府改革和社会改革的潮流，也为公共管理学的产生和发展注入了强大的动力。

（三）政府管理和民主制度方面的矛盾

政府管理方面的矛盾集中体现在以韦伯官僚制思想为基础的行政体制与时代发展之间的矛盾；民主制度方面的矛盾则集中体现在西方国家民主的现状与民众的民主需求之间的矛盾。这两大矛盾是公共管理学产生和发展的催化剂。

1. 以韦伯官僚制思想为基础的行政体制难以适应时代的要求

在公共领域，任何管理行为都要通过一定的行政体制来实施。而行政体制合理与否，是影响管理效率高低的最主要因素。以韦伯官僚制思想为基础的行政体制与时代要求不相适应，便成为现代西方国家政府管理在运行体制上存在的基本矛盾。19 世纪末、20 世纪初以后，随着西方国家工业化的完成，马克思·韦伯所提出的科层官僚制（Bureaucracy）便一直占据着主导地位。

但是，到了20世纪70－80年代，这种格局开始发生变化。在科技革命和经济全球化的影响下，世界更加复杂多变。公众的价值取向出现多元化，需求呈现出多样化，民众的素质迅速提高，民主意识、参与意识急剧增强。这种变化对政府提出了新的要求，即政府必须更加灵活、更加高效，具有更强的应变力和创造力，对公众的要求更具回应力，更多地让公众参与管理。这使得科层官僚制内在的局限以及与时代发展的不相适应日益突出，具体表现在：第一，科层官僚制在按部就班的大工业生产条件下能发挥富有效率的长处，但在以信息为基础的时代则失去了理性和效率的传统优势。第二，市场经济体制的建立和完善，使市场竞争的原则日益深入人心；而科层官僚制奉行的是决策权威高度集中、统一指挥的原则，实行官僚制的公共服务部门就会因缺乏竞争而缺乏效率，陷入十分被动的境地。第三，科层官僚制过于琐细的分工，导致各部门封闭分割、各自为政、沟通困难、缺乏团队协作精神，同时也带来机构重叠、臃肿庞大、官僚主义盛行的恶果，致使政府功能退化。第四，科层官僚制的精英统治（而非民主）原则，使处于科层结构中下层的官员，唯上是从，不敢越雷池半步；科层制的层级节制、照章办事的原则，使组织内成员循规蹈矩、按部就班，不能也不敢创新。

由此可见，刻板僵化的科层官僚体制，难以应对来自信息社会的挑战。进行公共管理组织体系的创新，成为推动公共管理发展的一种重要动力。

2. 西方国家民主的现状难以满足民众的“民主需求”

公共选择理论的代表人物詹姆斯·布坎南（James M. Buchanan）等人，对这一现代西方国家制度在政治运作层面的基本矛盾作了详尽的分析。20世纪80年代以来，为了克服西方国家民主制度的缺陷和弊端，民众纷纷提出了新的民主要求。第一，民众应直接参与公共服务的供给过程。按传统的做法，公共服务的供给过程是由政府垄断的，这种方式存在着行政效率低下、服务质量不高以及不能满足公民的多样性需求等缺陷。于是，民众强烈要求直接参与公共服务的供给，建立国家与社会共同治理的模式，以从根本上弥补官僚机构能力的不足。第二，公民应既能控制政治家，又能控制官僚。按照西方的民主制，公民能够通过选举来制约政治家，但对官僚却没有直接的约束力，官僚只能由政治家依法进行制约。在种种条件限制下，政治家对官僚的制约力相当有限，这就造成了官僚组织膨胀、办事效率低下、弊端丛生的问题。因此，公民除了用“选票”控制政治家外，要找到恰当的手段来直接控制官僚。第三，国家应解决特殊利益集团对政府决策的控制。现实生活中的各利益集团所持有的权力资源与能力是不均衡的，势力强的利益集团往往能够操纵政府的决策，形成丧失中立性的公共政策。因此，西方民主制要进一步发展，就必须设计出一种能克服或弱化特殊利益集团“寻租”的制度。第四，国家应寻找解决西方民主制运作过程中深层次矛盾的途径。西方民主制运作过程中的深层次的矛盾体现在三个方面：① 政府官员（政治家与官僚）维护公共利益与满足特殊利益集团之间的矛盾；② 政府官员实现公共利益的角色要求与满足自我利益的矛盾；③ 公民维护个人的合法权利与无限索取的行为倾向之间的矛盾。这些矛盾是公共选择的内在矛盾在民主问题上的具体体现。民众要求进行必要的制度设计并提供必要的物质技术条件，以缓解西方民主制运作过程中的深层次矛盾，使民主制度既不损害处于管理地位的少数人的基本利益，又更能符合处于被管理地位的多数人的利益。

第二节　公共管理学的基本概念和相关范畴

一、公共管理的含义及特征

有不少学者尝试给公共管理下一个明确的定义，相信这些定义对于我们更好地理解公共管理会有一定的帮助，这里选择几个有代表性的作一简单介绍。

尼古拉斯·亨利（Nicholash L. Henry）认为，公共管理是方法性与技术系统性的发展或应用，通常使用量化以及测量等手段，以使公共组织的运作更有效率、有效能，并逐渐增强其回应力。

卡尔森和欧尔曼认为，公共管理是对行政的一般方面科学整合的研究……它将人力、财政、物资、信息和政治资源的管理与管理学的计划、组织、控制职能相融合。

梅戈特认为，公共管理是一个很新的术语。这是一个政策分析学院所使用的术语——当政策分析学院的教授们认识到他们的学生需要知道如何在公共机构和非营利机构中完成任务时，他们不想使用公共行政这个术语，因为公共行政在历史上与官僚机构及官僚联系密切。公共管理这个术语现在更为时髦，更受欢迎。某人从事公共管理表明他不仅能够熟练地执行政策、运作机构，而且能够娴熟地与所处的政治环境沟通，他应该能够与关心他所在机构和项目的组织和利益集团打交道。公共管理对于公务员行为的理解更为宽泛。就是说，那些致力于政策形成、政策执行和政策评估的过程都可以理解为公共管理。

我国学者陈振明认为：公共管理学是一个研究公共管理活动或公共管理实践的学科，是一门综合地运用各种科学知识和方法来研究公共管理组织和公共管理过程及其规律性的科学，它的目标是促使公共组织尤其是政府组织更有效地提供公共物品。

通过上述列举的国内外不同学者的观点可以看出，由于每一个人分析和认识的角度不同，出发点不同，可能各自对公共管理有不同的理解，但我们可以从中归纳出以下几点共同特征：

（一）以政府为中心的开放治理主体

也就是说，公共管理强调政府对社会治理的主要责任。不言而喻，政府是公共管理活动的核心主体，但它们不是唯一的主体。相反，西方新公共管理运动的实践已经证明，政府承担的不少公共管理职能及具体内容，由非政府的公共组织来完成，这不仅是可能的而且是可行的，后者不一定比前者差。一般地说，宏观方面的管理职能或全局性的关键事项，更多地应由政府来承担，特别是如国防、外交、重大法律法规与政策的制定，只能由政府来完成。从微观方面的管理来看，政府可以承担一部分，更多地应该交给社会的其他公共事务管理部门来做，愈是接近基层方面的公共事务，愈有可能让相关的非政府部门来完成。因此，公共管理也强调政府、企业、公民、社会的互动以及在处理社会及经济问题中的责任共担。

（二）营造分权式的管理环境

在公共行政中建立的是高度集权的科层结构，行政权力集中于领导层，而直接面对公众服务的政府组织和人员权限极少，更多的是严格按照程序执行领导层的决定。这不仅带来体制僵化、工作效率低下，也不利于信息的流通和反馈。而分权的体制则很好地弥补了这个缺点。在分权式的管理环境中，对于资源配置和服务供给的决定更接近于供给的核心问题，有更多的相关信息可供使用，为顾客和其他利益集团的反馈提供了机会。分权方式是弥补科层结构不足的尝试，同时也是寻找适应公共管理全新体制的探索和思路。

（三）重视结果和个人责任

公共管理从效率、有效性和服务质量等方面更注重投入后的产出，更关注结果。而在公共行政中，行政者只关心程序的正确与否，只计算投入的多少，不关注产出和结果，服务质量难以提高。在重视结果的条件下，公共管理者可以发挥主动性，采取更有效的科学管理手段和方法，对公共管理活动进行更有效和灵活的运作。而在这种管理行为中，管理者需要对结果承担个人责任，一定程度上避免了因程序无过错而造成的“程序性无责任”。

（四）在公共部门中引入竞争机制

公共物品和公共服务一直都主要由公共部门来提供。由于公共供给的非竞争性和非排他性特征，给收费带来困难，排除使用者的成本很高，可盈利性不强。因此，在没有政策优势的情况下，私人企业一般是不愿意涉足公共供给领域的，公共部门对公共供给形成了垄断。竞争的缺乏导致了公共供给的低质量和低效率。因此，公共管理主张在公共部门中引入竞争机制。在创建良好的政策环境下，发挥市场的积极性，在公共部门与私人部门、公共部门之间进行竞争，建立优胜劣汰的机制。在政府公共管理改革中，公共企业的民营化趋势以及分散公共服务机构等举措，都是这种思路的体现。

（五）公共部门提供公共供给方式的改变

公共管理主张改变过去由公共部门直接生产并公共供给的方式，通过合同、竞争招标等途径，将公共供给的生产尽量转向私人部门，以缩小公共部门的规模，节约财政。事实上，私人部门在提供某些公共供给时比公共部门更有效率，这种方式也更有利于实现公共管理主体制定的目标和决策的职能，体现管理的特性。

（六）引入私人管理方式，建立明确的绩效标准，实行绩效评估

公共管理注重结果而不是程序，在公共管理中通过借鉴私人管理的方式，建立明确的绩效标准，实行绩效评估，以此来检验管理能力和管理水平，作为人事管理工作的基础。

（七）职业化的管理方向

职业化管理的重要性在于：一方面使公共管理职业化，培养一批公共管理方面的专业人才，以适应公共管理发展的需要；另一方面，确定公共管理主体的活动范围，使公共管理主体的行为更具有管理性而非政治性。

二、公共管理与私人管理的区别

“公”与“私”有着相对性，但在许多重要方面，公共管理与私人管理之间还是存在着明显的差别。

（一）管理的目标不同

公共管理的目标是实现公共利益，它不以营利为目的。公共管理的这种导向缘于行政官僚帮助选举政治家满足公众对政府服务所提出的愿望和要求，缘于非政府公共部门的使命。尽管在某些方面，公共管理的主体在提供公共物品或公共服务的时候也会收取一定的费用，但这并不改变公共管理的非营利的社会属性。公共管理的非营利性决定了公共管理的主体在公共管理过程中，必须依据宪法和法律所授予的职权、职责来进行，否则他们将承担法律责任。由于私人部门或组织最终要依靠获利而生存，因而私人管理以利润为导向，它们通过生产或销售产品和服务，追求利润的最大化。

（二）责任机制不同

在私人组织中，权威和责任的划分是比较明确的。在政府中，诸如运作的规模和复杂性，对官僚机构加以政治控制的要求，对一致性和协调的寻求等这些因素导致了责任机制的扩散，这种扩散加深并复杂化了公共决策的过程。即使在非政府公共部门中，责任机制也较为复杂，它们各有自己的章程或惯例，需要依法向政府有关部门申报、注册登记，并接受政府有关部门和社会相关人员的监督。

（三）资源基础不同

在公共管理中，公共管理的主体实施公共管理活动的必备前提和手段是公共权力，作为公共管理核心主体的政府部门所掌握、运用和消耗的物质资源和自然资源都是公共的，所需要的经费预算也主要是来自政府的财政收入，其财源基础是公共财政。即使在非政府公共部门所拥有的资源和经费中，有一定比例虽然是来自社会各界的捐款或非营利性收入，但政府资助仍是其所需资源和经费的最主要来源。在私人管理中，它的权力基础是来

自私人部门作为一个组织所具有的力量——私权利，其赖以生存的物质基础是其在市场竞争中所获取的利润。

（四）人事管理制度不同

与私人部门的人事管理制度相比，公共部门的人事制度更复杂、更严密。通常情况下，政府公务人员的选拔制度要比私人部门条件更高、程序性更强，对政府公务人员的解聘要比对私人部门的雇员解聘困难得多。

（五）受政治环境影响程度不同

包括政府活动在内的公共管理的运作是在政治环境中进行的，这决定了公共管理受到政治环境更大、更直接、更深的影响，与私人管理相比，具有明显的政治性或公共性的特征。

三、公共管理学的内容与范围

公共管理的研究范围主要包括以下领域：

（一）公共管理的权力与领导

公共管理学首先要研究公共管理活动中权力的分配或授予，领导的职责、优化领导体系的关键环节及基本条件等，如领导战略、领导行为、领导集体等各个方面。

（二）公共组织的构成、发展以及与社会其他组织的相互关系

公共部门或公共组织的结构、类型、目标等因素直接影响着公共管理活动的开展，影响着公共部门、公共组织与私人部门及社会中其他各类组织间的相互关系等。公共部门和公共组织的特征、原则、目标、结构以及对社会产生的影响等是公共管理学的重要研究对象。

（三）公共管理中的决策与计划

要推动整个公共部门的运转，首先必须确定目标，这便是公共管理的决策与计划。公共管理的决策和计划需要运用科学的理论和方法，系统地分析主客观条件，在掌握大量有关信息的基础上，对所要解决的问题作出决定。

（四）公共管理过程中的创新机制

要立足本国实践，借鉴世界各国公共管理的经验，研究公共管理活动中的创新机制，探索符合本国国情的公共管理理论与方法。

（五）公共管理活动的绩效与效率

公共管理活动的直接产出和最终社会效果之间的关系十分复杂。提高绩效或效率既是公共管理活动的重要目标，也是公共管理学研究的核心课题之一。

（六）公共部门的人力资源管理

公共管理活动总是与一定的人员有关。没有人员，就谈不上管理，没有优秀的公共管

理人员，就谈不上优化的公共管理活动。因此，公共部门的人力资源管理是公共管理学的重要研究内容，涉及公共管理人员的选用、培训、考核、激励以及管理体制等诸多方面。

（七）公共管理中的信息传递与反馈

优化公共管理的绩效有赖于不同机构的人员和社会组织之间的沟通、协调与合作，而有效的协调与合作，必须有及时的信息传递与反馈。因而，对公共管理活动中信息沟通的渠道和手段、信息的传递与反馈等，也应进行研究。

（八）公共管理活动的分析与评估

对公共管理的各个环节要随时进行全面、系统的分析与评估，及时地在各个环节上作出适应性的调整或变革，推进公共管理的现代化。公共管理活动的分析评估涉及管理要素、管理过程以及管理模式等各个方面。

（九）公共管理活动中的监督机制

对公共管理监督机制的研究包括监督的任务、监督的形式、监督的幅度和原则等方面。

总之，由于公共管理学是多学科的交叉和综合，在它追求人类社会的一种新型的社会治理模式的过程中，需要总结概括和广泛汲取现有一切科学发展的成就，因而它的研究范围也就会有着广泛的开放性和兼容性，它会随时把那些对公共管理活动有着重大影响以及对公共管理体系和模式构建有着积极的参考价值的因素纳入到自己的研究范围之中来。

四、公共管理学的研究方法

具体说来，在目前公共管理领域存在的基本研究方法有下面几种：

（一）历史分析法

历史分析法是根据客观事实自然发展的历史进程，分析并揭示其发展规律的研究方法。这种方法主要是根据各种史料及学者的著作，像研究史学那样来重点研究公共管理的起源、发展及其变革。该方法的优点在于有事实和理论根据，缺点则是范围过窄，难于拓展新的理论研究领域。

（二）系统分析法

系统分析方法主要包括整体分析、环境分析、结构分析、层次分析、相关分析等。在公共管理学中引入这种方法，有助于人们理解公共管理系统及其与社会环境的关系；通过对公共管理系统的各个组成部分、公共管理过程的各个环节进行的研究，加深人们对这一系统中的结构、功能和层次的认识；也使得人们能够从不同的角度研究、开拓新的认识领域。

（三）比较分析法

公共管理学中的比较分析方法要求研究者将不同国家或地区的管理活动加以对照，通过纵向的“古今”比，横向的“中外”比，甚至“古今中外”的纵横交错比较，找到公共管理学一般的或普遍的理论，了解各国或地区在不同时期的公共管理特色，丰富整个公共管理学的方法论和理论体系。

（四）归纳分析法

归纳分析法是从某种概念、某种规律或者事实出发，在实证研究的基础上，找到一般的规律性的东西并加以总结的科学研究方法。这种方法对于处理复杂的管理问题较为有用，管理学者可以将简化总结出来的具有一般规律性的东西作为出发点，建立能反映某种逻辑关系的模型。

（五）案例分析法

案例分析法是现在公共管理研究中较为常用的一种研究方法。对于已经发生的典型的公共管理事例，研究者尽可能从客观公正的角度加以观察，正视其产生的背景与原因，找出其产生、发展的条件和过程，描述导致结果的各种因素，最后总结出经验和教训。其优点是联系实际、针对性强等，案例的积累为以后发生的事件提供借鉴。但应当注意具体问题具体对待，以免就事论事、以偏概全。

第三节 公共管理学的理论基础

一、公共选择理论

公共选择理论是由美国著名经济学家布坎南创立的，并因此而获得了诺贝尔经济学奖。后来这个学派得到了很快发展，并与凯恩斯的政府干预理论形成了尖锐的对立。所谓公共选择，就是通过集体行动和政治过程来界定资源在公共物品中的分配，也是一种用非市场方式解决公共问题的行为过程。公共选择过程的实质，就是政府的决策过程和管理过程，它揭示了政府是如何通过公共政策的形成和制定，实现向社会提供公共物品和满足公众需要的。

公共选择理论经济学家把“经济人”的假定引入对政治市场的研究后发现，类似于经济市场有生产者和消费者一样，政府和选民就是政治市场上的“生产者”和“消费者”。选民在投票选举行为中为了实现其利益最大化，总要进行“成本—收益”分析；同样，公务人员也丝毫没有改变其“经济人”的本性，在公共活动中也要考虑个人的得失，即进行“成本—收益”比较。在政治市场上，公务人员是“政治企业家”，他们向“消费者”（即选民）出售的是公共物品及由公共物品形成的公共利益。公共利益的分配决策虽然是由公共部门“集体”作出的，但是，公务人员对个人利益的追求可能会损害公共利益。这是因为，虽然公务人员是经选举产生的，但并非必然代表全社会的利益要求，在许多公共决策中，公务人员出于"经济人"的本性，很可能在公共利益和公共资源的分配过程中，与各种利益集团或其他公务人员进行交易，以实现其个人利益的最大化，甚至不惜牺牲选民的利益。所以，在政治市场上，任何政治决定都是一种经济行为，他们的交易行为也受某些契约关系的制约。

既然公务人员也具有"经济人"的特征，也具有任何人所具有的一切缺点，而政府又是由这些普通的有缺点的人所组成的，那么，政府也就必然带有人类本性所不能克服的一切缺点。从这个角度来说，政府本身并不比任何其他机构更有效、更正确。或者说，政府也存在失灵的问题。

政府失灵（Government Failure）具体体现在以下几个方面：① 滥用权力的倾向。在政治市场上，公务人员追求权力的努力远比建立相互交换关系的努力更为有利可图。虽然法律上对政府行为规定了一定的约束条件，但是，公务人员所表现出来的对权力运用的偏好和冲动丝毫没有削弱，追求公共资源的局部目标和扩大权力运用的倾向同时在不断强化。② 严重的官僚主义。政府的调节是一种"事前"的调节，带有很大的预测性和计划性，而政府的调节决策又是"集体"决策的结果，因此，在失误面前往往首先寻找各种主观和客观理由开脱政府及其公务人员的责任，避开政治市场的惩罚。由于对决策后果无需承担相应的责任，因此，低效、随意等官僚主义的表现就不可避免。③ 较大的盲目性。政府全面而科学决策的前提是信息的完备性和准确性，但在客观上存在着信息不充分性问题。这是因为，从经济上讲获取信息需要付出一定的代价，从技术上讲由于信息是在无数分散的个体行为者之间发生和传递的，因此，对所有信息全部占有和准确处理是不可能的。这样，在信息不充分的情况下，政府决策的盲目性就必然会出现。④ 政府部门扩张的内在动机。组成政府的政治个体的自利特性，决定了政府部门有一种内在的超编和超支的扩大倾向。政府部门千方百计地通过各种关系试图增加本部门的财政预算，并且不负责任地将预算花掉，造成公共资源的浪费。

二、寻租理论

寻租理论的思想最早萌芽于图洛克的一篇论文中。但是，它作为一个理论概念是到1974年才在克鲁格的研究中正式提出的①。寻租理论从一个全新的角度对传统的经济理论提出了挑战，他把经济的研究视野从生产性的寻利活动——生产性的增进社会福利的活动扩展到了非生产性的寻租活动——非生产性的对既得利益进行维护或再分配的活动，并把人们追求新增经济利益的行为和追求既得非经济利益的行为区分开来，它把政府行为本身也市场化了，从而把腐败行为纳入了经济学的研究范围，也使人们对政府失灵现象有了更全面、更深入的认识。

---

① 刘东．微观经济学新论．南京：南京大学出版社，1998

寻租理论认为，如果人们追求的是既得的社会经济利益，其活动就变成寻租了。按照此观点，偷盗抢劫是最原始的寻租活动，而在现代社会中，更为“高级”的寻租方式则是利用行政、法律手段来维护既得经济利益或对既得经济利益进行再分配。例如，官员们进行贪污受贿，搞权钱交易，社会上的强势利益集团通过游说收买官员，在决策部门用安插代理人等方式主导制定对本集团有利的政策。这些都是寻租活动的具体形式。寻租是人类社会的“负和游戏”，是一场社会整体利益的损失大于利得的竞争。这是因为：第一，寻租造成了经济资源配置的扭曲，阻止了更有效的生产方式的实施；第二，它本身是白白耗费了社会经济资源，使本来可以用于生产性活动的资源用在了这些对社会无益的活动上；第三，这些活动还会导致其他形式的寻租活动或“避租”活动，前者是指政府官员为了得到这种“租”而展开追求行政权力的浪费性竞争，后者是指利益受到他人寻租活动威胁的企业、集团或个人也会采取逃避这些损失的活动，从而又进一步浪费了社会经济资源。

在寻租理论提出以后，不少学者就注意到，在公共管理活动中，政府乃至其他公共管理部门在寻租活动中未必只扮演一个被利用的角色。一些学者提出了“政治创租”和“抽租”的概念。前者是指政府政客利用行政干预的办法来增加私人企业的利润，人为创“租”，诱使私人企业把向他们“进贡”作为得到这种租的条件；后者是指政府官员故意提出某项会使私人企业出让部分既得利益与政府官员分享的主意。

什么样的公共管理才能减少寻租活动及其造成的资源浪费呢？寻租理论说明，首先，要建立“有限政府”，限制公共权力的范围，减少寻租滋生的场所；其次，要完善产权制度，政府的作用在于界定和维护产权，并打击旨在侵蚀他人产权的寻租活动；最后，要通过在公共领域加强民主表决的力度来决定社会财富的再分配，防止公权的私人垄断。

三、委托—代理理论

委托—代理理论首先起源于对企业的观察。由于社会大生产、资本主义生产技术的提高，越来越多的企业呈现出现代企业制度的特点，即从古典企业形态下的所有者和经营者两者合二为一过渡到所有者和经营者的分离。人们把这种私人企业中的所有者——股东看作是委托人，把企业的主要经营管理者看作是代理人。由于两者的分离，问题就产生了。当我们把他们都看作是追求自我利益最大化的个人时，就有充分的理由相信，委托者和代理人之间的目标经常会发生偏差。作为委托者股东来说，他追求的是股东利益最大化，但是当对股东利益最大化的追求不能使经营者个人利益最大化时，经营者便不会自动地以委托人的目标为自己的目标。在这种情况下，委托人就希望通过对代理人的适当激励，以及通过某种形式的监督，来约束代理人的行为，以使其目标尽可能与委托人保持一致。这就是监督成本。有时候，委托人为了确保代理人不作出危及他的行动，或者在危及他时也能够得到补偿，委托人就会要求代理人支付一笔保证金。所以在大多数委托—代理关系中，委托人和代理人将分别承担监督费用和保证费用。此外，代理人的决策与委托人的目标之间总会存在某种偏差而使委托人的福利遭受一定的损失。这种费用被称作是剩余损失。因此，委托—代理关系产生的代理成本为：委托人的监督支出、代理人的保证支出以及剩余损失。对现代企业来说，只有当代理成本小于两权分离所带来的企业收益的增加时，企业采取委托—代理关系才是必要的。也就是说，委托人总是想要找到一种有效的激励机制来促使代理人的行为选择能符合委托人利益最大化的目标。如何在不确定和监督不完全的条件下构造委托者和代理人之间的契约关系以使两者的目标一致就成了大部分代理文献关注的问题。

虽然委托—代理理论起源于私人企业，但是这种分析视角却同样适用于公共部门。公共部门的三个子部门，即政府部门、公共企业部门以及非政府组织中，都适合用委托—代理关系来分析。

从政府部门看，实际上政府就是受托人即代理人的角色。政府存在的必要性是为公众提供公共品，这缘自公众的委托。公众希望代理人用纳税人的钱提供出数量多、质量好的公共品，尽可能提高纳税人资金的使用效益，但政府的行为目标却不明确。根据前述的公共选择理论可知，由于政府同样是由追求自我利益最大化的经济人组成的，因此它的行为指向极有可能是官僚自我利益的最大化，或是与它密切相关的某些特殊利益集团的利益最大化，只有在很少数的特定的情况下，才有可能使政府组织和公众的目标保持一致。采取什么样的刺激与监督相容的制度，尽可能使政府提供公共品的目标不偏离于公众利益，正是公共管理学研究的主题。由于公众普遍利益的模糊性导致现实中到底谁是委托者都很难确定，更不用说有效控制代理人——即公共管理者了。欧文·休斯对此深有感触："委托/代理人理论在公共部门中的运用结果与在私人部门中的运用结果相比较，在责任机制方面有一定的难度。我们难以确定谁是委托人或难以发现他们的真正愿望是什么。公共服务的委托人——所有者是选民，但是他们的利益非常分散，以至于不可能有效地控制代理人——公共管理者。对于代理人来说，在任何情况下都难以确定每一个委托人可能希望他们做什么。没有对利润动机的严重影响，没有股票市场，没有可与破产相提并论的事情。如果委托人没有适当的手段确保代理人实现他们的愿望，代理人极少可能付诸行动。如果说私人部门中也存在着代理问题，在公共部门中则更为严重。"① 这里，欧文·休斯实际上提及了政府在行使代理权时委托人会面临的问题，即缺乏有效手段来制约代理人的行为，特别是对代理人违背公众利益的行为作出惩罚。从公共管理的角度看，只要政府部门中的官员没有明显的违法违规行为，公众即使对结果不满意也只能接受，这可称之为对政府部门的软约束问题。

从公众企业角度来看，它所面临的委托—代理关系更为复杂，实际上涉及两个层次的

① 欧文·休斯．公共管理导论．北京：中国人民大学出版社，2001

委托—代理。第一层次的委托—代理关系与上述政府部门相同，即公众将国有企业资产委托给政府生产经营；第二层次的委托—代理关系与私人企业相似，即政府作为公共企业的大股东即委托者，将企业委托给主要经营者。两个层次的委托—代理关系显然比一个层次的委托—代理关系复杂得多。除了上面提到的政府部门在提高委托—代理效率方面面临的困难外，公共企业还有自己特殊的问题：① 对公共企业部门来说，更困难的地方在于委托者的目标指向是多元的。有时候是企业效益目标，有时候是分担社会就业压力的目标，有时候是追求社会公平性的目标等等。而且这些目标往往相互冲突，这就使得经营者即使想与委托人利益保持一致，也无所适从。② 作为公共企业的终极委托者——公众，他们并不实际掌握公共企业的股权，也不可能通过转让的方式退出委托—代理关系，因而也比私人企业更缺少制约手段。

在非政府组织中，委托—代理问题也同样存在。公共部门中的非政府组织目标应该是公益性的而非营利性的，这一组织的目标其实也是非政府组织出资人即委托人的目标，但非政府组织的运营者能否也以委托人的目标作为自己的目标呢？由于非政府组织的兴起时间较晚，对它的研究也不是非常成熟，有关这一部门的特殊的委托—代理问题还有待进一步深入的探讨。这样的研究不仅有助于深化委托—代理理论，对公共管理学的丰富同样也是不可缺少的。

四、交易费用理论

新制度学派的经济学家从个人效用最大化假设出发，试图揭示产权、制度在经济生活中的功能，以及它们对资产配置和经济增长所起的作用。在这一过程中，他们发现了交易费用的概念。所谓交易费用，就是市场双方为了交易的达成需要耗费的一定的社会资源。在现实中，我们一方面希望交易达成以增进收益，另一方面也希望产权定位准确、合理以使交易费用最小。美国经济学家科斯对市场交易成本的构成及对交易的影响首次作出了明确解析：“……在市场交易中是不存在成本的。当然，这是很不现实的假定。为了进行市场交易，有必要发现谁希望交易，有必要告诉人们交易的愿望和方式，以及通过讨价还价的谈判缔结契约，督促契约条款的严格履行等等。这些工作常常是成本很高的，而任何一定比率的成本都足以使许多在无需成本的定价制度中可以进行的交易化为泡影。”① 实际上，我们可以将上述交易费用概括为搜寻成本、谈判成本、履行成本和违约成本。

公共管理学家发现，不仅市场交易中存在交易费用，公共部门管理同样面临这一问题。在以往的政府部门管理中，往往只注重投入，而不考虑产出，这就有可能造成某项公共政策的推行过程花费很多资源，超过了政策推行所带来的收益。而从经济学角度分析，成本超过收益的事情是不值得去做的。这种只重产出不重交易费用的做法在公共部门中非

① 科斯．社会成本与新制度学派译文集．上海：上海三联书店，上海人民出版社，1994

常普遍。交易费用概念的提出在某种程度上颠覆了以往公共部门管理中根深蒂固的思想，即只要政策得以贯彻执行，政府部门就是完成了工作，而丝毫不考虑政府部门甚至整个社会付出的成本。

公共管理学家进一步将公共部门交易费用的分析引向深入。他们指出公共部门存在的交易费用的形式及其影响，如公共政策制定者在修订立法方面要达成一致所消耗的时间和精力，以及私人利益集团所要投入的时间和精力，选民对立法的未来收益和交易费用的估量会反映在他们愿意提供的选举支持度上，从而最终影响到公共政策的出台和实施。交易费用还会影响到公共部门管理者的行为选择。由于意识到交易费用的存在，公共管理者总是在可供选择的制度安排中选择能使交易费用最小化的安排①。因此由公共部门自己来完成反而有可能使交易费用更低。

本章小结

19世纪末，一场废除政党分赃制，建立“中立的”文官制度和功绩制的“文官制度”的改革运动在美国兴起，直接推动了公共行政学的研究。1887年美国学者伍德罗·威尔逊发表了《行政学研究》一文，标志着公共行政学学科的建立。威尔逊为公共行政学的建立奠定了理论基石，他的贡献在于提出了政治与行政两分原则；马克思·韦伯的官僚制（科层制）理论构成西方行政管理学的另一个理论基础。

用公共行政学的理论和方法处理当代公共领域的管理事务时，主要存在着理论框架局限、管理主体局限、管理理念与手段局限、管理对象与目标局限。公共管理学产生的社会背景包括：第一，西方国家摆脱困境的需要；第二，科技革命和全球化浪潮的推动；第三，政府管理和民主制度方面的矛盾。

公共管理的基本特征有：以政府为中心的开放治理主体；营造分权式的管理环境；重视结果和个人责任；在公共部门中引入竞争机制；公共部门提供公共供给方式的改变；引入私人管理方式，建立明确的绩效标准，实行绩效评估；职业化的管理方向。

公共管理学有不同于公共行政学的理论基础，主要的支持理论有：公共选择理论、寻租理论、委托－代理理论、交易费用理论等。

重要概念

公共行政　公共行政学　公共管理　公共管理学　官僚制　科学管理理论
人际关系理论　公共选择　政府失灵　寻租　委托—代理关系　交易费用

① 穆雷·霍恩．公共管理的政治经济学——公共部门的制度选择．北京：中国青年出版社，2004

案例分析

案例：行政权力介入保险市场

“保险市场路线图”

2003年8月，各学校即将开学、也是各保险公司为争取学生平安险大显身手的时候，可是铜仁地区几家保险企业感到自己被边缘化了。

开学前，铜仁地区4家保险公司数百员工竞相与各学校接触。但是他们发现，多数学校只愿和特定的保险公司发生业务联系，问其原因，回答是上级有文件规定云云。铜仁市更突出，某些学校甚至要求来联系业务的保险员需出具市教育局和中保人寿公司共同签章的《介绍信》，否则“恕不接待”。当人寿公司的业务员鱼贯进入各学校大有斩获时，另几家只能干瞪眼，因为他们根本拿不到这样的《介绍信》。

江口县发生了另外的尴尬事。秋季开学前，人保财险江口县支公司的业务人员费了九牛二虎之力在江口中学、二小、职中、凯德中学等5个学校签了保单，不久这5个学校相继打来电话，纷纷要求退单。理由是“上面”不准学校到人寿公司以外的公司投保，据说某县领导还在会上打了招呼。

第一次进入该市场就“全军覆灭”，江口县公司的领导和员工们很不理解这种现象。为此他们动员自己的人情资源将关系找到了县委和政府，领导者当然不愿看到自己辖区内的一些企业颗粒无收，为此亲自操刀划分“蛋糕”：人保财险分8万，其余约40万份额为中保人寿所得。

对此业界议论纷纷，莫衷一是。但是有一个看法却是共同的：这样的市场划分不是各保险企业通过竞争取得，而是行政权力为江口县的保险业描画了一张“市场路线图”，说到底是政府“这只手”在起作用。

权力退出市场

这样的结果令各家尴尬。人保财险铜仁分公司认为，行政权力的不当介入才使保险市场扭曲，而使自己处于尴尬地位。

2003年7月中旬，人保财险铜仁分公司以铜人保发［2003］157号文件的形式向铜仁地区行署反映，要求撤销铜仁地区教育局铜教通［2003］112号文件，称其“干预了保险市场的正常秩序”。

该文件引起争议的地方是：“一、经我区教育系统测评，中国人寿保险公司铜仁分公司实力雄厚，服务网络健全，理赔服务快捷，为我区各级各类学校的首选公司。二、各级教育行政部门和各级各类学校要积极协助中国人寿公司做好学生平安保险的宣传、协调工作。”人保财险铜仁分公司却认为，地区教育局未举行任何形式的招投标，何来首选一说？另外，要求各学校协助人寿保险公司，有排斥别家公司之嫌。他们认为这个文件“有违公平竞争原则”。

经行署办一负责人协调，地区教育局下发通知，称112号文件“校对有误”，要求各收文单位“自行销毁”。这是铜仁地区行政机关的文件首次因企业的投诉而被撤销。

按规矩出牌

保险业的竞争折射出了铜仁地区地方市场环境的现状。

同年11月28日~29日，铜仁地委书记杨玉学、专员谌诒琴在地委扩大会上多次强调要认真解决政府角色的“越位”和“缺位”问题。他们要求，政府应管好该管的，把原本属于市场的东西还给市场，实现政府角色的理性回归。政府、企业、社会中介机构等各方在市场环境中都应找准位置并按规矩出牌。

权力退出市场使得人保财险和中国人寿两家保险公司展开了最充分的竞争。两家公司深入学校和学生中比拼服务，终于使印江自治县学生平安险这块“蛋糕”比上年增长了近一倍，成本低，服务质量好，员工的潜能也在竞争中被激活。“共同遵守游戏规则，按规矩出牌则两利，反之则两伤”，一位业内人士这样说。（根据载于2003年11月30日《贵州日报》的《铜仁：行政权力介入保险市场》一文改编。）

【问题】

1. 在上述案例中，你认为政府在行使行政权力方面有什么不妥之处？
2. 在市场经济中，政府应该扮演什么样的角色？政府与市场的关系是什么？

【解析】

案例中，由于政府“看得见的手”强行分配市场份额，行政权力的不当介入才使保险市场发生扭曲，使不同的企业处于不平等的竞争地位，从而扰乱了市场秩序。行政权力机构强行介入保险定损，不仅是对保险合同当事人合法权益的侵害，而且客观上将使保险经营风险失控，保险偿付能力被削弱；保险市场规范发展秩序将被干扰。滥用行政权力限制竞争行为，助长了凭借行政权力“吃保险”的不正之风。

保护产权、维护法治、维护市场秩序是政府的首要职责，中国的市场秩序混乱的一个基本原因是政府没有干自己该干的事情，即提供产权保护、法治和市场秩序等“公共物品”，而是去干了自己本来不该干、干不了、也干不好的事情，比如管理企业、制定价格、分配资源等等。因此，市场秩序混乱在一定意义上是“政府错位”、“政府缺位”的表现。

市场经济条件下，很多事情应当由市场主体和非政府组织去完成，政府不应该也不可能是无限权力和无限责任的政府，不应该去管那些“不该管、管不了和管不好”的事，只应该管市场主体和非政府组织“不该管、管不了、管不好”的事；市场主体实现效率，政府管理保障公平；该由政府管理的也要充分尊重市场规律，最大限度地发挥契约和非政府组织在整合市场主体间、政府管理主体与市场主体间关系方面的作用。

同步测练与参考答案

一、单项选择题

1. 最早提出“行政学”概念的是：(　　)。

A. 伍德罗·威尔逊　　B. 冯·史坦因

C. 弗兰克·古德诺　　D. 马克思·韦伯

2. 标志着公共行政学诞生的著作是：(　　)。

A.《行政学》　　B.《政治与行政》

C.《科学管理原理》　　D.《行政学研究》

3. 主张“把在行政过程中活动着的人当作分析的中心，注重研究影响人的行为变化的各种因素和条件”的理论是：(　　)。

A. 科学管理行政理论　　B. 人际关系行政理论

C. 传统行政理论　　D. 系统行政理论

4. 下列不是公共管理学诞生的背景的选项是：(　　)。

A. 第三次浪潮　B. 知识经济　C. 信息社会　D. 工业社会

5. 下列关于公共选择理论错误的选项是：(　　)。

A. 公共选择理论是由美国著名经济学家布坎南创立的

B. 公共选择理论把“经济人”的假定引入对政治市场的研究

C. 公共选择理论最重要的成果是关于市场失灵的理论

D. 公共选择理论认为政府部门有扩张的内在动机

二、多项选择题

1. 公共行政学的理论渊源有：(　　)。

A. 西方近代政治学说

B. 君主制时代德、奥两国的“官房学”

C. 普鲁士的任官制度和英国的文官制度

D. 西方资产阶级革命时代兴起的行政法学

2. 属于人际关系行政理论的是：(　　)。

A. 需求层次学派　　B. 当代行为学派

C. X—Y 理论　　D. Z 理论

3. 系统行政理论研究：(　　)。

A. 系统与环境的关系　　B. 系统的输入输出
C. 系统的平衡机制　　D. 系统的静态过程

4. 传统公共行政学的局限在于：（　　）。
A. 理论框架局限　　B. 管理主体局限
C. 管理理念与手段局限　　D. 管理对象与目标局限

5. 公共管理的基本特征有：（　　）。
A. 政府是唯一治理主体　　B. 分权式的管理环境
C. 重视结果和个人责任　　D. 在公共部门中引入竞争机制

三、判断题（正确标 A，错误标 B）

1. 1887 年美国学者伍德罗·威尔逊发表了《行政学研究》一文，标志着公共行政学学科的建立。

2. 弗兰克·古德诺的官僚制（科层制）理论构成西方行政管理学的另一个理论基础。

3. 传统公共行政学的核心管理理念可以概括为“全能的政府以行政的手段实施全面管理”，这就在管理主体上排除了非政府主体的参与。

4. 公共行政从效率、有效性和服务质量等方面更注重投入后的产出，更关注结果。

5. 公共管理主张在公共部门中引入竞争机制。

四、简答题

1. 简述传统公共行政学的局限。

2. 简述公共选择理论。

3. 简述委托—代理理论。

五、论述题

1. 试述公共管理学的产生背景。

2. 试述公共管理的基本特征。

参考答案

一、单项选择题

1. B；2. D；3. B；4. D；5. C

二、多项选择题

1. ABCD；2. ABCD；3. ABC；4. ABCD；5. BCD

三、判断题

1. A；2. B；3. A；4. B；5. A

四、略。

五、略。

第二章

CHAPTER TWO

政府部门管理

学习目标

通过本章的学习，掌握政府的含义及特征、政府职能的概念及市场经济条件下政府职能的特殊含义；明确政府与市场、政府与社会的关系；理解市场失灵、政府失灵的基本内涵；了解政府再造的含义、西方国家政府再造的背景、特征、措施以及政府再造对我国政府改革的启示。

重点难点提示

- 政府职能的含义、特征与类型
- 市场经济条件下的政府职能
- 市场失灵、政府失灵的内涵
- 政府再造的含义、措施
- 政府再造对我国政府改革的借鉴

第一节　政府部门概述

一、政府的含义

对于政府，一般有广义和狭义两种不同的解释。广义的政府概念，一般是指执掌公共权力的各类国家机构，包括立法机构、行政机构和司法机构；狭义的政府是指拥有行政权力、履行行政职能的国家机构，即各级国家行政机关，包括中央行政机关和地方行政机关。

国家和政府是一对容易混淆的概念，两者之间既有密切联系又有很大区别。

首先，国家概念和政府概念之间具有密切联系，表现在：① 政府是国家的三个构成要素之一。国家是由政府、居民和领土三要素组成的一个有机实体。应该说在构成国家的三个要素中，政府是最重要的要素，这是因为，政府是国家之为国家，即国家区别于民族、区别于部落的根本标志。② 政府是国家的具体形态。政府之所以能够成为公共管理主体，是因为在日常性的功能运作中，政府代表国家行使公共权力。尽管国家与政府关联紧密，却不能把它们等同起来，二者的区别是显而易见的。政府只是国家的三个组成部分之一，就是说，国家涵盖了政府，但政府涵盖不了国家，国家概念的外延比政府概念的外延要大。

二、政府的特征

作为国家的具体化，政府具有不同于一般社会组织的特征，具体可概括为以下几个方面：

（一）公共性

公共性是指“政府作为人民权力的授予者和委托权力的执行者，应按照社会的共同利益和人民的意志，从保证公民利益的基本点出发，制定与执行公共政策”①。政府作为公共管理的主体，其公共性表现在：① 在现代社会，政府总是力求成为最大多数人利益的代言人，总是以公共利益的代表者身份存在。② 政府行使公共权力，从事公共活动、解决公共问题、管理公共事务，其目标是维护社会公正和效率，为社会公众谋求福利。

（二）强制性

政府权力的产生、政府权力的行使、政府对国家意志的贯彻执行，是以法律制度为依

① 孙柏瑛．公共性：政府财政活动的价值基础．中国行政管理．2001（1）

托、以暴力手段为后盾的。国家宪法和法律赋予政府行政权力，因此，在法定的管辖范围内，政府权力的行使具有凌驾于社会之上的普遍的强制力和权威性，任何个人、单位或社会团体都必须服从。当然，政府的活动不能超出宪法和法律规定的范围，并接受公民和其他组织的监督。

（三）系统性

现代政府为了更好地履行其行政职能，建立了严密的组织体系，各组织机构间的权力划分、职能分工、运作程序相当明确，形成了一个协同配合、共同发挥作用的具有效率的有机整体。

（四）政治性

政府行政活动不单纯是社会管理活动，政府作为国家意志的执行者，必然受制于统治阶级的意志，其行政活动因而带有浓厚的政治性。在阶级社会，政府是统治阶级维护本阶级利益、巩固其统治地位的工具。掌握了政府权力的统治阶级，会凭借政府权力推行有利于本阶级的公共政策，谋求自身利益的最大化，进而实现政治、经济和文化上对被统治阶级的独占优势。

三、政府的职能

（一）政府职能的含义

政府职能，简单来说，就是一个社会的行政体系在整个社会系统中所扮演的角色和所发挥的作用。这是我们从行政与社会的互动关系角度给政府职能下的定义。任何组织体系在社会中存在和发展，都是以满足和实现某些基本的功能为前提条件的，行政体系也是如此。

政府职能源于社会的需求。一般来讲，当社会需要某种权威机构来调节社会的活动；要求权威性的机构来维持基本的社会秩序；要求某种权威性的机构以实现社会价值的权威性分配；要求某种权威性的公共机构的存在并实现社会一体化；要求这种权威机构提供公共产品和服务时，政府及政府的职能便得到产生和发展。行政体系是通过满足社会所提出的需求，化解社会压力，实现与社会系统的动态平衡中得到发展的。

（二）政府职能的基本特征

从政府行政体系及其与社会系统的相互作用来看，政府职能具有如下的基本特性：

1. 政府职能的整体性

政府行政体系和行政行为不是孤立的和独立的。它是外在高级系统的一个子系统，同时又是整合本身内部各次级系统的高级系统。各大小系统之间密切配合，相互依存，成为一个完整的统一体。由于行政体系的这一特性，政府职能也具有完整性的特点。尽管各次级系统有其个性和功能，但不能脱离整体的系统职能而存在；反之，整体之职能亦必须依仗各次级系统的职能方能完整和存在。

2. 政府职能的社会性

政府职能源于社会的需求。政府系统不能闭关自守，政府职能的范围和内容当视社会需要而定，它不能自我独立地确定自己的行为，它的职能应当根据政治和社会的需求作出，只有这样，它才能更好地履行自己的职能。

3. 政府职能的权变性

既然政府职能的内容、范围源于社会的需求，随着社会的变化，政府职能也是不断发展和变化的。对政府职能作出及时的调整与适应正是政府行政体系赖以生存与发展的前提条件。事实上，在不同的历史时代和不同的环境条件下，尽管政府的基本职能维持一定的稳定性，但政府职能的重点、内容、强度和实现政府职能的方式均表现出差异。

四、市场经济条件下政府的职能

（一）政府的政治职能

政府的政治职能是指政府在国家和社会中所起的政治作用，其目的主要是提供政治秩序和促进民主发展。提供政治秩序是政府职能中最基本的职能。为此，政府必然会建立以其统治的合法性为核心的政治秩序。这样一个政治秩序包括以下内容：

（1）有利于统治阶级掌握国家政权的政治、经济、法律和文化的制度环境；

（2）维护统治阶级利益的政治、经济、社会和文化的公共政策；

（3）军队、警察、监狱等暴力机器，对内镇压被统治阶级的反抗，对外防御外来侵略，维护统治阶级的利益；

（4）从中央到地方的政府网络结构及其必要的附属设施；

（5）以制度和文化等形式，维护政府的权威性和相对稳定性；

（6）保障政府机关及其工作人员的合法权益，包括工作和生活方面的工资福利待遇等；

（7）向社会和公民征收的维护政府正常运转所需要的赋税、劳役和兵役等。

政府在通过提供这样一个政治秩序来维护自己统治的同时，在现代市场经济条件下，它还必须具有促进民主发展的职能。因为，民主是任何国家的政府进行政治统治的合法性源泉。从这个意义上讲，政府的民主发展职能也是政府政治职能实现的必要前提。

（二）政府的经济职能

1. 弥补“市场失灵”是市场经济中政府的一般经济职能

市场经济本质上是一种自由、平等竞争的经济，能够实现资源的有效配置和经济效率。但是市场经济不是万能的，市场机制不能解决所有经济活动中的问题，仍然存在一些市场机制本身无法克服，甚至是市场机制导致的问题，这些称之为“市场失灵”。因此，在市场经济中，政府承担的一般职能就是解决市场机制自身无法解决的问题，弥补市场失灵。

(1) 市场活动可能导致“外部不经济”。外部不经济是指私人经济活动主体的行为对外部其他经济主体产生的利益的损害。典型的表现是企业的生产经营行为导致环境污染和资源破坏，给周围的居民和其他企业带来许多生产和生活上的不便利，甚至重大财产和生命的损失。这些给其他主体造成损失的行为只有通过政府的干预和控制才能克服。

(2) 市场经济导致收入分配不公。有市场的地方，就会有差别，就会有不平等，这些不平等有一些是合理的，是社会能够接受的。但是有一些不平等却是由于垄断、特权、财产初始分配等原因导致的收入分配不公，这是社会公众所不能接受的。因此，这种分配上的不公平，要求政府运用各种政策手段加以调控。

(3) 市场不能有效提供具有“外部经济性”的公共产品。外部经济性是指具有较强的社会效益，但是却无法通过市场机制由私人经济活动主体来满足社会需要的行为。因此，如果仅仅依靠私人是无法满足社会需求的，只能通过政府来代替市场提供。

(4) 市场经济运行的宏观不稳定。市场中企业的赢利动机常常导致企业行为的短期化，致使产业的成长和竞争在不同地区和不同产业领域内出现过热、膨胀甚至大萧条，最终可能导致经济的大起大落，这种周期性的经济波动不仅造成严重的社会资源浪费，而且影响社会稳定。因此，稳定宏观经济运行就成为政府弥补市场失灵的主要内容。

2. 市场经济中政府的经济职能

市场经济中广泛存在的市场失灵现象，为政府参与市场经济活动，调控经济运行提出了内在要求。

(1) 建立公平、公正和公开的市场竞争机制。市场经济条件下，哪些事情能够做，哪些事情不能够做，哪些行为是允许的，哪些行为是不允许的，都需要立法来说明和确定。而更为重要的是，有了有关法律、法规，政府各主管部门要坚决贯彻、严格执法、加强有关监督及奖惩措施，以维护正常的市场竞争秩序。为此要设立相应的监督机构，如反垄断部门，对那些不规范的竞争，政府要予以法律和制度上的制约。

(2) 提供社会公共产品和服务。随着社会经济的全面发展，生产社会化程度日益提高，人们对各种公共产品和服务的需求种类和数量也越来越多、越来越高。由于公共产品和服务的特殊性质，不能主要依靠私人来提供，尤其是纯粹的公共产品和服务，大多数非纯粹的半公共产品和服务，由于其投资大、周期长、投资回收慢、甚至难以收回投资，也不可能完全由私人提供。因此，在这些方面，政府必须作为社会公共产品和服务的直接提供者，满足社会的需求。

(3) 调控经济运行，保持宏观经济稳定。政府对经济过程的调控，是现代社会经济活动中不可或缺的重要组成部分。政府应当通过各种宏观调控手段，保证经济总量和结构的平衡，以缓解经济周期的到来和减轻经济波动的影响。为了维护市场秩序和竞争制度，规范各市场主体的行为，特别是在垄断存在的情况下，政府必须为经济运行立规则，维护秩序。

（4）收入再分配和社会保障。市场机制引发的收入分配差距过大和不公平的问题，需要通过政府的收入再分配政策解决。随着政府收入再分配政策的系统化和规范化，社会保障制度就逐步建立和完善。社会保障制度是通过社会范围内有规则地提供保险、救助和福利措施，使社会生活在公平、公正和安定的原则下正常运转、顺利发展，不受意外事件、各种可测和不可测风险的干扰，最终实现社会的安定团结局面。可以说，社会保障制度是现代市场经济体制的安全网和减震器。

（三）政府的文化职能

政府的文化职能，最为核心的是维持政府合法化的职能，即维护和弘扬一种意识形态，用以说明和论证统治与治理的合法性。国家权利一旦合法化，就会转化为一种特殊的影响力——政府权威。这种权威不仅比赤裸裸的强制可靠和持久，而且还能使统治者用最少的资源进行控制，因为“与用强制性手段相比，用权威手段进行统治要经济得多”。①

政府维护对社会思想的统治，是通过政治社会化来实现的。政治社会化就是形成、维护和改变社会成员的态度、信仰和感情的过程。每个政府都负有管理执行社会化的机构（如教育管理部门、文化管理部门），并通过家庭、学校、大众传播工具和政府组织等具体机构履行这一职能。政府的文化职能主要包括：① 意识形态职能；② 发展科学技术和教育职能；③ 发展文学艺术和体育卫生职能；④ 加强道德建设的职能；⑤ 清除没有社会价值并且有害的文化产品的职能。

（四）政府的社会职能

政府致力于改善、保障公众物质文化社会的活动和措施，都包含于政府的社会职能之中，这种职能主要是政府的社会福利职能，它是政府政治职能实现的基础。任何类型的现代国家，它的政治职能，只有在执行了某种社会职能时才能延续下去。

政府的社会职能，一般包括以下几个方面：① 各种社会保险安排，如失业保险、医疗保险、养老保险、人寿保险；② 社会福利制度，如对残疾人，没有生活能力又没有人赡养和照顾的孤寡老人，政府要给予一定的照顾；③ 为那些低收入家庭的正常生活提供救济，对那些依靠工资收入无法维持正常生活的家庭和个人给予必要的生活补贴，维持社会的公平和稳定；④ 对自然灾害的救济，如洪水、地震、森林火灾、大规模传染病等；⑤ 合理利用和分配自然资源，保护生态环境，实现可持续发展。

① 罗伯特·达尔．现代政治分析．上海：上海译文出版社，1987

第二节 政府与市场、社会的关系

一、政府与市场的关系

现代社会经济运行的基础是市场机制，市场机制在资源配置中起基础性作用，同时，政府作为公共部门的核心，在经济和社会发展中也起着重要作用。政府与市场，是一国经济和社会发展不可缺少的两种机制、两种手段，但是这两种手段都不是完美无缺的，都天然地存在着缺陷。“政府失灵”和“市场失灵”现象是客观存在的，单纯依靠市场机制、政府缺少必要干预和单纯依靠政府手段、以计划取代市场这两种极端方式都会阻碍经济和社会的发展。只有将政府干预与市场调节紧密结合，相互配合使用，才能弥补二者的不足，发挥各自的优势。因此，如何界定政府在市场经济中的职能范围和干预方式就成为公共管理的重要问题。

（一）市场失灵与政府干预

市场机制是现代社会中经济运行所依靠的最有效的机制，是资源配置最有效的手段，当今世界各国基本上都不同程度地采用市场机制，完全摒弃市场机制的单纯的计划经济已被证明不符合现代社会经济发展的要求。然而，市场机制这只“看不见的手”并不是完美无缺的，它也存在着天然的缺陷，而且这种缺陷是市场机制自身无法弥补的，这就是“市场失灵”现象。市场失灵只能由公共部门的代表——政府运用其强大的公共权力和有效的经济手段来加以纠正。具体来说，市场机制在以下几个方面是无能为力的：

1. 宏观经济的稳定和长远发展

自由放任、不加干预的纯市场机制往往导致经济运行出现很大的波动。这是因为，市场机制的调节作用是一种自发调节，供给和需求总是处于不断变动中，这就导致价格的不断变动，价格的变动又引导生产者改变生产，引导消费者改变购买，这一调节过程比较漫长，总是滞后于市场上最新的供给情况的变化，所以很容易导致生产过剩、需求不足、通货膨胀、经济衰退、失业增加等一系列宏观经济问题的出现。市场机制内在的自由竞争性使得这一问题无法通过自身得到解决，只能由政府运用财政政策和货币政策来调节宏观经济运行，减少经济危机发生的可能性，在促进经济增长、减轻通货膨胀、实现充分就业等各个经济目标中保持平衡。此外，一国经济发展不能只注重眼前，可能要为了长远的经济发展而牺牲眼前的利益，市场机制本身无法实现这一目标，只能由政府制定和执行长远的经济发展战略和产业政策，促进产业结构的调整和升级。

2. 消除自由竞争导致的垄断

自由的市场竞争使那些生产效率较高而成本较低的企业脱颖而出，这些企业凭借自身优势战胜竞争对手，最终在本行业内占据垄断地位。垄断企业为了维持其垄断地位，不再致力于产品技术水平的升级，而是致力于防止竞争对手的出现。垄断由自由竞争所引起，反过来又会破坏市场经济的自由公平竞争，对公平的破坏又会扭曲市场机制正常运行的秩序，降低市场机制运行的效率。从长远来看，一国垄断企业的增多不利于国民经济的长远发展。而市场机制对这一问题无能为力，必须由政府运用公共权力制定反垄断和反不正当竞争的法律法规，制止恶性竞争，限制各行业内垄断行为的出现。

3. 公共物品的提供和外部性问题的解决

公共物品具有消费的非排他性和不可分割性，因而对公共物品的使用进行收费变得非常困难，"免费搭车"行为也在所难免，个人和私人企业没有足够动力去生产公共物品；此外，很多公共物品的生产需要巨额的沉淀资本和规模经济效应，这也是个人和私人企业无力负担的。市场机制在提供公共物品方面无能为力，因此，提供公共物品的责任只能由以政府为核心的公共部门来承担。

与公共物品相关的一个问题是外部性问题。所谓的外部性是指某一企业或组织的生产活动对其他人、企业、组织的利益产生了正面的或负面的影响。正面的外部效应如公共物品的提供者能使广大公众和企业受益而不必付费；负面的外部效应如某一企业排放废水、废气而使周围居民深受其害。外部性问题不是通过市场交易产生的，因而也就不能通过市场机制来加以解决。正面的外部效应对社会有利，它的缺失可以由公共部门通过提供公共物品的方式加以解决。而负面的外部效应对社会有害，企业却不愿增加成本和费用来消除这种外在效应，只能依靠政府来解决。政府可以制定各种排放污染的标准强制企业执行，也可以由政府对企业采取财政补贴或税收优惠的方式，促使其增加费用，消除负面的外部效应。

4. 收入的再分配

市场经济的基本原则是效率至上，激烈的市场竞争导致优胜劣汰，财富不断流向拥有稀缺的生产要素（如资本、技术、信息等）的生产者手中。从整个社会来看，这种资源配置和财富归属的机制是最有效率的，能够实现"帕累托最优"，使社会财富最大化。但从收入分配结构来看，财富集中于掌握稀缺资源的人手中，而众多劳动者的收入水平和自身付出的劳动并不相符，最终会导致贫富两极分化越来越严重。这是一种事实上的不公正。社会贫富差距过大会导致公众需求不足，进而经济增长缓慢，甚至会使整个社会陷入动荡。收入分配不公的问题是市场机制自身无法解决的。这就需要政府采取种种措施对收入进行再分配，以缩小贫富差距，实现市场经济效率与公平双重目标的平衡。

正是由于市场机制存在着种种天然的缺陷，在宏观经济协调、垄断的消除、公共物品的提供、外部性问题的解决、收入再分配等方面无能为力，所以，只好由政府运用公共权力来干预市场经济的运行。自由放任、不加干预的市场机制最终会导致灾难性的后果，这已经被西方国家市场经济发展历史中出现的种种经济危机现象所证实。

（二）政府失灵

市场失灵的存在客观上要求政府对市场经济的运行进行必要的干预，但是，政府干预也具有局限性，“政府失灵”的现象同样存在。政府失灵同样会给经济和社会发展带来严重的后果。二战后，各个市场经济国家普遍推行凯恩斯主义政策，由政府运用强大的行政权力干预市场经济的运行，政府的职能越来越多，政府的规模也越来越大，对市场经济的过分干预终于导致了灾难性的后果，20世纪70年代，西方国家普遍爆发了严重的经济危机，产生了经济停滞和通货膨胀共存的“滞胀”现象。在这种情况下，西方各国开始反思凯恩斯主义的局限性，各国普遍开始不同程度地削减政府职能，精简政府机构，下放政府权力，减少不必要的干预。政府失灵的类型主要有以下几种：

1. 政府的内在性与政府规模膨胀

公共选择学派认为，政府部门官员同私人部门一样，是“经济人”，他们都有使自身利益最大化的倾向。政府机构及其官员这种追求本组织及个人利益最大化而不是公共利益最大化的性质，被称为“内在性”。内在性被认为是导致政府失灵的重要原因。政府官员为了追求不断的晋升和轻松的工作，总是招录更多的人员充实到政府机构，以便作为他们的下属，这就导致政府机构的规模不断扩大，人员不断增多。同时，在现代社会公共事务日益复杂多变的情况下，政府官员不是思考如何通过改革政府职能、增进政府绩效来应付更多的公共事务，而是简单地通过增加工作人员的方式来解决，这也是导致政府规模膨胀的重要原因。政府规模膨胀直接导致政府预算不断增加，国家财政越来越不堪重负，更多的财力物力作为政府机构的办公费用被浪费，而与此同时，政府决策过程却更加繁琐复杂、效率低下。

2. 提供公共物品的低效率

公共物品具有非排他性和不可分割性，无法通过市场机制由私人部门来提供，因而也就没有明确的价格，其真实成本和价值也无法得到有效评估。同时，仅仅由政府来提供公共物品毕竟缺少必要的竞争机制，政府官员缺乏追求公共物品效益最大化的动力。此外，很多公共物品本身具有高投资性和低利润性，政府官员仅仅把提供公共物品当作一种不得不承担的责任，缺少利益驱动。以上原因都会导致政府提供公共物品的低效率。正是由于私人部门不愿或无力提供公共物品，所以才由政府来承担这一责任，而政府在提供公共物品时的低效率表明，市场机制做不好的事情，由政府直接来做也未必能做好。

3. 寻租和腐败

寻租行为产生的原因在于：政府由于拥有了干预经济和社会生活的极大权力，使得私人或小集团希望通过贿赂政府官员而获得某种经济利益。寻租行为是一种非生产性活动，它并不创造任何财富，反而使大量的资源浪费在寻租活动中。它使一小部分人通过不正当的手段攫取巨额社会财富，导致资源配置的扭曲和公共利益的破坏，同时使很多政府官员陷入腐败陷阱，公众不满和敌视情绪会增加，政府公信度下降，其执政的合法性会降低，从而导致国家的政治、经济和社会生活陷入动荡。

4. 公共政策失误

政府公共政策的制定和实施是非常复杂的过程。在制定过程中，政府机构内部决策机制是否完善有效、信息是否及时和完备、政府官员个人领导水平是否高超等都是影响公共政策制定水平的重要因素。而在实施过程中，政府的执行机构是否领导得力、人员精干、配合默契、团结一致、灵活应变，都决定着政策的执行效果如何。所以，与市场决策相比，政府部门公共政策的制定和实施更加复杂，涉及面更广，不确定性因素更多，风险更大。而政府官员与私人企业管理者相比却有不利之处，私人企业管理者在利润最大化的利益驱动下，能够兢兢业业、勇于创新；而政府官员则普遍缺乏进取心和竞争压力，不求有功，但求无过，甚至很多官员只关心个人利益得失，不关心公共利益的提高，因此，决策失误的可能性也就大大增加。

市场失灵客观上要求政府进行干预，而政府失灵的客观存在则表明：市场管不好的，政府自身也不一定就能管好。因此，政府应该通过科学的理论研究和实践探索，明确其干预的范围、手段、程度。在市场机制能起有效作用的领域，应该由市场机制起主要作用，政府不要管得过多，管得过死；在市场失灵而政府干预比较成功的领域，政府应该担负起主要责任；而在市场失灵和政府失灵同样存在的一些领域，政府应该由直接干预变为间接指导，鼓励和培育第三部门和非营利组织参与到其中，使单纯的政府管理模式变为政府、非营利组织相互整合、相互协作的公共管理模式，建立起一个以政府为核心的主体多元化的公共管理制度框架。

二、政府与社会的关系

政府与社会的关系问题，是公共管理中的重要问题。这里的社会指的是与政治生活、经济生活相区别的社会生活领域，它的范围非常广泛，涵盖了社会保障、社会服务、公民权益、环境保护、文化体育、教育、卫生保健、社区服务等方面的内容。这些内容与我们所说的狭义的公共事务的范围是一致的。显然，对这种社会性公共事务的管理只能由公共部门来承担。传统上，就是指由政府来管理。西方各国的国家主义理论、福利国家制度以及我国计划经济理论都推崇政府的绝对作用。国家主义认为政府是万能的，主张政府对社会生活进行全面的管理与控制；福利国家政策是在北欧国家兴起的，它主张政府对公众的生活提供全套福利，建立起“从摇篮到坟墓”的全民福利制度；而我国长期的计划经济体制更是强调政府要包揽一切。这些理论和实践事实上都过分夸大了政府的作用，政府对社会管得过多，使社会失去了应有的活力，政府本身的负担也越来越重。北欧国家福利政策越来越难以为继、我国由计划经济体制向市场经济体制转型都证明了这一点。

当前公共管理的理论和实践都表明：在管理主体上，对社会公共事务的管理不能由政府独自承担，必须鼓励和引导非营利组织加入到社会公共事务的管理上来，同时，公众、私人企业也可以在公共部门的授权、监督和指导下参与公共产品和服务的供给。在管理方式上，应该更多地发挥市场机制的作用，在市场机制能有效发挥作用的领域，政府不应该越俎代庖。政府与社会的关系概括成一句话，应该是“小政府、大社会”。

“小政府”包含两方面的内容：一方面是指政府要有所为、有所不为，不应该包揽一切，要让市场机制发挥主要作用。而政府的作用则是维护秩序、制定法律法规、制定宏观政策和发展规划、监督各管理和参与主体的行为、协调各方面的矛盾、提供一些第三部门和私人部门无法提供的公共物品。“小政府”并不意味着“弱政府”，相反，政府从繁杂的社会事务中解脱出来，可以从宏观上制定政策和战略，这反而是政府功能的强化。另一方面则是指政府的规模必须缩减，人员必须精干，同时要明确政府机构及人员的职责范围，减少行政成本，提高行政效率。

“大社会”是指要扩大社会的自治功能，政府给予社会更大的自主权，培育第三部门或非营利组织，让其和政府一起，成为社会公共事务的管理主体。非营利组织要接受政府的授权，承担政府留下来的责任，接受政府的监督。公众和私人部门也可以参与进来，从而建立起对社会公共事务的多元化管理和参与体系。与此同时，要建立社会对政府的监督制约机制。“小政府、大社会”的模式不仅需要政府自上而下地对社会进行宏观管理，也需要社会自下而上地对政府权力进行制约，防止政府权力的滥用，监督政府官员的腐败行为。要逐步建立健全非营利组织和公众的民主参与制度和渠道，使政府各职能部门与相关领域的非营利组织和公众的对话协商成为一种日常制度。

第三节　政府再造

1993 年，时任美国总统克林顿宣布了一项为时 6 个月的政府再造计划，对联邦政府的行为进行全面调查研究，并委托副总统戈尔率领一个工作组开展这项工作。由此，揭开了克林顿政府行政改革的序幕。类似的变革自 20 世纪 80 年代开始，目前正在世界上许多国家发生。英国、法国、加拿大、澳大利亚甚至东欧国家，都在逐步把垃圾收集、公共住宅管理、自来水供应、邮电通讯、医院、治安交通等城市公共管理事务，通过合同承包、私营组织参与竞争等市场化措施，减少政府的直接干预，提高服务效率与质量。有人称这次行政改革为一场全球性的革命。

“政府再造”的一个核心内容是建设具有企业家精神的政府。企业家精神的政府是 20 世纪 80 年代以来西方国家行政改革的主要指导思想，影响巨大。美国的“重塑政府运动”，英国的“宪章运动”，其他发达国家的以市场化、社会化为导向的行政改革运动，无不渗透着这一思想。

以美国为代表的西方国家政府在面临抗税运动、财政萎缩、政府信任危机等问题的情况下，以“企业家”般的创造精神，进行以公共管理市场化为导向的“政府再造”，目的是提高政府公共服务的效率与质量。

一、西方国家政府再造的背景

“政府再造”在以美国为代表的西方国家兴起并不是偶然的，而是有其特定的经济、政治和社会背景。

（一）知识经济时代的要求

20 世纪 70 年代以来，西方社会乃至整个世界发生了一系列根本性变化，即迅速发展的技术革新，深刻地改变着人类社会；经济全球化趋势越来越明显，各国之间的经济竞争更加激烈；受过教育的公众对命令式管理产生反感，要求拥有自主权；公民关注、参与公共服务的意识增强，他们要求政府不仅是简单地提供服务，而且要求把权力赋予公民。这些给各级政府管理带来了新的挑战，要求政府对公民需求具有较强的应变能力，为他们提供更多的参与管理的机会，为他们提供高质量的公共服务。

（二）现实的政治背景

20 世纪初崛起的官僚政治体制，以威尔逊、古德诺的政治—行政两分论和马克思·韦伯的官僚政治理论为基础，它曾在打击极权主义统治者任人唯亲、滥用权力过程中成效显著，给政府工作带来逻辑规范，意味着政府组织方式的理性与效率，它是大工业社会的产物。但是，时代发生了变化，它内在固有的弱点也就凸现出来，并进一步走向它的反面：官僚政治制度极力推崇“理性”和“效率”，这获得了局部效益、机械效益而损害了社会效益，获得了逻辑规范而使政府公务人员丧失了使命感和主观创造精神；官僚政治制度崇尚专门技术和条块分割的专业化单位，依靠它们来解决各种行政问题，这导致政府专业分工过细，机构臃肿不堪，部门重叠交叉，行政效率低下。总之，官僚政治制度在新的时代显得破绽百出，难以为继。

（三）现实的社会背景

20 世纪 30 年代兴起的凯恩斯主义，以政府强力干预经济为特征，成为当时医治自由资本主义市场盲目竞争的良药，但同时也带来了政府对市场过度干预和国家垄断，带来了公共服务高投入低产出、高福利低效率问题。至 20 世纪 70 年代，美国出现了经济停滞、高失业与高通胀相互交织的现象，这时抗税运动席卷全国，财政危机严重，福利制度走入困境，公众对政府的信任越来越低。这使行政理论与实践急于摆脱旧体制的束缚，要求寻找新的政府运行模式。这种新模式要能使政府精干、廉价而且高效，不应再是那个满负荷运转的疲惫政府，不应再是那个只会套用规章、对公众要求反应迟缓的低效率政府。

美国学者戴维·奥斯本与特德·盖布勒将改革政府包含的内容概括为十个方面：起催化作用的政府，“掌舵”而不是“划桨”；社区拥有的政府，授权而不是服务；竞争性政府，把竞争机制注入公共服务中去；有使命感的政府，改变照章办事的组织；讲究效果的政府，按效果而不是按投入拨款；受顾客驱使的政府，满足顾客的需要，而不是官僚政治的需要；有事业心的政府，有收益而不浪费；有预见的政府，预防而不是治疗；分权的政府，从等级制到参与和协作；以市场为导向的政府，通过市场力量来进行变革。

二、西方国家政府再造的特征

西方国家的"政府再造"具有如下特征：

（一）与行政环境变化相适应

行政环境的变化是导致政府再造思想产生的根本原因。在新的时代，行政系统需要不断调整自身结构，以谋求与新环境的动态平衡。美国原有的行政系统是在工业化时代发展起来的官僚政治体制，但20世纪80年代以来，它机构庞大、规章繁冗、浪费严重、效率低下，越来越让美国公众失去信心，于是各级政府被迫开始政府运行新模式的探索。政府再造正好与信息社会的要求相适应，是时代变革的必然产物。

（二）着重于政府如何运作

政府再造的主要目标是化解政府在公共服务供给方面存在的危机，因而它关注的主题不是政府应该做什么，政府应该为谁服务，而是政府如何运作。用市场竞争驱动型的合同管理替代传统的官僚制管理，是政府再造运行的总体模式；合同承包、业绩评估、战略规划是政府再造运行的具体方法。与之相对应，公务人员的官僚行为也转化成为企业家行为。

（三）广泛采用私营部门的管理方式

政府再造认为，公私部门管理有相融合的一面，应将私营企业的有效管理方法引入公共部门，如打破政府垄断，通过公开竞标将公共服务承包出去，实行全面质量管理与目标管理、成本—效益分析、物质激励等等，对那些商业性公共服务，则完全采取私营化、企业化的方法去经营管理，这使政府效率大大提高，为政府管理注入了许多新内容。

（四）基于西方国家各级政府尤其是州与地方政府的改革实践

20世纪80年代以来，美国各级政府在面临财政萎缩、政府信任危机的严峻形势下，发挥"企业家"般的创造精神，充分利用社会已有资源，进行政府功能输出市场化的探索，从而创造出新的政府治理模式，成为政府再造制度设计的基础与依据。

（五）重新探索政府与社会的关系

政府再造的实质乃是如何妥善地处理政府与社会的关系，它对传统的政府与社会的关系进行重新界定。认为政府不应是高高在上、自我服务的官僚机构，而应是讲究质量、追求效率的"企业型"组织；政府公务人员应是有责任心的"企业经理和管理人员"；社会公众既是提供政府收入的"纳税人"，也是享受政府以公共服务作为回报的"顾客"或"客户"。政府工作应以公众的需求为导向，提供高质量、高效率的公共服务。

三、西方国家政府再造所采取的措施

西方国家政府再造采取的管理方法是：政府在提供公共服务中积极引入市场竞争机制，依托各类社会组织来克服政府垄断经营的弊端，运用合同承包、绩效测评、目标管理等方法进行管理。政府把垃圾收集、公共住宅管理、自来水供应、邮电通讯、医疗卫生、治安交通等城市公共管理事务，通过采取合同承包、私营组织参与竞争等市场化措施，来减少政府的直接干预，提高政府效率与质量。

政府再造要求政府着力培育独立的市场主体，充分发挥各种社会力量的作用，包括发挥公营部门、私营部门、非营利组织的作用。公营部门适宜管理那些强调公平、防止歧视、政治导向强的公共服务领域；私营部门适宜经营那些有利润、能快速适应消费者需求、创新要求高的商业性公共服务领域；非营利组织适宜经营那些产生微利、解决特定社会问题的公共服务项目，如对残疾人的服务。政府与私营部门、非营利组织是良好的合作伙伴关系，维系它们的是平等的合同及相关法律。

（一）西方国家政府通常运用以下措施来推进市场化管理方法发挥作用，这些措施可以单独使用，也可以根据需要兼而并用

（1）资格认定。对将进入公共服务领域的社会组织进行资格审查，以保证承担公共服务任务的组织的资质，降低风险。

（2）建立准入制度。通过公正、公平、公开的准入制度，防止歧视、垄断和行政腐败。

（3）进行监督与调查。经常检查公共产品和公共服务的质量，处理各种投诉与问题。

（4）订立合同。政府与承包单位作为合同的平等双方，围绕标的、数量、质量和权利义务，确定各自的权限。

（5）创立公私合伙企业。政府可与私营组织合作组建企业，以弥补自己资金不足、对市场反应迟钝等缺陷。

（6）提供补助、贷款、借款担保。政府对学校、科研单位、低收入家庭住房的开发商、非营利公司等公共服务组织进行不同的经济资助，以支持它们的正常运转，鼓励它们的积极性。

（7）给予奖赏、奖励和赠与。政府设奖鼓励，可以使个人、社会组织更有效地进入公共服务领域。

（二）政府针对不同的社会组织和不同的公共服务项目，采用不同的管理方式

（1）政府通过市场准入、法律保护、监督检查等手段，准许私营部门参与竞争，政府只负责进行监督，实行间接调控。这种方式适宜于商业性公共服务领域，如供水、供

电、电讯、公园管理。

(2) 政府通过签订合同、授予经营权、提供经济资助等手段，委托社会组织生产，规定公共服务的目标与要求。这种方式适宜于微利或无利经营领域，如垃圾收集与处理、医疗保健等；以及投资风险大、回收周期长的部分基础设施建设。

(3) 政府直接投资建设，直接管理经营。对投资规模和投资风险巨大、私营组织不能或不愿介入的特大公共工程，对强烈体现公共权力、政治目标的公共服务项目，如公立学校、国防设施等，政府必须直接进行投资和管理。

本章小结

政府是指拥有行政权力、履行行政职能的国家机构，即各级国家行政机关，包括中央行政机关和地方行政机关。作为国家的具体化，政府具有不同于一般社会组织的特征，具体可概括为：公共性、强制性、系统性、政治性。政府职能，是一个社会的行政体系在整个社会系统中所扮演的角色和所发挥的作用。从政府行政体系及其与社会系统的相互作用来看，政府职能具有如下的基本特性：整体性、社会性、权变性。政府的职能划分为两大范畴：一是政府对社会公共事务管理方面的作用；二是政府对自身事务的管理。

“政府失灵”和“市场失灵”现象是客观存在的，单纯依靠市场机制、政府缺少必要干预和单纯依靠政府手段、以计划取代市场这两种极端方式都会阻碍经济和社会的发展。只有将政府干预与市场调节紧密结合，相互配合使用，才能弥补二者的不足，发挥各自的优势。

“政府再造”的一个核心内容是建设具有企业家精神的政府。西方国家政府再造采取的管理方法是：政府在提供公共服务中积极引入市场竞争机制，依托各类社会组织来克服政府垄断经营的弊端，运用合同承包、绩效测评、目标管理等方法进行管理。政府再造要求政府着力培育独立的市场主体，充分发挥各种社会力量的作用，包括发挥公营部门、私营部门、非营利组织的作用。

重要概念

政府　政府职能　政府失灵　市场失灵　外部性　外部不经济　外部经济性　内在性　寻租　小政府　大社会　重塑政府　政府再造　企业家政府

案例分析

【案例】英国的政府再造运动

英国是新公共管理（政府再造）运动的发源地之一，1979 年，主张推行私有化政策的保守党候选人撒切尔夫人赢得大选并出任首相，随即开始实践其竞选诺言的行动。

“撒切尔主义”是指导保守党政府一系列改革的主导思想，采用效率驱动模式，尝试将私人部门管理的方法和技术引入到公共部门管理中。保守党执政时期行政改革的突出特点是私有化、效率中心、竞争机制、企业精神和分权化。在这个时期，比较重要的改革措施有雷纳评审、部长管理信息系统的建立、财务管理新方案、“下一步”行动方案、“公民宪章”运动和为质量而竞争运动等。

一、雷纳评审

雷纳勋爵是英国一个著名私营商业企业的执行总裁，20 世纪 70 年代曾经应当时的希斯首相的邀请在国防部建立一个联合采购部并出任该部门的负责人。由于他对政府部门的深入了解和具备企业家的务实作风，因此成为撒切尔夫人的绩效化改革具体措施的合适人选。雷纳评审的性质是“以解决问题为导向”的“经验式调查”，即对政府部门的行政改革进行调查、研究、审视和评价，其目的是提高公共行政组织的经济和效率水平。

雷纳评审的显著特点是来自内部的改革，效率小组主要起催化剂的作用，促进、鼓励、协调、指导有关部门在现存的文化及传统中开展改进工作，发挥各部门革新的积极性和主动性，尽量避免改革是由上面或外部强加的印象。

雷纳评审是撒切尔政府推行行政改革的第一个重要步骤和重大事件，而且和后来的改革措施有着密切的联系。

二、部长管理信息系统

部长管理信息系统是环境大臣赫素尔廷于 1980 年在环境部建立的管理机制和技术，由于效果显著，之后在各个政府部门得以推广和采用，为以后的财务管理新方案奠定了基础。部长管理信息系统的目的是使高层领导能随时了解：部里正在做一些什么事情、谁负责这些事情、谁定的目标、这些目标是什么、对它们是否实施了有效的监测和控制。部长管理信息系统使部长更多地介入到政策执行领域和部门内部的管理工作。由于内容具体和形式规范，部长管理信息系统比传统的层级汇报方式所获得的信息要及时、全面、系统得多，也有利于进行综合分析及不同单位之间的比较分析。部长管理信息系统有助于按实现目标的需求进行合理的资源配置，以便根据各具体目标的实现情况进行适当的资源分配调整。通过在部长和科级之间建立直接的、规范化的信息沟通渠道，部长管理信息系统降低了中间管理层次的作用，为取消某些中间层次和事项结构扁平化提供了可能性。部长管理信息系统所体现的目标责任制度、以目标进行资源配置和调整的制度、目标实现程度和绩效的评估制度、全面的信息反馈机制等，为分权和权力下放创造了条件。

三、财务管理新方案

财务管理新方案是部长管理信息系统的扩展、延伸和系统化。虽然财务管理新方案是财政部颁布的，但其内容并不限于公共部门的财务管理，而是涉及公共管理的诸多方面。事实上可以说是20世纪80年代英国政府部门管理改革的总蓝图。

新方案在实践中关注的重点是成本控制，根据英国经济社会研究所的调查，1979～1984年，公共部门的效率平均每年提高2～3个百分点。但部分学者指出，对经济的追求采用了投入定额方法而不是根据需要合理确定投入水平，意味着效率概念的粗俗化理解，新方案所主张的以资源利用和管理者个人责任为特点的内部控制机制，忽视了外部效益最大化这一核心问题。

四、"下一步"行动方案

1988年开始实施的"下一步"行动方案，是英国最重要的行政改革措施之一，被学者称为中央政府全面转换管理责任的重大努力，也是英国公共服务改革的一个转折点。

改革的具体建议和行动计划如下：

(1) 设立执行机构，由其履行政府的政策执行和服务提供职能。其设立过程主要有三方参与：执行机构候选者的上级主管部门、"下一步"行动方案项目小组和财政部。而一个部属机构转为执行机构，一般要按照一系列标准和通过一定审查程序：主管部长确认是否可以撤销或实行私有化，然后确认该服务能否通过合同出租的方式转给私营组织完成，只有这两点都是否定的答案的时候，才考虑设立执行机构的可能性。

(2) 人力资源的开发和利用。执行机构的设立带来部门职责和组织结构的变化。报告建议各部采取措施确保工作人员得到良好的培训并积累工作经验。特别强调高级公务员队伍中必须有来自低层的管理者，弥补队伍中对管理技能和现实状况了解的不足。

(3) 保持外部压力以推动持续性改进。执行机构的全面设立意味着政府内部责任机制的变化。从以往各部部长就政策与部门内部的操作管理向议会承担个人责任转为机构负责人通过部长就政策执行和服务管理向议会承担个人责任。

"下一步"行动方案的成效：减轻了部长和高级文官工作超负荷的问题，执行机构的设立使部门的下属机构获得充分的自主权，在政策执行和服务提供方面实现效益最大化，而且有利于实现资金的价值，提高资金的使用效率。

五、"公民宪章"运动

20世纪80年代末，撒切尔政府的改革在公共部门的经济和效率方面取得了显著的成就。与此同时，因强调经济和效率而导致公共服务质量下降的问题愈加凸显，于是，1991年梅杰接任首相后，相继发起了"公民宪章"运动和"竞争求质量"运动，英国行政改革的重心开始从经济、效率向质量和公共服务转移。这是保守党推行的行政改革进一步深化的产物和标志。

"公民宪章"运动具体体现为所有公共服务机构和部门制定宪章，通过"公民宪章"

的制定，改变公共服务中提供者居主导地位的状况，为服务对象提供审视公共服务的机会。作为竞争不充分的一种竞争机制，主要针对以下部门：（1）非垄断性和半垄断性服务行业；（2）非营利性公共服务行业；（3）营利性服务行业。

"公民宪章"的基本内容，包括对公民的承诺与践诺机制两方面。面向公众的承诺，包括服务内容、服务标准、服务程序和时限、违诺责任等具体内容。"公民宪章"运动的践诺机制，包括内部管理机制和外部监督机制。内部管理机制首先是建立健全服务承诺的领导体制，这是组织上的保障。外部监督机制是设立独立的公民宪章监督专员，他们不受政府行政部门的政治控制。

结果：据1996年政府官方报告，"公民宪章"运动在提高公共服务质量和公民满意度方面起到了积极的作用。1996年共有15个国家推行与"公民宪章"运动类似的月服务承诺制度。

六、为质量而竞争运动

发动"公民宪章"运动仅四个月后，梅杰政府发表《为质量而竞争》白皮书，为质量而竞争运动是竞争观念进一步确立和竞争机制制度化的尝试。市场检验是为质量而竞争运动的标志，是对内部和外部服务承担者进行比较以检验资金的价值的过程。

市场检验包括确定活动的范围和性质、建立服务水平和质量标准、竞争招标和选择、协商和确定具体细节、检测和评价等步骤。市场检验所提出的并非是具体的竞争方式和操作方法，而是一个基本原则，即通过市场检验来实现资金的最大价值。竞争机制、合同出租制、战略性合同出租制才是市场检验的具体体现方式。市场检验是公私竞争原则的进一步确认和制度化。市场检验主要针对公共部门的文秘和技术工作，各政府机构都设有一定的指标，即有多大比例的工作任务必须通过市场检验程序。

1991～1993年底，共有389项工作任务经历了市场检验，私营部门获得了价值8.85亿英镑的合同，价值7.68亿英镑的工作任务继续由内部机构来承担。

（本案例参考了陈振明．政府再造：西方"新公共管理运动"述评．北京：中国人民大学出版社，2003。）

【问题】

根据新公共管理的有关理论，对英国政府再造运动的六个方面作一简要评析。

【解析】

英国是推行市场化和新公共管理改革最早的国家。1979年撒切尔上台和她推行的改革是当代西方行政改革浪潮的起点。

雷纳评审是对政府部门工作特定方面的调查、研究、审视和评介活动，其目的是提高组织的经济和效率水平。部长信息管理系统通过在部长与科级之间建立直接的、规范化的信息沟通渠道，降低了中间管理层次的作用，为实现结构扁平化提供了可能性；其所体现的目标责任制度、目标实现程度和绩效的评估制度、全面的信息反馈制度等为权力下放创造了条件。财务管理新方案是在改革初期的“效率战略”阶段提出来的，这一阶段改革的侧重点是树立成本意识，提高公共部门的经济和效率水平，从而实现降低公共开支的目标。“下一步行动方案”无疑是英国政府内部理性化改革最重要的事件。其核心内容是执行机构的全面设立，这意味着政府内部责任机制的变化。“公民宪章”是保守党政府推行的行政改革进一步深入的产物，英国的行政改革由此发生了从经济、效率到质量和公共服务的侧重点的转移。为质量而竞争运动标志着政府认识的进一步深化。竞争出质量，竞争出效率，竞争机制的引入与完善是提高公共服务水平和质量的根本之道。

同步测练与参考答案

一、名词解释

1. 政府失灵
2. 外部不经济
3. 政府再造

二、单项选择题

1. 关于政府职能的社会性下面不正确的说法是：(　　)。
   A. 政府职能的范围和内容当视社会需要而定
   B. 政府职能应当根据政治和社会的需求作出
   C. 政府不能自我独立地确定自己的行为
   D. 政府系统是闭关自守的
2. 以下关于“市场失灵”不正确的说法是：(　　)。
   A. 市场活动可能导致“外部经济性”
   B. 市场经济导致收入分配不公
   C. 市场不能有效提供具有“外部经济性”的公共产品
   D. 市场经济运行的宏观不稳定
3. 不能主要依靠私人来提供尤其是纯粹的公共产品和服务的原因以下说法错误的是：(　　)。
   A. 投资大　　B. 周期长　　C. 投资回收慢　　D. 政府垄断
4. 政府内在性的表现以下除（　　）都是正确的。
   A. 政府官员以增进政府绩效来应付更多的公共事务
   B. 政府官员总是招录更多的人员充实到政府机构

C. 政府官员追求不断的晋升和轻松的工作

D. 政府官员都有使自身利益最大化的倾向

5. 1993 年，美国总统克林顿宣布了一项为时 6 个月的（　　）计划，对联邦政府的行为进行全面调查研究，并委托副总统戈尔率领一个工作组开展这项工作。

A. 企业型政府　B. 政府再造　C. 重塑政府　D. 公民宪章

三、多项选择题

1. 作为国家的具体化，政府具有不同于一般社会组织的特征，具体可概括为：（　　）。

A. 公共性　B. 系统性　C. 强制性　D. 政治性

2. 从政府行政体系及其与社会系统的相互作用来看，政府职能具有如下的基本特性：（　　）。

A. 整体性　B. 稳定性　C. 权变性　D. 社会性

3. 政府对整个社会公共事务的管理，我们称之为发展行政的职能，它主要涉及的几个方面有：（　　）。

A. 政治　B. 经济　C. 社会　D. 文化

4. 市场机制在以下几个方面是无能为力的：（　　）。

A. 宏观经济的稳定和长远发展

B. 消除自由竞争导致的垄断

C. 公共物品的提供和外部性问题的解决

D. 收入的再分配

5. 西方国家“政府再造”的特征有：（　　）。

A. 与行政环境变化相适应　B. 广泛采用私营部门的管理方式

C. 着重于政府如何运作　D. 重新探索政府与社会的关系

四、简答题

1. 政府与国家概念的区别与联系。

2. 政府与市场的关系。

3. 西方国家政府再造所采取的措施。

五、论述题

1. 试述市场经济条件下的政府职能。

2. 试述政府与社会的关系。

3. 试述西方国家“政府再造”理论对我国的启示。

参考答案

一、名词解释（略）

二、单项选择题

1. D；2. A；3. D；4. A；5. B

三、多项选择题

1. ABCD；2. ACD；3. ABCD；4. ABCD；5. ABCD

四、简答题（略）

五、论述题（略）

第三章
CHAPTER THREE

公共企业管理

学习目标

通过本章的学习，掌握公共企业的含义、性质、类型和作用；明确公共企业的内部治理结构和外部环境因素；了解公共企业民营化的含义、现实需求、途径和应注意的问题。

重点难点提示

- 公共企业的性质、类型和作用
- 公共企业的内部治理结构
- 公共民营化的现实需求
- 公共企业民营化应注意的问题

第一节　公共企业管理概述

一、公共企业的含义

公共企业，是与私人企业相对应的概念，顾名思义，就是具有公共利益或公益性质的企业。它根据商业原则所组成，但其所有权全部或部分属于某个公共机构，并受这个公共机构的有效控制。公共企业在无法达到完全按成本收费的情况下，为了避免公共企业的破产，就要由公共利益的最佳代言人来出资和组织管理，这个最佳代言人就是政府。当然，公共企业也允许少量的民间资本参与进来，这就是公共企业和其他企业的本质区别。公共企业主要分布在农业、工业、金融、基础设施、商业、娱乐或服务等行业。公共企业的法定形式各不相同，它们可以是部门企业、公共公司、法定机构，也可以是根据现有公司法注册的股份公司。

在这里所讨论的公共企业，具有双重性的目标和职能：一方面，公共企业具有以市场为基础从事经营的性质，追求利润和效率目标；另一方面，在从事经营活动过程中，公共企业提供的产品和服务具有公共性，涉及社会公共利益，因而具有与政府运作相似的职能。

二、公共企业的性质

公共企业首先是企业，与私人企业一样具有企业法人的地位。法人是指具有民事权利能力和民事行为能力，依法独立享有民事权利和承担民事义务的社会组织。法人有企业法人和事业法人之分。作为企业法人，公共企业是相对独立的经济实体，并在一定程度上以获取利润为目的，从事商品和劳务的生产与经营活动，承担着生产、财务、市场营销等功能，并或多或少要受到来自市场的压力。所以，公共企业首先是按企业的组织形式设立并按企业的性质经营的经济实体。但另一方面，公共企业还具有“公共性”，公共企业的“公共性”是对应于私人企业的“私人性”而言的。公共企业的公共性主要表现在三个方面：第一，利润归国家所有。由于企业的生产资料是国家所有，其所有权或控股权归属于政府，因此公共企业的净利润既不为私人所有，也不归公共企业本身所有，而是为国家所有。当然，企业的亏损也由国家承担，企业职工及领导人无法对亏损承担全部责任。第二，政府对决策权的限制。政府对公共企业的投资决策、人员安排及利益分配等，都具有一定的控制权和决策权，尽管企业本身有一定的自主权，但和私人企业相比，其自主权要受到很大限制。第三，公共企业必须承担社会责任。公共企业必须以社会利益为第一目标，并且当利润目标与社会目标发生冲突时，侧重于实现社会目标。因此，公共企业的

"公共性"主要就表现在公共企业与政府部门一样，都服从于社会公共利益的需要，只不过公共企业是采取企业这样一种经济组织形式来提供公共产品或公共服务的。

在现代市场经济条件下，如果所有的企业都以追求自身利益最大化为目标，往往难以使资源在整个社会范围内得到优化配置。从资源配置效率的原则出发，有些生产经营活动必须也只能由公共部门来承担。因此客观上就需要建立这样一类企业，其本身不以利润最大化为唯一目标，却能为资源在全社会达到优化配置创造必要的条件。换言之，现代市场经济的有效运行，需要有一些企业主要以社会效益和公共利益为目标，这一类企业就是公共企业。因此，公共企业是构成政府公共经济部门的一个重要组成部分。只有通过公共企业与其他公共组织的协调配合，才能共同完成满足社会公共利益的需要，实现符合公共利益的社会资源配置任务。因而，在现代市场经济条件下，公共企业是一种特殊的法人机构，是一种特殊性质的企业，其特殊性也就在于它总是负有一定的公共政策义务，是政府实现特定政策目标的一种手段。

三、公共企业的类型

按照澳大利亚学者欧文·休斯（Owen E. Hughes）的观点，"所有的公共企业面临的唯一的共同问题就是政府所有权问题。不同的公共企业之间的差别很大，而且处于不同的环境之中。"① 所以，欧文·休斯是按照公共企业承担公共责任程度的不同以及究竟是适合垄断还是竞争环境这两个标准来划分公共企业的类型的。我们借用他的分类方法可以把公共企业分为四大类。

第一类是适合垄断，同时承担着巨大公共责任的公共企业。包括：

（1）自然垄断企业，如供电（水、气）、电信等。在这一生产领域中，只有发挥规模效益，才能使生产成本不断递减，所以最好的选择是只有一两家企业经营，而且为了维护公众利益，这种垄断企业最好由政府来建立和管理。私人资本一般是无法进入这一领域的，即使有限地进入，也会受到政府的严格管制。这类企业一旦建立起来，基本上不会遇到来自行业内的竞争，因为在同一个地区再增加一个相同的企业，不但需要大量的成本，而且这种重复建设也是一种浪费。例如，一个小型的城市大概只需要建立一个自来水公司、一个煤气公司、一个污水处理厂也就足够了。

（2）政府的管制机构，如烟草专卖公司、盐务公司，黄金专卖公司等。它们是政府为了控制某些重要的资源或产品而建立的，这类企业一般具有强制收购产品、进行专卖的特点。因此，这类企业实际上是管制机构，其运用的主要资源是政府的强制力，强制买卖商品是其显著特征。

第二类是适合垄断，但并不承担直接公共责任的公共企业。如投资巨大的高新技术工

---

① 欧文·E·休斯．公共管理导论．北京：中国人民大学出版社，2001

业，包括原子能、航天、巨型电子计算机、飞机制造等。科学研究和重大的尖端科技开发投资巨大、风险极高，私营企业往往无力承担或不愿承担，所以不得不由国家投入大量资金建立这种企业，而且这种企业一旦建立，就自然而然地在该行业中处于垄断或主导地位。

第三类是适合竞争，但由于承担着直接的公共责任，政府又不得不进行一定程度管制的企业，如公交、铁路等。这类公共企业虽然在本行业内具有天然垄断的性质，但面临着来自相关替代行业的竞争。由于它们为公众提供公共产品与服务，与公众利益息息相关，政府不得不介入。

第四类是适合竞争，但不承担直接公共责任的公共企业，包括银行、保险、航空、石油、钢铁、采煤、造船、汽车制造等。例如，国有商业银行面临着股份制银行、私营银行、外国银行的竞争。政府当初之所以进入这类竞争性行业，很大程度上是为了控制这一类具有战略意义的企业，从而掌握国民经济命脉。同时，政府也可以把它当作协调宏观经济的手段。而随着经济的不断发展和科技的不断进步，很多企业已经成了“夕阳工业”，在政府的管制下，效率低下、管理僵化，此时再把它们作为支柱产业或政府宏观调控的工具已经没有必要了。而如果解除政府管制，并使其民营化，这类企业就有可能获得更大的竞争力，企业的效率会大大提高，经营状况会大大改善。

四、公共企业的作用

具体来说，公共企业的作用主要表现在以下一些方面：

（一）提供公共产品

公共产品是由集体消费的产品，一般而言，它具有非竞争性和非排他性的特征。非竞争性意味着一个人的消费不会减少其他人的消费，非排他性意味着难以采取有效措施阻止任何人对公共产品的消费。公共产品的非竞争性和非排他性决定了人们不需要购买仍然可以进行消费，因此公共产品不会进入市场交易，私人生产者也不会愿意向社会提供，所以公共产品需要依靠公共部门来提供。当然，在现实中，同时具备非竞争性和非排他性的纯公共产品并不太多，更为普遍的是介于私人产品和公共产品之间的混合产品，又称准公共产品。根据具体情况，混合产品可以由公共部门提供，也可以由私人部门提供，或者由公共部门和私人部门合作提供。

（二）实现产业结构协调，促进经济发展

完善的基础设施是一个国家经济发展的前提，尤其是在工业化进程的初期，经济发展对基础设施的需求很大，但由于产业性质的差异，一些基础产业由于投资量大、建设周期长、收益率低，私人资本不愿进入或没有能力进入，因此使得基础产业往往成为产业发展的薄弱环节。产业的协调是经济持续稳定发展的重要条件，因此对于那些刚刚走上市场经济发展道路，经济开始起飞的国家，采取政府财政投资的方式建立公共企业，大力发展基

础设施，对于实现产业结构的协调，促进经济持续稳定发展可以起到积极的作用。

（三）协调区域经济发展，缩小地区差距，保持社会稳定

一些国家，由于地理、历史等因素的制约，地区间经济发展差距往往较大。如果单纯依靠市场力量调节，往往会出现所谓的“马太效应”，穷的越穷，富的越富，从而不利于经济的长远发展和社会的政治稳定。因此，政府可以在经济落后地区通过建立公共企业，发展基础产业、基础设施，来实现区域间的经济协调发展，这对于促进社会的政治稳定同样也具有重要意义。

（四）纠正自然垄断

自然垄断是规模经济造成的一种状况。规模经济是指某些行业具有生产量越大，平均成本越低的特点。如邮电、通讯、供水、供电、道路交通等行业就具有这一特点。这一特点决定了这些行业只有在一个企业生产的时候才是最有效率的。但如果只有一个企业，又会出现垄断定价，垄断定价往往高于边际成本，造成资源配置的无效率。同时，由于缺乏竞争，垄断企业没有动力进行技术改造，降低成本，这对社会来说也是一种损失。因此，对于自然垄断，如果政府不进行干预，那么自然垄断者就往往会通过控制产量，抬高价格来攫取超额垄断利润，从而损害消费者的利益。纠正自然垄断可以采取多种方式，其中建立公共企业进行公共生产是各国普遍采取的一种做法。

（五）缓解经济的周期性波动

避免经济危机的爆发是市场经济条件下各国政府宏观调控的主要目标。由于公共企业直接受政府控制，在相当程度上实现了生产与经营的计划性，克服了一般私人企业在生产经营方面所具有的某种盲目性和无政府状态，因此公共企业的运营往往体现出反周期性的特点。当经济高涨时，公共企业可以按政府要求缩小其投资规模，防止经济过热；当经济萧条时，公共企业又可以按照政府要求扩大投资规模，增加社会需求，拯救衰退企业和产业，扩大就业，来刺激经济的回升。

（六）强化政府的宏观调控作用

货币政策是当代市场经济条件下各国政府干预和调节宏观经济运行的主要政策工具之一，而国有银行则是政府实施有效的货币政策的重要机构。政府拥有强有力的国有银行体系，才可以通过其控制的国有金融机构直接调整信贷规模和结构，干预货币流通，从而实现某些货币政策目标，并可以对某些特殊部门或企业提供资金以帮助、扶持其发展。另外，由于公共企业广泛分布在能源、交通、通讯、银行等基础设施和公用事业部门，因而也有利于政府贯彻干预经济的政策意图，克服市场在宏观经济领域的失灵。

（七）推进技术创新，提高科技水平

科学技术是第一生产力，推动现代经济发展的强大动力是高新技术。一些对于国家长期发展具有重大战略意义的高新技术开发，由于这些产业、技术的开发需要超前投入，而

且又是投资大、风险大的领域，私人资本往往不愿意或难以涉足。因此依靠国家力量进行投资，建立公共企业，可以在高新技术领域弥补私人企业人力、财力不足的缺陷，承担起大型科研项目的开发和应用，从而不断提高国家的科学技术实力以及科技创新能力。

第二节　公共企业的治理结构与环境

当政府部门兴建的公共企业只集中于自然垄断行业和社会公益类行业时，公共企业的数量相对较小，政府部门管理公共企业的效率相对较高；但是当政府部门大规模地进入到竞争性领域中去时，由于公共企业数量骤然增多，政府部门拥有的公共企业在内部治理结构上存在的缺陷以及企业外部环境的掣肘，会使企业效率明显下降，这既是不争的事实，也有其内在的必然性。

一、公共企业的内部治理结构

现代经济条件下的企业，一般都是所有权与经营权相分离的现代企业制度模式，不仅公共企业采取此种模式，私人营利性企业往往也采取此种模式。这种两权分离的现代企业制度就带来了我们所知的委托—代理问题。但是与一般的营利性私人企业相比，公共企业面临的委托—代理问题更为复杂和严重。

（一）公共企业的经营状况得不到切实关注和监督

对公共企业来讲，虽然政府部门作为公共企业的股东这一点来讲产权也是明晰的，但是政府机构中的官员能否如私人企业股东那样切实履行对企业经营者的监督职责是有疑问的。首先，官员的收入水平可能与公共企业经营状况的好坏并无直接关系，他不可能像私人股东那样花费很大的精力去监管公共企业，毕竟后者的监督是能直接为他带来经济利益的。其次，即使不存在因经济人动机引发的道德风险问题，政府机构中的官员出于公众利益积极地去监督公共企业，但是当公共企业数量众多、涉及多种行业时，官员不可能有能力履行这种监督的职责。或者有人提议实行专管制度，为每个企业专门配备一个专职的政府官员，但是这又将花费很大的成本。现代企业制度存在的必要条件是企业创造的净收益至少要大于委托—代理关系所造成的监督成本，否则采取两权分离的企业组织形态就毫无意义。

（二）政府部门作为公共企业委托者具有多元目标

委托—代理问题产生的根源是两者追求的目标可能并不一致。相对于私人企业的股东一心追求股东利益最大化来讲，公共企业的情况则要复杂得多。虽然竞争性行业的公共企业也从理论上认识到追求企业利润是第一位的，但现实中作为委托者的政府部门出于其他方面的公共利益需要，往往会对公共企业施加一定的影响或压力，希望公共企业解决其他一些棘手问题：缓解一部分人的就业压力、减轻政府部门的社会保障负担，或兼并一些濒临破产的公共企业等等。这些问题不仅无助于提升公共企业的竞争力，还会对公共企业追求利润的目标形成干扰。这种情况下，公共企业的经营者势必花很大精力去实现政府机构的多元目标，客观上形成了企业经营者无法适应政府部门的任务，主观上也为经营者经营不善找到了借口。

（三）公共企业的激励机制不够完善

减少代理成本的一个方面是设计出一种好的激励机制，在此制度下经营者通过为股东创造尽可能大的价值而使自身的经济利益也得到最大化，这样经营者的目标就会与股东目标基本保持一致，从而也减少了委托者的监督成本。在公共企业部门，这样的激励制度安排难免会招致非议：付这样高的薪金给经营者，值得吗？由于公共企业的最终所有权是全体国民，公众发出这样的质疑是很自然的。从公共企业隶属的政府部门来看，有关官员难免产生这样的怀疑：公共企业经营得好与经营者个人的能力并无多大的关系，主要是市场环境较好所致，无论谁去担当公共企业的经营者都能干出好的业绩。在这种普遍心态的支配下，政府部门往往不太承认经营者个人的工作努力与公共企业业绩之间的相关性，从而不兑现已有的奖励承诺或根本就不制定好的激励机制——毕竟公共企业经营好坏与政府官员个人的收入水平无明显关系。久而久之，公共企业部门吸引不到优秀的经营者，而已有的经营者就可能通过损害政府股东利益的行为来获取自身的利益最大化。

（四）作为公共企业股东的公众无法很好地制约公共企业的经营者

公共企业实际上存在着双重委托—代理关系，除了政府部门—企业经营者这一层委托—代理关系之外，实际上，公共企业的终极委托人是公众，或者说是纳税人，由他们将资产委托给政府部门，因而首先存在着公众—政府部门的委托代理关系。而从整个委托—代理链条来看，就变成了公众—政府部门—公共企业三者间的委托—代理关系。相比私人企业，公共企业的委托—代理关系自然要复杂得多。公众对公共企业实行监督并不能直接地进行，通常需要经过政府部门的中间环节，这里问题就产生了：首先，公众的利益可能也是比较分散的，特别是从短期来看，他们的利益可能表现为分散的集团的利益，这些利益相互冲突，政府部门很难将这些分散的甚至互相矛盾的利益统一起来。其次，政府制度是经济人活动的舞台，政府官员同样是有自身的利益追求的，有时他们并不能与公众的利益保持一致。这里存在着严重的信息不对称问题，导致公众（委托者）很难对代理者（政府官员）进行有效的监督。最后，公众对政府官员进行监督的制约手段是不足的。只要政府官员没有明显的违法行为，即使他消极对待公众事务，公众作为委托者来讲也无能为力。

二、公共企业的外部环境

一般来说，市场经济条件下政府对于公共企业的管理，主要包括以下几方面的内容：

（一）政府有关部门以国有资产所有者身份行使所有者权能

公共企业属于国有资产，为了能对公共企业的国有资产进行有效管理，很多国家都建立了相关的国有资产管理部门和机构。政府部门对公共企业的管理主要包括两方面的内容：一是控制公共企业的重大人事权，由政府任免公共企业的董事和董事长、总经理等负责人，并对其业绩进行考核。二是控制公共企业的重大经营决策权。公共企业的重大财务活动，如资金的筹集、股票债券的发行、对外投资等都需经政府部门审批。通过对人事权和重大决策权的实际控制，就有效地维护了国家作为公共企业资产所有者所应享有的各项权益。

（二）实行分级所有、分类管理

很多国家对公共企业都实行分级所有、分类管理的管理体制。从纵向看，国有资产隶属关系一般与国家预算体制直接挂钩，根据法律，不同企业分别为中央或地方政府所有，中央政府一般控制全国性的重要经济部门，而与地方、社区相联系的公用事业则归地方政府所有。各级政府间有明确的财产边界，上级政府对下级政府所拥有的资产无权支配，这样就简化了国有资产的委托代理环节。从横向看，则根据企业性质、财务关系等标准把公共企业分为两大类，即垄断性公共企业和竞争性公共企业，根据各自特点采取不同的管理方式。对于垄断性公共企业，由于所处行业高度集中、投资多、企业规模大，主要集中在能源、交通、邮电、通讯等基础产业和基础设施部门，政府对这类公共企业一般采取直接管理的方式，控制程度较高，企业的自主权相对较少。对于处于竞争性领域的公共企业，政府基本上不直接控制，而是给予企业充分的自主权。企业处于同私人企业相同的平等竞争地位，政府的管理仅限于任命企业主要领导人以及对企业资产流入或流出实行监督。

（三）严格依法管理企业

由于公共企业的委托代理环节极其复杂，为了保证公共企业的有效运营以及国有资产不流失，国家需要通过制定完备的法律法规来加强对公共企业的管理，而政府则必须严格依照法律管理企业。通过制定相关法律，明确各方面的权力和责任，把政府与企业的关系，国有资产的企业组织形式，企业内部的领导体制，以至于企业的财务、税收、审计、雇工、工资等都作出详细规定，这样就为政府管理企业提供了依据。尽管政府管理企业有较大的权限，但必须严格依法行事。政府该管的就必须管，不该管的就不能管。政府如果“不作为”或越权干预，出现违法行为，就要追究政府的政治、法律责任。

（四）行使出资者权利，建立严格的资产监管机制

公共企业的资产所有者是全体国民，由于全体国民不能对企业直接行使所有者权利，因此在所有者缺位的情况下，为保证国有资产安全，必须建立起严格有效的国有资产监管制度。监管主要包括如下三个方面：首先是国会对行政部门和企业的监管。一般来说，国会拥有对公共企业进行管理监督的最高权力，行政部门对企业的管理需要对国会负责。其

次是国家审计机关对公共企业管理的监督。国家审计机关是专司财政监督和财务监督职能的政府机构。它独立于政府行政机关之外，其权限由宪法赋予，工作不受行政部门和其他力量的干涉，直接向国会提出报告，向国会负责。第三是政府主管部门的监管。通过财政部或其他行业主管部门向企业派出产权代表，参与企业重大决策的制定，或者定期向企业派出专门调查组，对企业预算、结算、资金转让、利润用途、经营者报酬等进行经常性监督。

从总体上来看，政府对于公共企业的管理，其基本原则是既要保证国家对企业的所有权和领导权，又要保证企业拥有足够的经营自主权，不过多地干预企业的生产经营活动，从而使大多数公共企业与私人企业一样，能够按一定的经济法则和市场规律运作。

第三节　公共企业民营化

20世纪80年代以来，公共企业民营化的浪潮席卷全球。首先在西方发达国家，此后许多发展中国家相继仿效。从国际经验看，公共企业民营化的动因十分复杂，除了一些政治上的原因外，一个最主要的原因就是公共企业效率长期低下、亏损有增无减，给政府财政支出带来了沉重负担，这也是造成20世纪70年代西方国家预算赤字和通货膨胀的一个重要原因。另一方面，随着科学技术的蓬勃发展，使得一些自然垄断性部门逐渐适合于竞争性经营，一些原本事关国民经济和社会发展全局的关键性领域或国民经济的命脉部门，其重要性相对下降。因此，通过民营化改革，引入竞争机制和市场力量，以提高公共企业的运营效率，减轻政府的财政压力，就成为很多国家的当然选择。

一、民营化的含义

民营化的英文“Privatization”从字面上来讲就是私有化的意思，即改变公共企业的产权性质，变国有为私有，这一过程一般通过出售公共企业股权的办法来实现。但事实上这样来理解Privatization过于狭隘，除了出售公共企业股权从而变为私有产权这一方法外，还有其他方法（如承包经营、委托经营、合作经营等）可以变政府管理为民间管理，减少政府的干预程度，同样可以达到改善公共企业效益、减轻政府负担的目的。而这也正是把Privatization翻译为民营化而不是私有化的原因。而且，民营化的真正含义在于政府通过各种手段减少对公共企业的控制和补贴，使其面向市场，同时改变公共企业垄断公共产品和服务的局面，允许市场中的众多主体共同参与公共产品和公共服务的提供，给公共企业创造一种竞争环境，迫使其在市场竞争的压力下不断提高自身效益。因此，是否采取私有化或者民营的形式并不是最重要的，能否解除管制、打破垄断、引入竞争才是民营化的重点。需要说明的是，民营化并不意味着政府责任和政府权威的丧失；相反，民营化是政府从提供具体的公共产品的任务中脱身，转向对公共产品宏观政策的制定、对公共产品提供机制的完善、对提供者监督标准的制定、对公共利益的维护等方面上来，民营化是政府责任承担方式的转变，是政府能力的加强和提升。

二、民营化的现实需求

（一）民营化可以提高公共企业的效率，减轻政府财政负担

通过各种手段将公共企业民营化以后，一方面，公共企业被放松管制，与此同时也失去政府的保护，政府允许私营企业涉足公共产品的提供，或者将原先规模巨大的公共企业进行拆分，使公共企业面临前所未有的竞争压力，这些都迫使公共企业改善经营状况、提高效率。另一方面，政府也甩掉了沉重的包袱，不必再对公共企业进行长期补贴，政府财政赤字减少，财政收支会趋于平衡。

（二）公共企业民营化能够吸引私人资本参与

私人资本开始之所以不愿介入公共企业，就是因为：建立具有规模经济效益的公共企业需要大量的沉淀资本，私人无力负担；生产公共产品、提供公共服务无利可图。而民营化从形式上来说，并不仅仅意味着出售公共企业，而是指对外承包经营、委托经营或者共同经营，这就意味着私人不用投入巨额资金购买整个公共企业的所有权，只是承包经营已经存在了的公共企业，不需要再投入巨额沉淀资本，进入门槛大大降低。另外，考虑到公共企业在生产公共产品、促进公共利益方面的社会责任，政府可以在税收上给予优惠。在这种情况下，只要管理完善，重视市场需求，盈利就可以保证，因而对私人资本能够形成吸引力。

（三）公共企业的特征和责任并不会随民营化而发生本质上的改变

有些民营化措施，如将规模巨大的公共企业进行拆分以便造成有效竞争，并不会导致生产成本的过分增加和资源配置的浪费，因为只要企业达到一定规模，就能保证生产成本较小，产生规模效应，并不需要无限制地扩大企业规模。只要拆分合理，就不会影响规模经济效益。政府在公共企业民营化以后，一方面可以给予税收优惠，另一方面可以制定行业性的经营规则及惩罚措施并严格执行，从而能有效避免民间经营者背离宗旨、放弃责任、追求暴利的行为。

（四）经济开放所带来的外在压力也迫使各国政府对公共企业进行民营化

近年来世贸组织要求各成员进一步降低关税，逐步开放其市场，解除市场壁垒，在这种情况下，不仅是私人企业面临来自国外企业的冲击，连公共企业都受到巨大影响。而世贸组织又明确规定各成员方政府必须减少对企业的财政补贴。面临如此严峻的现实，各成员方政府只好在其市场全面开放之前，主动通过各种民营化手段放松政府控制，引入有效竞争，促使公共企业不断提高竞争力，以便能够应对来自国外企业的更加激烈的竞争。

（五）产业结构升级客观上要求部分公共企业民营化

政府建立公共企业的目的之一是把公共企业作为协调国民经济运行的工具，为经济发展提供基础设施、原料和能源供应来源，如钢铁、冶金、采矿等公共企业。而随着一国经济的发展和产业结构的升级，高技术性产业会不断增加，在国民经济中逐渐占据重要地位，传统的钢铁、冶金、采矿产业则成为“夕阳产业”，重要性不断下降，对国民经济的影响力逐渐减弱。此时再把这些传统的公共企业作为宏观调控工具已经效果不大。况且这些企业普遍经营不善、效率低下，早已成为政府的包袱，推行民营化成为较为合理的选择。

三、民营化的途径

一般来说，西方国家公共企业民营化改革主要采取以下一些基本途径：

（一）放松管制

放松管制是指政府对公共企业分布领域控制强度的弱化。一方面表现为政府对公共企业经营过程干预程度的减少，将本应属于企业的部分权力归还给企业，实现企业的相对自主；另一方面体现为行业垄断的打破，即允许私人机构介入原来只由公共企业垄断的领域，通过竞争给公共企业创造压力，为其效率的改进提供一个外部环境。一般来说，放松管制比较容易操作，政府只要取消以前存在的禁止私人部门参加与国有垄断组织竞争的法令，或者制定新的竞争法令来改变竞争环境就可以了。

（二）承包和租赁

承包和租赁的民营化含义主要表现在两个方面：一是公共企业某些环节经营权利的民营化，使企业在合同的约束下享有经营的自主权利；二是在承包、租赁的组织过程中引入竞争机制，为中标后企业经营效率的改善奠定了基础。这种方式的一个共同特点是着眼于经营方式和经营绩效的转变，但并不改变国家对公共企业的所有权与合同规定的政策监督权。

（三）出售

出售是西方国家公共企业民营化的主要途径。根据出售国有资产的比重，可将出售分为部分产权转让和完全产权转让两种形式。部分产权转让就是出售公共企业部分国有股份，在公共企业中引入民间资本形成国家私人合资的股份制企业。国有股份比例的下降使国家对企业的干预力量逐步减弱，政府只是作为普通的股东之一行使权力，企业也逐步转换成为市场经济条件下一般意义的微观经济主体。对于西方发达国家的多数公共企业而言，国有股份的彻底出售是其改革的终点。

西方国家公共企业的民营化改革，从整体上来看应该说是成功的。但也出现了一些问题。一方面，在民营化过程中，由于政府对国有资产估算不准，导致国有资产流失或贱卖，政府因此受到民众的指责。另一方面，垄断并未完全打破，很多情况下只不过是由政府垄断变成了私人垄断，而私人垄断的危害性甚至比政府垄断更大。一些民营化公司把经济利益放在首要位置，往往采取解雇工人、削减服务项目、降低服务质量、提高价格等手段来提高效率，而把为公民提供公共服务的目标放在次要位置，因此导致了民众的极大不满。①

四、民营化过程中需要注意的问题

公共企业民营化是一个多方利益集团博弈的格局，在一个缺乏监督机制的环境中，民营化就会按照强势利益集团的意志来完成。但是这极有可能违背了公众长远的利益，导致一系列社会问题。如何避免这两方面的缺陷，使得民营化途径尽可能公平和有效率，我们认为具体地应该从以下几个方面来考虑：

（一）民营化过程中的交易成本

很多国家之所以采取一次性出售或内部私有化的办法，实际上是决策层将公共企业民营化过程中的交易成本考虑在内，因为对政府部门来说，上述方法能使政府花费较少的成本就快速地达到民营化的目的，何乐而不为呢？况且很多国家面临着财政收支结构恶化的窘境，迫切地需要出售公共企业来弥补财政收入的严重不足。这样的情况很容易促使政府部门采取“交易成本”较小的民营化办法。诚然，从成本—收益的角度来看，我们一方面希望民营化的达成而增进收益，另一方面则希望民营化过程中耗费的社会经济资源尽可能小。但是怎样才算是交易费用较小呢？这其实并不是一个非常简单的问题。

事实上，公共企业民营化途径的选择是公众极为敏感的一个问题，是典型的公众选择案例，如果普通公众的意愿得不到充分表示和满足，最后就有可能导致公众对公共企业民营化的否决，从而使得整体的社会交易成本大大上升。因此，从交易费用最小化的角度来考虑民营化途径固然没有错，但关键在于有没有充分地理解“交易费用”问题，特别是一些隐性化的交易费用。在现代社会中，公众对经济事务的参与意识越来越强烈，在此情况下想要绕开公众的广泛参与讨论来解决关乎他们切身利益的事情，以图节约“交易费用”，无疑是一种天真的想法。

（二）民营化过程中的公平

以公共企业能促进结果公平的观点来反对公共企业民营化，理由是不充分的。但这并不意味着公共企业民营化就不需顾及公平观了。恰恰相反，对“公平”的极端敏感和关注正是民营化过程中政府部门面临的最大挑战。公众不仅希望民营过程的规则是公平的，也希望起点是公平的。即不仅公共企业的民营化过程是公开透明、受到公众广泛而严格监督的，而且普通公众都能处于起点的平等上；每个人参与民营化的利益分配不因初始财产

① 王学秀．西方国家国有企业民营化及其启示．环渤海经济了望．1996（2）

的多寡而有所不同。这意味着某些民营化方式是不能满足起点公平观的，如一次性整体出售公共企业、个别私有化或内部私有化等，因为它们需要一次出资较大的数额来承接公共企业资产，这等于以财产多少来设置了一个高门槛，普通的公众即使知道获得公共企业股权能带来直接的收益，也只能望洋兴叹。

因此，在很多国家，庞大的公共企业资产与弱小的民间资本之间的矛盾，使得民营化途径的选择十分困难。某些方式，如无偿的私有化、利用资本市场出售公共企业资产、组建投资私有化基金等，虽然比较好地满足了社会公众对于公平的需要，但其实施的时间较慢、政府部门需花费较大的支出成本等也是不争的事实。况且这些方式在规则的公平上仍有改进的可能，如这些方式都牵涉到政府部门对公共企业资产进行估价，如何使资产评估不为某些人所操纵；组建中介公司来代理公众投资公共企业，如何减少这里面的道德风险等。

总之，对公共企业民营化过程的公平的关注使得公共企业民营化必须慎重进行，否则，对民营化的否定乃至向旧制度的复归会使社会经济付出更大的代价。

（三）民营化方式对企业治理结构的影响

大部分人对民营化的关注集中在成本—收益和规则公平上，很少考虑到民营化路径的选择会对日后企业的治理结构产生较大影响。事实上，这种影响是切实存在的。由于民营化后企业治理结构上的混乱和倒退，使得企业的绩效表现不尽如人意，甚至严重地影响到企业普遍的经济效率。

虽然就企业而言，现实中怎样才算达到一个完美的企业治理结构模式是一个永远没有定论的问题，但我们还是可以观察到不少企业内部治理结构相对完善、企业业绩稳步增长的例子。这样的例子在公共企业中也是存在的。但是当这些公共企业进行民营化以后，股东人数、人员都可能发生了较大的改变，股东和企业主要经营者之间不免会有一段时间的磨合期，因为大家对各自的权力边界和承担的风险会有一个重新确认和划分的过程，因此这一过程中可能时时会发生经营者和股东之间的利益冲突。磨合的结果无非有两种情况，一种情况是股东和企业经营者之间较快地达成了控制权划分的一致意见，且在现实中遵照执行，企业重新回复到稳定期；另一种情况则相反，股东和企业经营者之间还是不断地发生摩擦，或是企业部分或全部地被内部人控制，从而导致企业内部治理结构的相当程度的倒退。这种倒退当然是与公共企业民营化过程中选择的企业股东有着很大的关系。

由公众广泛参与的公共企业民营化虽然较好地解决了公平问题，但有不少专家学者鉴于人数众多的、分散的中小股东对企业治理结构改善上的积极意义的担忧，实际上对这种注重起点公平的民营化途径表示了明确的反对。但我们同样也看到其他民营化方式，如政府部门协议转让公共企业于私人企业等，存在着治理结构变差的可能性，因此从效率角度选择民营化路径还有待进一步的研究。

上述三个方面构成了各国公共企业民营化路径选择的主要考虑因素。遗憾的是，这些方面有可能是相互矛盾的，为了公平我们可能要舍弃成本—收益或是企业经济效率的考虑，或是为了促进整体效率而在一定程度上舍弃公平。如何在公平和效率方面作出权衡是公共企业民营化过程中不得不考虑的问题。又因为各个国家的制度环境、政治、经济、文化等各方面有着较大的差异，所以没有一种普遍适用于各国的民营化途径，而需要各国根据国情来作出最优的选择。

本章小结

公共企业具有以市场为基础从事经营的性质，追求利润和效率目标，又由于其提供的产品和服务具有公共性，涉及社会公共利益，因而具有与政府运作相似的职能。与一般的营利性私人企业相比，公共企业面临的委托—代理问题更为复杂和严重。市场经济条件下政府对于公共企业的管理主要包括：政府有关部门以国有资产所有者身份行使所有者权能；实行分级所有、分类管理；严格依法管理企业；行使出资者权利，建立严格的资产监管机制。

民营化是通过出售公共企业股权、承包经营、委托经营、合作经营等，可以变政府管理为民间管理，减少政府的干预程度，同样可以达到改善公共企业效益、减轻政府负担的目的。西方国家公共企业民营化改革主要采取放松管制、承包和租赁、出售等途径。民营化过程中需要注意的问题有：民营化过程中的交易成本；民营化过程中的公平；民营化方式对企业治理结构的影响等方面。

案例分析

【案例】深圳公用事业特许经营

深圳公用事业改革进程

2001 年，深圳市公布了《深圳市深化投资融资体制改革指导意见》，开启了公用事业改革大幕。

2002 年，深圳市政府提出了对 5 家大型国有独资企业进行改革，引进战略投资者的目标。在这 5 家企业中，有 3 家属于公用事业，即水务、燃气和公交。

2003 年，深圳市政府出台《深圳市公用事业特许经营办法》，对特许经营的相关情况，包括政府监管、价格调整程序、企业义务等作出了规范性规定，并于当年 5 月 1 日起施行；但该办法对于特许经营权的授权情况并没有具体明确。

2005 年 9 月 27 日，《深圳市公用事业特许经营条例》（下称《条例》）获得深圳市四届人大常委会第二次会议通过。与 2003 年的《深圳市公用事业特许经营办法》相比，

《条例》对特许经营的授权、经营者的权利和义务、价格以及政府监管等方面都作出了明确规定。

2006年3月1日，几经修改和审议的《深圳市公用事业特许经营条例》终于出台并正式实施。

深圳成为国内首个进行公用事业特许经营改革的城市，开创了我国地方政府综合地进行公用事业市场化改革的先河，弥补了国内公用事业特许经营法规的空白。

争议一：特许经营之竞争机制

深圳WTO信息查询服务中心的李红光认为，对于公共事业特许经营时应该引入竞争机制，允许多家企业同时经营，垄断必须打破，否则受害的是老百姓。

深圳有三家规模较大的燃气公司：岩谷燃气公司、深南燃气公司和燃气集团，而前两者各自的市场份额都占到1/3，燃气集团与其他燃气公司相加才占1/3，可最后特许经营权却给了燃气集团。

而在城市供水方面，整个深圳市近30家自来水公司，但罗湖、福田、南山等主要地区的水务目前都已交给水务集团经营，该集团的供水量由此占到了全市供水总量的1/3。深圳市水务局政策法规处相关负责人曾主张划分不同区域发放多个特许经营许可证，使一个城市内形成2~3家实力相当的企业，以培育出竞争市场，避免出现一家独大的局面。深圳大学副教授唐娟则主张政府引入“插入式竞争”，如福田区一自来水厂可以付费使用南山一大型自来水厂铺设的管网设备，一方面可以对南山自来水厂做得不够的地方给予补充，另一方面也能为其带来一定的竞争压力。

李红光认为，《条例》还应该进一步明晰特许经营的范围，拿燃气供应为例，未建的管道和瓶组站应该不是特许经营的范围，根据国务院投资体制改革决定是社会资金投资的范围。

争议二：特许经营之政府监管

在公用事业价格调整方面，《条例》规定可以由经营者或者公用事业公众监督组织、消费者组织、行业协会监管部门向价格主管部门提出书面申请，价格主管部门或者其他有关部门根据价格法有关规定也可以直接提出定价、调价方案。价格主管部门收到申请后进行审核。通过后开展社会平均成本和社会承受能力调查，并在作出受理决定之日起3个月内举行听证会。

而在该《条例》颁布之前，对于采取特许经营公用事业的定价，却似乎是个“盲点”。据知情人士透露，这些年来，深圳管道燃气价格都是由燃气集团申请提价，市物价局批准，从未经听证程序。国际市场涨价时申请涨价，但是降价却少之又少。

唐娟曾建议深圳学习英国的做法，成立一个独立于各相关单位之外的监管委员会。《条例》对此项建议有所体现，第51条规定，市政府应当分不同行业设立公用事业公众监督委员会，代表公众对特许经营活动进行监督。委员会成员中非政府部门的专家和公众代表不得少于2/3。经营者应当按年度向公众监督委员会通报经营情况。公众监督委员会可以通过听证会、座谈会、问卷调查等方式收集公众意见，提出立法、监管等建议，代表公众对特许经营进行监督。

争议三：从“政府垄断”走向“企业垄断”？

政府一下子授予企业30年的特许经营权，是否期限太长？这个问题一直是各界争议的焦点之一，“一纸合同就把子孙后代都卖了”这句话也源于此。是否应该把某一个公共事业领域只授予一家企业特许经营？有关职能部门和专家都表示忧虑。

主管国企改革和国有资产的深圳市副市长张思平认为，公用事业引进各种投资，政府既要对企业的服务、质量、安全提出严格要求，同时也要给这些投资者合理的回报。这种改革符合长远的发展，而不是把子孙后代的东西都卖掉了。

唐娟认为，与国外相比，深圳给出的特许年限并不算长。英国就有水务公司获得过99～100年的特许经营权。近几年，英法等国虽然缩短了特许经营的年限，以给其他企业一线希望，但平均也有20～30年。公用事业的投资非常大，回报周期却很长，所以特许年限长一点也是正常的。

深圳大学管理学院马敬仁教授认为，如果公用事业类公共产品的性质、范围和时效界定不科学，客观上将造成中标企业的新垄断，影响城市公用事业社会化过程中的竞争机制的发挥，难以降低成本、提高质量，甚至危及市民公共利益。特许经营权只发给一家，有可能导致公用事业由原来的政府垄断转变为特许经营后的企业垄断。

但唐娟分析说，公用事业必须通过网络输送服务，如铺设管网，所以会形成自然垄断。在同一地区，如果交给不同的企业经营，势必导致重复铺设管网，造成规模经济的损失。

中国人民大学行政管理学系毛寿龙教授也指出，鉴于公用事业的自然垄断性，这个行业形成垄断难以避免，但“企业垄断与行政垄断相比，已是进步”。

在打破行政垄断之后，在特许经营的各个环节全面导入竞争机制，以免企业垄断局面的形成，才可以根本保障终端消费者的利益。这或许是下一阶段深圳公用事业改革的重点。

（根据载于2006年3月8日《南方日报》洪奕宜、黄伟的《深圳：公用事业改革一路争议一路前行》和2005年7月7日《南方周末》游珊珊的《公用事业改革：深圳的探索与争议谁来垄断?》等整理而成。）

【问题】

谈谈深圳市公用事业特许经营的成功经验和存在的问题。

【解析】

深圳成为国内首个进行公用事业特许经营改革的城市，开创了我国地方政府综合地进行公用事业市场化改革的先河，弥补了国内公用事业特许经营法规的空白。

毫无疑问，深圳市在这场民营化的改革运动中，经过了艰苦的探索，取得了政府、经营商以及市民三方都较为满意的改革成果。但也存在一些问题：第一，在特许经营形成竞争机制方面，有些行业的经营权交由一家垄断，不仅不利于通过价格、服务的竞争打破垄断价格，客观上也让同业的其他一些企业经营生存空间缩小。政府应积极想办法，采取进一步措施，如引入“插入式竞争”等方式解决类似问题。第二，针对“招标招募”过程中的不透明、不公平，应严格按照有关法律、法规的规定，公开、公平、公正地将某项公用事业的特许经营权通过授权书的形式授予符合条件的申请人。第三，公用事业的价格形成机制是一个关键环节，在《条例》颁布之前似乎是一个“盲点”，如燃气价格上涨往往不通过任何听证程序，侵害了消费者利益。因此，应根据《条例》规定，不同行业设立公用事业公众监督委员会，公众监督委员会可以通过听证会、座谈会、问卷调查等方式收集公众意见，提出立法、监管等建议，代表公众对特许经营进行监督。

总的来讲，尽管深圳市公用事业民营化还存在不少的问题，但它开了一个好头，代表着发展方向，深圳成功的经验也可逐步在全国其他城市推广。

同步测练与参考答案

一、名词解释

1. 自然垄断企业
2. 放松管制
3. 民营化

二、单项选择题

1. 下列属于自然垄断企业的是：(　　)。

　A. 供电公司　　B. 烟草专卖公司　　C. 公交公司　　D. 保险公司

2. 关于公共企业的性质下面不正确的论述是：(　　)。

　A. 其本身不以利润最大化为目标

　B. 负有一定的公共政策义务

　C. 为资源在全社会达到优化配置创造必要的条件

　D. 是构成政府公共经济部门的一个重要组成部分

3. 公共企业的终极委托人是：(　　)。

　A. 公众　　B. 企业董事　　C. 政府部门　　D. 经理人

4. 以下关于国家对公共企业实施监管不正确的说法是：(　　)。

A. 对公共企业经营运作进行干预

B. 对行政部门管理公共企业的具体行为进行监督

C. 国会对行政部门和企业的监管

D. 政府主管部门的监管

5. 关于公共企业民营化的作用以下不正确的说法是：（　　）。

A. 民营化可提高公共企业的效率　　B. 民营化能够吸引私人资本参与

C. 民营化可减轻政府财政负担　　D. 民营化减少了政府的财政来源

三、多项选择题

1. 公共企业的公共性主要表现在：（　　）。

A. 利润归国家所有　　B. 公共企业是相对独立的经济实体

C. 政府对决策权的限制　　D. 公共企业必须承担社会责任

2. 下列属于垄断企业的有：（　　）。

A. 供电公司　　B. 燃气公司　　C. 石油公司　　D. 自来水公司

3. 具有政府管制机构性质的公共企业是：（　　）。

A. 烟草专卖公司　　B. 巴士公司

C. 盐务公司　　D. 黄金专卖公司

4. 公共企业面临的更为复杂的委托—代理问题有：（　　）。

A. 公共企业不像私人企业那样产权明晰带来监督难题

B. 作为公共企业委托者的政府部门具有多元目标

C. 公共企业的激励机制通常不如私人企业完善

D. 间接的委托代理关系致使公众无法很好地制约公共企业的经营者

5. 西方国家公共企业民营化的基本途径是：（　　）。

A. 放松管制　　B. 承包和租赁　　C. 出售　　D. 放权

四、简答题

1. 简述公共企业的基本类型。

2. 简述公共企业内部治理结构。

3. 简述公共企业民营化的途径。

五、论述题

1. 试述公共企业的作用。

2. 试述政府如何加强对公共企业的管理。

3. 试述公共企业民营化的现实需求。

参考答案

一、名词解释（略）

二、单项选择题

1. A；2. A；3. A；4. A；5. D

三、多项选择题

1. ACD；2. ABD；3. ACD；4. ABCD；5. ABC

四、简答题（略）

五、论述题（略）

第四章

CHAPTER FOUR

非营利部门管理

学习目标

通过本章的学习，掌握非营利组织的含义、特征、分类、作用与局限；明确非营利组织的政府管理、非营利组织的内部运作与管理以及中国非营利组织管理的有关情况；了解非营利组织在西方国家的发展趋势以及促进中国非营利组织发展的措施。

重点难点提示

- 非营利组织的分类、作用与局限
- 非营利组织的政府管理
- 非营利组织内部运作与管理
- 西方国家非营利组织的发展趋势
- 促进中国非营利组织发展的措施

第一节　非营利组织概述

一、非营利组织的含义及特征

（一）含义

非营利组织（Non - profit Organization）是兴起于美国的一个概念，原义指的是由私人为实现自己的某种非经济愿望或目标而发起的各种各样的社会机构或组织，其中包括基金会、慈善筹款协会等公益类组织，也包括社交联谊、互助合作等互益组织，私人创办的学校、医院、博物馆等服务类组织。

“非营利组织”这一概念是从组织目标上加以界定的，强调这些组织的宗旨不是为所有者营利，但并不是说它们就不营利，实际上，许多非营利组织的收入往往大于支出。而从概念的角度来看，使用这一词语也并不是非常理想，因为政府组织也是不以营利为目的的组织，这容易造成人们的误解。尽管如此，这一称谓由于反映了它的主要特点，并且主要相对于营利组织而言，因此为我国越来越多的人所使用。借鉴国外的理论，并结合中国的实际，根据现实性和前瞻性相结合的原则，我们将非营利组织定义为：以服务大众为宗旨、不以营利为目的、具有志愿性和自治性的社会组织。

（二）特征

非营利组织具有以下一些特征：

1. 组织性

非营利组织必须是制度化的正式组织，有常规的组织机构和管理体制，并开展经常性的活动。那些临时聚集在一起的人群或经常活动的非正式团体应被排除在外，尽管它们也有很重要的社会功能。同时，非营利组织必须具有正式注册的合法身份，对外以法人的身份订立合同，管理者不会因执行组织的义务而使个人承担财务责任。

2. 民间性

非营利组织必须与政府组织分离，它不是政府组织的组成部分，不承担政府的职能，其决策层也不是由政府官员控制的董事会领导。但这并不是说非营利组织不能让政府官员参与活动，也不意味着不能接受政府的支持，而是说要有自己的独立决策权，不为政府控制。在这个意义上，非营利组织称为“民间组织”或“非政府组织”是很贴切的。

3. 非营利性

非营利组织成立的目的不是为其拥有者谋求利润，但这不是说它不能产生利润。它可以收费，在某些时期内还可能会有盈余，但这种盈余必须遵循其服务于公众的基本宗旨，不能在其所有者或管理者中进行分配，这是非营利组织与以追求利润最大化为目的的营利组织的最大区别。

4. 自治性

非营利组织实行自我管理，自己监控自己的活动。它们有内部的治理程序，不受制于政府，也不受制于私营企业或其他非营利组织。

5. 志愿性

非营利组织的活动以志愿为基础，在组织的管理和其他一些活动中都有程度不同的志愿参与。当然这不是说其成员都是或大部分是志愿人员，或其收入全部或大部分来自志愿者的捐款，只要这种参与是志愿的即可。

6. 公益性

非营利组织的目标是公益性的，其成员的活动同样也是为公共利益而服务的。

二、非营利组织的作用

非营利组织的发展壮大自有其内在和外在的动因。它们在资源配置、公平分配、发扬互助协作精神、协调国际事务等方面都发挥着非常重要的作用。具体而言，主要表现在以下几方面：

（一）提供公共物品和混合物品，以弥补政府缺陷

随着经济发展，人们对教育、公共卫生、环境保护、社会服务等公共品或混合品的需求也越来越高，但是政府限于财力，不可能满足所有这些需求，特别是某些特殊人群差异较大的需求。非营利组织于是趁势而起，依靠私人部门的捐助和政府的资金支持，极大地完成了原由政府承担的工作。迈克·赫德森指出：“‘公域’曾是‘有效的’服务提供者，然而其显而易见的局限使世界各国的政府逐渐将具体的管理责任委托出去，学校、医院、大学及其他服务机构不断地被要求以独立的、非利润分配团体的形式进行运作，而不是在公共服务的支配下运作。这些团体渐渐发现它们之间必须为争取资金和服务对象竞争，并不得不使它们的资金来源多样化，以争得政府对它们最高的拨款。当这一切发生时，它们开始变得像独立的非营利团体，最后转移到‘第三域’。”① 不仅发展中国家的政府无力承担众多的社会问题，发达国家的政府同样面对日益高涨的公共需求显得捉襟见肘，它们都需要有替代性组织为其分忧。

（二）促进经济增长，更合理地配置社会经济资源

非营利组织已日益成为对一国经济增长作出重大贡献的部门。美国学者彼得·德鲁克曾说过，“非营利组织已成为美国最大的雇主”②。非营利组织不仅通过雇佣大量的就业人口来拉动消费、支持一国的经济增长，尤其是它们的活动直接参与到对经济资源的配置中

---

① 迈克·赫德森．未被开发的“域”．参见李亚平，于海选．第三域的兴起．上海：复旦大学出版社，1998

② 彼德·德鲁克．后资本主义．上海：上海译文出版社，1998

去，提供社会所需要的公共产品、混合产品甚至是私人产品，这些产品对经济均衡增长起到了非常重要的作用。如果没有非营利组织为社会提供这些营利性不强，却为公众所必需的公共产品和混合产品，私人部门的发展将会受到很大的限制。在国际援助体系中，包括世界银行在内的国际性组织通常都依托非营利组织的力量来实施项目并提供服务，并且有越来越多的组织将非营利组织视为长期的合作伙伴或是需要重点资助的对象。

（三）提高公众对社会公共事务的参与性，限制政府部门的权力

在片面依赖政府部门提供公共产品和混合产品的情况下，往往每个人的消费和其支出没有直接对应的关系，这就会鼓励消费者扩大消费量，甚至在边际效益已经小于边际成本的情况下仍然实施消费，这就造成了在现实中政府所提供的某些公共产品和混合产品总是不足，许多资源实际上是被无谓地损耗了。而非营利组织提供的比较多的就是介于公共品和私人品之间的混合产品。通过采取一定的收费方式，让能够内化为私人收益的部分由消费者付费，能使消费者恰当地决定消费量，从而减少了浪费和社会资源的过度消耗。这不仅不会降低公众的利益，反而会促进社会整体利益的提升。因此，由大量的非营利组织代替政府部门来提供一些产品和服务，由无偿提供为主改变为部分有偿提供，扩大了公众的参与程度，增强了公众的责任意识和财务约束，这对效率的增强是有极大的好处的。

另一方面，对政府部门而言，非营利组织在克服政府的合法性危机、限制政府部门的权力方面也是功不可没的。政府的合法性来自于公众的授权，一个得不到公众内心认同的政府其执政能力将会受到严峻的挑战。当非营利组织发展起来以后，就可以释放政府所背负的合法性压力，社会才能更健康地发展。在这一过程中，非营利组织作为社会有机体的组成部分，可以抵制政府的强权，因为单个人的力量是没有办法与政府相抗衡的，而个人组织起来结成社团以后，情况就不一样了。当公众被广泛地动员起来参与到非营利组织中，或通过非营利组织关心公共事务的决策和运行，那么政府机构就会被置于外部力量的严格监督之下，权力滥用的可能性就大大降低。

（四）促进社会公平的实现，并弘扬互助协作的精神

虽然缩小社会贫富差距、保护弱势群体是任何一个国家政府的一项基本职能，但政府的力量毕竟是有限的，还需要大量的非营利组织来承担部分的职责。随着社会经济的发展，人们不再满足于基本的温饱问题，而是产生了多种异质性的需求，如老年人需要更多精神上的安慰和关心、艾滋病人需要社会的更多理解、受灾人群需要道义上的各项援助和精神慰藉等等。这些弱势群体所表现出来的需求、对公平的关注等，往往政府部门对此所能提供的帮助是有限的。而由组织形式更为灵活的非营利组织出面来帮助他们是一种更好的选择。非营利组织可以充分利用社会的一些闲置资源，如有闲暇的志愿者，通过他们的爱心和奉献为一些特殊群体的利益服务。在这一过程中，非营利组织往往会宣扬其人道主义思想、团结协作精神和为公众利益服务的思想，非营利组织成员的表率作用会加强人们对互助合作精神的认同，并在潜移默化中提高思想觉悟，做到人与自然、人与人之间更加

和谐地相处。据研究，捐赠和志愿服务已经成为一些国家，特别是发达国家的重要社会资源，在社会保障和社会安全方面都发挥着重要作用。美国1996年个人捐赠给公益部门的资金达1 199亿美元，以遗产方式捐赠给公益团体的资产达105亿美元。公益部门和其他社会组织提供的志愿服务可折合为2 016亿美元，另估计还有590亿美元的志愿服务并没有计算在内。两项相加已超过当年美国社会保障金的总额，远远超过联邦政府用于收入保险项目2 260亿美元的支出①。

（五）开展跨国界的活动，发挥非营利组织对国际事务的管理、协调和监督作用

非营利组织除了在一国的政治、经济、社会、文化等领域中发挥了重大的影响外，第二次世界大战以来，对世界自然资源问题、人权问题、和平问题、自然灾难等的关注催生了一批国际性的非营利组织。它们的活动往往跨越了国界，致力于促进整个世界的和平稳定与发展，它们在人权、环境、和平等关系人类发展的诸多关键领域都十分活跃。具体来看，它们可以影响民族国家的外交政策，监督世界各国在维和事务中力量的发挥，考察联合国的效率并督促它恢复信誉，监督私营部门以防止其在战争经济中获利，以及帮助一国政府处理突发性的政治事件等②。总之，在国际性非营利组织的介入和斡旋下，各国之间有了进一步沟通的渠道，许多难题迎刃而解，或是有了更多解决机制可供选择。而且非营利组织对政府部门的监督使得滥用权力的可能性大为减少，国际事务的管理变得更有效率。

三、非营利组织的局限

目前，非营利组织在世界各国的发展，可谓方兴未艾，但它的深入发展，也有其局限性，主要表现如下：

（一）志愿组织的非志愿性

这主要表现在非营利活动所需的开支与非营利组织能募集到的资源之间存在着一个巨大的缺口。人们通常以为非营利组织的活动经费主要来源于民间捐助，但是，事实并非如此。以美国为例，美国在1963－1993年这三十年间，私人捐款呈逐年递减的趋势。1963年私人捐款占非营利组织开支的53.5%，1974年占34.7%，1984年占30.6%，而到了1993年已经下降到不足24%。③ 可见，仅靠这些私人捐款是根本无法支撑非营利组织的活动开销的，那么，这些非营利组织的庞大经费开支来源于何处呢？在很多国家，政府是

① 吴东民，董西明．非营利组织管理．北京：中国人民大学出版社，2003

② 买克尔·爱德华兹，戴维·休姆，蒂纳·莱士．面向全球未来的非政府组织：提供地方服务与发挥世界影响相结合．参见何增科．公民社会与第三部门．北京：社会科学出版社，2000

③ 谢岳．后现代国家“非营利组织”运动评析．复旦学报（社科版）．2000（4）

这些组织的最大经费供给者。在美国，1980 年，联邦政府对非营利组织的直接资助高达 410 亿美元，相当于非营利组织总收入的 35%。此外，州及州以下政府还资助了 80 亿 ~ 100 亿美元。同时，随着非营利组织变得越来越专业化，许多工作人员不再是志愿者而是职业受薪者，他们惰性很强，发展成为类似政府的官僚人员。

（二）独立组织的非独立性

非营利组织理论上应该是独立于企业和政府之外的，但现实的发展中，三者之间的界限十分模糊，一部分非营利组织与企业的活动没有什么区别。在美国，非营利医院纷纷兴办面向社会的健康俱乐部，用最新式的健身器材或建造如奥林匹克赛场大小的游泳池来吸引会员。政府与非营利组织的界限也很模糊，在许多国家，非营利组织没有政府财政上的支持就无法生存。一些非营利组织受资助者的影响，被资金这只看得见的手拉着去开展体现资助者价值观的活动，明显失去了非营利组织本身的独立性。

（三）政府职能的虚假转移

非营利组织的兴起，表面上看是政府职能转移的过程，因为这些组织在某些领域履行着政府的职能，但是，我们应当看到，这一现象并不能说明政府职能转移的真实性。一方面，政府职能的转移有着复杂的背景，它在某一特定时期也许因政府过度干预社会带来社会效率的低下而缩小政府的干预范围，也许因竞选的政治需要而许诺下放部分政府职能，这种政府职能的转移存在着不确定性。另一方面，非营利组织在财政上对政府的依附性，使得这些组织丧失了独立性，发展成为准政府组织，因此非营利组织所谓监督政府权力的职能也就大打折扣。

（四）受到责任和腐败问题的困扰

非营利组织成立的初衷是为了公益事业，然而随着组织的发展，其结构和人员往往朝官僚化方向发展，最终导致组织的公益目标被置换成争取资金、为了组织自身的利益。非营利组织应该承担哪些责任？对谁负责？如何负责？这一点目前还没有一个定论，但人们已经注意到，一些非营利组织，特别是那些规模较大、时间较长、资金较多的组织，存在公共责任缺乏的问题，这些非营利组织的决策过程不民主、公开性不够，为组织的经营管理人员的渎职腐败创造了条件，部分组织负责人奢侈消费、中饱私囊。比如，美国的一些全国性的慈善机构在募捐和管理上花费太多，而只将收入中不足 50% 的部分用于为公众服务。①

① 林震．非营利组织的发展与我国的对策．国家行政学院学报．2002（1）

第二节　非营利组织的运作与管理

非营利组织的管理是相关管理主体为了达到该组织的目标而运用一定的职能和手段，对其加以调节和控制的过程，包括外部的管理和非营利组织内部的运作与管理。在外部的管理中，政府以其独有的强制力成为主要的管理主体，其管理包括立法和监管；内部管理则主要有组织的设计、战略管理、财务管理、绩效管理、营销管理、人力资源管理等。

一、非营利组织的政府管理

非营利组织具有民间性和独立性等特点，因此，真正组织形态意义上的非营利组织与政府的基本关系应当是在体制上的相互独立。在这种情况下，原则上来说，政府对非营利组织的管理就只能是"依法管理"，即依据与非营利组织相关的法律法规处理与非营利组织相关的事务，而不可随意干预非营利组织的内部运行，对非营利组织的政府管理主要有政府立法和依法监管两种形式①。

（一）政府立法

不同的国家有不同的法律体系，因而各国与非营利组织相关的法律法规差别甚大。但一般说来，各国的非营利组织法律法规一般涉及以下几方面的内容②：

1. 有关非营利组织的法律形式和登记程序的规定

不论各国在法律上的差异如何，在制定与非营利组织相关的法律时，都必须首先承认非营利组织为法律或司法上的实体，并有明确的法律规制非营利组织的特征，也就是对非营利组织作出"资格认定"。主要涉及四个方面的内容：① 非营利组织的类型；② 非营利组织的宗旨；③ 确认非营利组织的其他条件；④ 政府确认非营利组织的登记程序。目前世界各国非营利组织的登记制度主要有许可批准制度、登记备案制度和登报声明制度。登报声明制度是指成立时无需任何手续，只需登报告诉公众；登记备案制度是指成立时需向政府登记备案存查。这两种制度都不需得到政府批准。许可批准制度是指成立时需向政府申请，经过政府审查并许可批准后方能成立。这种制度能有效地维护国家安全和公共秩序，是对公民结社自由的一种限制。世界上许多国家的非营利组织的成立程序采用前两种方式，而我国则采用许可批准制度。

2. 有关非营利组织税收优惠的税法规定

给非营利组织税收优惠是得到世界各国、各界人士的普遍认同的，其理论根据是：非

① 曹现强，王佃利．公共管理学概论．北京：中国人民大学出版社，2005

② 郑国安．非营利组织与中国事业单位体制改革．北京：机械工业出版社，2002

营利组织减轻了政府的负担，所以应该享受优惠的税收待遇。各国对非营利组织都有相应的税收优惠政策，但享受优惠的范围、享受优惠的程度等差别很大。各国税法对非营利组织优惠的规定主要包括两个方面的内容：一是对非营利组织自身的课税规定及纳税优惠；二是向非营利组织捐赠的个人、公司等纳税优惠。

3. 有关非营利组织个人经济收益限制的法律规定

非营利组织的一个基本特征就是不以营利为目的，不向出资者和管理者分配利润，为了保障非营利组织的非营利性特征，确保其资产用于公共目的，并维护公众对非营利组织的信任和支持。各个国家和地区在法律和实践方面对个人经济收益进行限制，但其限制条款和内容通常在民法典和涉及盗窃、侵吞或挪用公款之类的犯罪刑事法典中体现，或在非营利组织法及有关税法中有所规定，而不是通过单独立法予以规定。

4. 对非营利组织商业活动的法律规定

非营利组织具有不以营利为目的的基本特征，但这并不意味着它不能参与营利性经营活动。实际上，许多国家允许非营利组织从事具有商业目的的活动，其目的是为非营利组织获取收入提供更广阔的空间，以利于非营利组织的发展。但是，对于非营利组织从事的商业活动的类型、商业活动的范围和商业活动收入的使用，法律要进行规定和限制。如果非营利组织从事的商业活动超出限制，就会受到处罚或丧失免税资格。

5. 有关非营利组织内部管理运行机制的法律规定

国外对非营利组织管理运行机制的法律规定比较慎重，因为：一方面要对非营利组织运行管理机制进行限制，另一方面还要考虑到非营利组织的“自治性”特征，尽可能不干预其组织内部的事务。比较通行的方法是将非营利组织内部管理规定制定得较为宽松一些，给非营利组织内部管理留有相当的自由度，以建立符合其目的和风格的内部管理结构。一般来说，这方面的规定包括：① 非营利组织中最高权力机构的设置；② 非营利组织最高权力机构的结构；③ 非营利组织的管理者；④ 非营利组织执行决策的程序。

（二）依法监管

原则上说，政府对非营利组织的管理仅限于上述立法行为，但事实上，任何国家的政府都不是仅扮演一个承担简单“立法”任务的角色，而且还担当着外部监管的重任。

所谓外部监督管理，就是依据所制定的法律法规监督非营利组织有关行为的过程。这种监督管理体现在以下两个方面：

1. 对非营利组织资格的审查认定

也就是政府依据法律法规对非营利组织的“组织合法性”的确认。非营利组织的审查一般包括两个程序：法人资格审查和免税资格审查，可能需要不同的政府部门负责。不同的法律传统决定了政府在审查上的权力大小不同。

2. 监督非营利组织的运行

这种监督主要涉及法律规定的非营利组织的活动宗旨的公益性、收益的分配、内部管理机制是否合法，以及是否违反其他的相应法律规定等。政府对非营利组织运行的监督并不表现为政府直接参与非营利组织的运行管理，而一般表现为非营利组织向政府有关部门提供各种相应的报告，政府部门对此进行审查，进而判断非营利组织运行的合法性。"政府有关部门"可能是登记注册机关、主管部门或税务部门，至于应该递交哪些报告、向哪些部门递交报告，在不同国家有不同的要求。这些监督措施一般包括提供年度报告，提供预算和经济计划、进行财务审计、对机构进行评估等。

二、非营利组织的内部运作与管理

一般来说，各国的法律都对非营利组织的内部运行管理制度作了相应的规定，但这种规定比较宽松，在此范围内，非营利组织有充分的自由探索更为灵活有效的管理机制。由于制度和文化背景等的不同，非营利组织的内部运作和管理模式很多，差异也很大。这里择其有共性的方面加以介绍。

（一）组织设计与分工

1. 部门设计与分工

一般来说，非营利组织的部门设计与分工有两种方式：一是根据组织功能设置，通常设财务部、人事部、计划部、公关部、募捐部、业务执行部等。二是按服务对象或服务内容来设置。如根据服务对象可设儿童福利部、青少年福利部、老年人福利部、残疾人福利部等；根据服务内容可设济贫服务部、救灾服务部、医疗服务部、就业服务部等。

2. 层级设计与分工

按层级设置，一般非营利组织包括以下三个层次：一是决策层，负责组织中目标的制定、资源的分配、发展的规划等重大事务；二是管理层，主要从事组织目标下的次级目标规划，通过管理、协调达到决策层的目标；三是操作层，主要负责组织中最基层的具体工作。

在具体运行过程中，世界上大多数非营利组织都通过设立理事会的形式来行使组织决策和领导的职能。一般有以下几个方面：① 理事会是非营利组织的最高决策机构，通常经由选举产生。理事会负责制定内部章程，选聘或解聘负责人，批准计划和预算，评审计划的运行情况，保证机构的健康运行。② 非营利组织的负责人通常由理事会选聘产生，一般是知名度高并且具有管理能力的人，其经历和才干与该机构的业务领域和发展计划相适应。负责人对内负责机构的日常工作，对外代表机构开展各种活动。③ 非营利组织的工作和业务活动自主开展，人员自由招募。机构要保证在业务活动中工作人员的自主性和独立性。④ 非营利组织人员聘用一般实行合同制。人员的晋升通过对工作业绩的考核来确定。⑤ 人员的收入不直接与其创造的效益挂钩，而是在完成岗位规定的工作任务的条件下，以其本岗位设置的收入为主。⑥ 财务管理的主要内容是对机构的收支进行预算和管理。

（二）非营利组织的筹资模式

不同国家非营利组织筹集资金的模式也有很大差异，主要有：

1. 私人付费主导型

美、英、意、日的非营利组织的筹资模式是私人付费主导型，即私人付费是非营利组织的主要资金来源，其次是公共部门支持，最后是民间捐赠。在美、意、日三国非营利部门收入中，私人付费所占比例分别为52%、53%、60%。尽管与其他国家相比，美国民间捐赠在非营利资金来源中所占比例较高，但也不过只有19%，而52%的收入是来自私人付费，30%来源于政府。

2. 公共部门主导型

德国和法国的情况基本类似，私人付费所占的份额较小，占据主导地位的不是民间捐赠，而是政府支持。德国非营利组织收入的68%来自于政府，法国则占到60%，相反，私人付费的比例则分别为28%和34%，民间捐赠的比例分别为4%和7%。

3. 民间慈善捐赠

在各国中，没有一个是属于民间慈善捐赠主导型的。民间捐赠比例最高的是美国，仅占19%，其余国家则更为有限，英、德、法、日分别占12%、4%、7%、1%。

不同类型的非营利组织所获得的资金支持存在明显的结构性差异。一般来讲，以社会服务和社会福利为主业的非营利组织，其资金收入的绝大部分是来自政府和公共部门；以跨阶层人士为服务对象的非营利组织，如文化娱乐组织、教育机构、协会组织等，绝大部分资金是来自于私人付费。只有国际救援组织的资金收入主要来源于民间捐赠。另外，在资助非营利组织活动方面，也具有明显的民族特色或国家特色，即各国对非营利组织的支持领域与类型是存在差异的。

（三）人力资源管理

就一般意义上的非营利组织的人力资源构成来讲，一般包括三大部分：① 董事会成员。一般包括出资人、社区居民代表、政治家和社会工作者。② 公职管理人员。包括执行总裁和付薪职员。③ 志愿者。是指出于自由意志而不是基于个人义务或法律责任，以知识、体能、劳力、经验、技术、时间等贡献于社会，不以获取报酬为目的，为社会提供各项辅助性服务的人员。

非营利组织的人力资源是整个社会人力资源的一个重要组成部分。在具体管理中表现出以下特征：

1. 在人力资源管理策略上更强调价值体系和使命感的作用

非营利组织的原动力来源于它的价值体系，它更强调公益性、慈善性和志愿性，强调对整个人类的点化和关怀。同时，理想主义和使命感在非营利组织中占据着重要的地位。尤其是非营利组织的使命感，它是这个机构的凝聚力之所在，它能赋予这个机构以明确的目标，激励其工作人员，并能为其活动争取到财务和公共的支持。在选择非营利经营方式时，创建人实际上就等于告诉人们，尽管报酬和工作条件也很重要，但这些东西不再是吸引人们到这个机构来工作的唯一因素。因此，在日常的人力资源管理中，特别强调价值体系和使命感对员工的激励和凝聚作用。

2. 强调人力资源管理和责信度管理相结合

责信度的伦理守则为：无私的社会承诺、遵守法令规章、公益使命优先、尊重个人价值和尊严、包容社会的多元性、维护社会公平等。责信度对于非营利组织来讲具有非常重要的意义。不仅有助于员工将工作与使命结合起来，提高员工的容忍力，而且有利于在一个组织内形成彼此信任和负责的组织文化。因此，在日常的人力资源管理活动中与对组织责信度的管理结合起来，二者能够相互促进。

3. 人力资源管理的专业化

这主要是相对于传统慈善组织的人力资源管理方式来讲的。现在非营利组织人力资源管理借鉴了其他组织的有益的人力资源管理方式，逐渐形成了法制化和专业化的人力资源管理制度。

（四）战略管理

非营利组织的战略管理借鉴了一些企业战略管理的方法，但与传统的战略管理具有显著的不同。

（1）许多非营利部门都缺少这种纯粹意义上的市场，它们往往依靠上层监督机构提供各种资源，或依靠对自己所提供的服务的补偿（服务内容和补偿规格都已事先规定好）。在一般情况下，非营利组织所获得的资源与市场机制是分离的，与营利组织相比，非营利组织不太担心效率和效果问题。

（2）非营利组织在进行管理时面对的制约更多。各种法令、章程规定的义务与责任使非营利组织的自主性和灵活性减少，这也导致它们增加或减少服务的自由度较小。营利性组织在这方面受到的制约较少，可以根据市场状况来调节自己的行动，所以，在对非营利组织进行战略管理时更应考虑到这些限制行动范围的制约。

（3）非营利组织必须更加注意周围的各种政治因素，如领导者的观点、利益团体的约束等。

（4）非营利组织往往具有公共性的特征。这使非营利组织的影响范围要比营利组织大。

（5）非营利组织与营利组织的运作方式也有很大的不同。首先，非营利组织的目标往往模糊不清。确定目标是实施非营利组织战略管理的一个至关重要的步骤，确定目标的手段也与营利组织不同，必须另外寻找途径。其次，非营利组织的绩效期望也不如营利组织那样明确。这使得在战略管理中，非营利组织与营利组织对各种管理手段的运用有很大不同。最后，非营利组织有时使用激励手段并不能取得像营利组织那样的效果。营利组织可以根据个人对利润的贡献程度用金钱来奖励；但在非营利组织中，由于不能有非常明确的绩效目标，也由于具体衡量个人的贡献非常困难，所以激励的运用十分有限。战略管理也必须考虑到这一点，在针对非营利组织制定激励机制时，更要富有创意，找出真正适合组织文化并能打动雇员的激励机制。

第三节　非营利组织的发展趋势

一、非营利组织在西方国家的发展趋势

根据美国约翰—霍普金斯大学莱斯特·萨拉蒙等人的研究，西方发达国家无论其社会福利制度是如何的完善，非营利组织依旧存在，而且越是进步的国家，其非营利组织越发达①。

由于世界的宏观发展背景没有大变，可以推测，西方国家非营利组织迅猛发展的趋势仍将继续下去。其发展趋势主要包括：

（一）努力提高知名度

世界各国非营利组织仍面临着提高知名度这一重要问题。在许多国家，人们普遍认同的社会生活模式依然是市场和政府的“两部门模式”，许多人仍对非营利组织存在的重要性认识不足。例如，在美国，尽管非营利部门的概念早已得到认可，但在国民经济统计中却严重忽略了这一部门。从长远角度看，缺乏公众注意将给非营利部门带来许多问题。因此，各国政府都在努力提高非营利组织的知名度。

（二）明确法律地位

对非营利组织的法律地位和权利，英美法系国家比较明确，而许多大陆法系的国家则没有明确界定。例如，日本的法律对非营利组织的设立所施加的干预多于鼓励。从日本法律的角度来看，非营利组织的设立不是一种权利，而是政府根据机构是否对政府有价值来赋予或收回的一种特权。在当今社会，成立非营利组织的结社权利与言论自由权利一样，是民主的一个重要组成部分，没有宽松开放的法律环境，非营利部门的发展势必受到严重限制。因此，创造一个宽松自由的环境、改善非营利组织的运营环境、促进非营利组织发展，成为各国政府未来的重要任务之一。

（三）密切与政府的合作

非营利组织与政府之间建立一种互利合作的关系非常重要。非营利组织应如何与政府合作，以便既可以使非营利组织避免丧失独立的地位，又可以作为政府的真正“伙伴”而不是“代理”或“买办”，这对非营利组织的未来至关重要。

---

① 叶华治．公共管理．台湾：千叶出版公司，2000

（四）大力倡导慈善捐助

要保证非营利部门合理的独立性和自主性，需要一个强有力的私人慈善捐赠来作为非营利组织的资金来源，它可以平衡政府资助和向私人收费，它能为非营利组织提供一定的自主空间。据调查，如果私人捐赠占非营利组织全部收入的比例低于10%，那么它将很难为非营利部门的健康发展提供所需的资金。目前只有少数国家如美国、英国的私人捐赠水平高于这一最低线。私人捐赠水平偏低主要是因为缺乏对这种捐赠的税收刺激。尽管提高税收优惠的激励水平不大可能使民间慈善捐赠急剧增加，但如果非营利部门想要成为一支真正重要的社会经济力量，并有能力在与政府的合作中保持其独立性，那么大力倡导慈善捐助就可能取得良好的效果，为此可以采取学校教育规划、利用大众媒体等措施，来培养公众向非营利组织提供资助的责任感。

（五）提高公众的信任度

非营利组织能否吸引慈善捐赠和获得政府支持，很大程度上取决于它们在活动中能否保持较大的“透明度”。由于非营利组织的活动神秘，人们怀疑非营利组织滥用所收取的公众资金来谋取私利。尽管非营利组织在法律上有权利保持一定程度的“隐私”和免受政府的审查，但它们同时也有义务披露基本的财务和经营信息，其运营也应符合较高的道德标准，否则，任何怀疑与谣言都会被认为是现实情况，这就会对非营利部门造成严重损害。因此，为提高公众对它的信任度，非营利部门应通过行业自律、一定限度的群众监督等方式来增加其透明度，并以符合道德标准的方式来履行职能。

（六）实施专业化发展战略

为了满足社会需求，非营利组织发展的专业化是大势所趋。非营利组织的经理人员不仅需要掌握管理的基本原则，还需要了解非营利组织管理的特点，学会与志愿者及董事会打交道，满足服务对象的特殊要求。为了满足非营利组织发展的需要，美国、英国及其他国家已经出现对非营利组织经理人员的专业化培训。但这种培训才刚开始，还需要不断扩大培训范围，在非营利组织内部让这种培训制度化，并让员工懂得这种培训的重要性。从长远来看，非营利组织将越来越多，相应的培训也会越来越具体和深入。

（七）非营利组织的全球化

非营利组织虽然主要应付国内问题，但是这些问题也日益受到国外因素的影响。同时，由于企业日益跨国化，为了获得企业的慈善捐赠，以及从一些跨国组织获得拨款和合同，非营利组织就必须适应国际化发展趋势，主动应对全球化挑战。在一些发达国家，某些在国际发展领域运营的非营利组织已经制定了应对跨国规划和筹资挑战的计划。它们的经验证明，非营利组织不能忽视周围环境的变化，面对联系日益紧密的世界，必须注意调整运营方式，才能获得更好的发展。

二、促进我国非营利组织发展的措施

目前，我国非营利组织发展存在一些问题，这些问题产生的一个重要原因就是政府与非营利组织关系没有处理好，迫切需要我们采取措施来规范政府与非营利组织的关系。

（一）鼓励建立政府与非营利组织间的合作关系

非营利组织的发展，特别需要建立与政府的协调、合作关系，而不是对抗、冲突关系。具体来讲，应注意以下两点：

1. 政府应认识到非营利组织的优势与作用，鼓励促进非营利组织发展

非营利组织有许多优势与独特的作用，它能贴近基层，有相当的专业技能和创新能力，处理问题客观公正、方式多样、手段灵活。因此，政府在处理有关公共事务时，如果能充分听取非营利组织的意见，尊重它们的建议，鼓励它们积极参与政府的开发计划，政府失误的决策就可能减少，政府工作效率就可能提高。政府应该认识到非营利组织不是传声筒，也不是举手和拍手的工具，而是为政府分担职能的社会实体，是对政府和市场失灵的有益补充。

2. 非营利组织应注意摆正自己与政府的位置

我国政府是人民的政府，虽然也存在着种种官僚主义和不正之风，但它仍是人民利益的最重要的代表者。非营利组织可以在一定程度上批评和监督政府，但两者应当是友好合作的关系，而不是相互对抗或取代的关系。政府支持、资助非营利组织，非营利组织也为政府分忧，承担部分公益事业。非营利组织要积极促成与政府和企业建立良好的三方合作，求大同、存小异，共同促进我国经济和社会的发展。

（二）创造良好的环境，培育非营利组织发展

非营利组织的发展离不开一定的政治、经济、社会条件。非营利组织产生发展的政治前提是国家政治体系的高度制度化，它是避免出现政府权威过度流失、政府控制资源能力急剧下降、政治不稳定等恶性结果的关键性因素，是保障非营利组织能正常发育成长的前提条件。经济发展的程度是非营利组织发展的一个不可或缺的因素，当国家经济不发达时，非营利组织的发展及其职能的发挥都受到经济财力的限制，即使政府改革，将部分提供公共物品的职能转移到非营利组织，非营利组织也无力担此重任。社会的自治传统、人们保护自我权利的意识，是影响非营利组织发展的重要社会因素，非营利组织的兴起基本上是人们的自觉行动，是以人们的自治精神为基础的。总之，非营利组织的发育、成长与政治、经济、社会环境因素关系密切，我们应该积极创造良好的政治、经济、社会环境，培育非营利组织发展①。

---

① 谢岳．后现代政府“第三部门”运动分析．复旦学报（社科报），2000（4）

（三）政府制定扶持非营利组织发展的相关法律、政策

政府与非营利组织的关系健康发展的关键是政府，一般说来，政府对它们的管理以不妨碍他人、不危害社会和公众、不违反国家法律和法规为限度，登记制度和检查制度是政府对其管理的主要方式，制定扶持非营利组织发展的相关政策是政府的重要职责。具体来说，我国非营利组织进一步发展需要在以下方面采取有力的措施。

1. 改革非营利组织的成立制度

目前世界上绝大多数国家非营利组织的成立制度，都是登记备案制度和登报声明制度。我国成立社会团体实行的是许可批准制，成立民办非企业单位实行的是有限制条件（如稀有政府部门作为业务主管部门等）的登记制度，这使得非营利组织成立的手续繁琐，发展受到一定限制。为保障公民结社自由、保证非营利组织真正发挥最大作用，我国应逐步取消非营利组织成立的许可批准制，改为实行登记备案制度。

2. 取消“挂靠制”，保证非营利组织具有民间性等特性

我国非营利组织在申请成立、运行管理方面，必须接受其业务主管单位的审查同意与监督，这是传统计划经济体制下分配有限资源的需要。在市场经济体制下，人们获取利益的渠道已来源于市场，非营利组织不应再成为政府分配利益的工具。因此，应逐步取消非营利组织的“挂靠制”，改变其官办或半官办性质，而使之成为民办官管的组织。

3. 建立完善的行政管制和司法管制制度

非营利组织的活动如果缺少正确的引导、监督，就有可能对国家安全、社会公共秩序、公共利益及他人权益造成侵害。因此，建立、完善对非营利组织的管制和追惩制度十分必要。当今世界许多国家的法律中都有类似规定，我国也有必要建立完善的行政管制和司法管制制度。

4. 建立监督与评估政策

非营利组织从事的是社会公益事业，它与企业管理原则的不同点就在于工作的高度透明化和完全的公开性。非营利组织只有依靠这种社会信用才能生存和发展，为此，社会需要形成一股强大的力量推动非营利组织建立社会信用。政府的监督与评估政策应该起到引导作用，根据法律法规实施监督与评估，应该成为政府管理非营利组织的主要手段。

（四）非营利组织积极加强自身的建设

在强调政府应采取积极措施培育、推进非营利组织发展的同时，非营利组织自身的建设也应积极加强。加强非营利组织自身建设应注意以下几点：

1. 坚持民主作风，支持社会的多元格局，促进社会自我管理的改善

随着国家对社会控制的减弱，非营利组织要有足够的能力来帮助社会实行自我治理，非营利组织要深入城市社区和农村基层组织，为公民提供互助的组织方式、提供参与社会生活的渠道，并培养公民民主的生活方式。要做到这一点，非营利组织自身要保持民主的作风，要善于综合、表达和捍卫各种特殊群体的利益，支持社会的多元格局，满足社会对

多元化的需求。

2. 提高人员素质，加强经营管理

非营利组织的成败与否，人才是关键。因此，非营利组织要实现有效的治理，一方面要建立有效的激励机制，另一方面要建立民主科学的领导决策机制。

3. 保持对弱势群体的关怀

在当前我国社会的转轨进程中，出现了许多弱势群体，如农民、进城打工者、下岗职工、退休老人、残障人群、失足人员等，非营利组织要面向他们、帮助他们，不仅要给他们带来慈善性的关怀和福利，更重要的是帮助他们争取参与的权利，使他们认识到自己的社会价值，为他们争取社会公正，从而减轻甚至避免两极分化，维护社会的安定团结。

4. 加强科学研究，保持创新能力

创新是非营利组织的一大优势，这种优势既表现在新技术和新的生产方式的创新，也表现在新的社会组织方式的创新。非营利组织要提高创新能力，不仅需要工作人员拥有理想和热情，还需要专业人士的科学研究，需要他们能够对各种新的需求和机会作出迅速反应，能够积极引导社会发展的潮流，需要他们做到利他主义和专业精神并举，使理想、知识与权力良性结合。

当前，中国社会正在经历重大的变革和转型，只要政府对非营利组织管理定位得当、管理科学，那么政府管理和非营利组织之间必将形成一种良性循环关系，即政府充分保障公民结社自由，保障非营利组织充分发育和正常合法地开展活动，使非营利组织成为自立、自治、自养的社会组织，功能得以有效发挥；而且政府的许多社会事务也可以由非营利组织承担起来，政府的公共管理压力和财政负担得以减轻，政府能逐渐把自己从划桨型政府转向掌舵型政府。

本章小结

非营利组织是以服务大众为宗旨，不以营利为目的，具有志愿性和自治性的社会组织。非营利组织的发展壮大自有其内在和外在的动因。非营利组织在世界各国的发展也有其局限性，主要表现在：志愿组织的非志愿性；独立组织的非独立性；政府职能的虚假转移；受到责任和腐败问题的困扰。

非营利组织的管理是相关管理主体为了达到该组织的目标而运用一定的职能和手段，对其加以调节和控制的过程，包括外部的管理和非营利组织内部的运作与管理。在外部的管理中，政府以其独有的强制力成为主要的管理主体，其管理包括立法和监管；内部管理则主要有组织的设计、战略管理、财务管理、绩效管理、营销管理、人力资源管理等。

由于世界的宏观发展背景没有大变，可以推测，西方国家非营利组织迅猛发展的趋势仍将继续下去。我国非营利组织发展也存在一些问题，迫切需要我们采取措施来规范政府与非营利组织的关系。第一，要鼓励建立政府与非营利组织间的合作关系。第二，要创造良好的环境，培育非营利组织发展。第三，政府要制定扶持非营利组织发展的相关法律、政策。第四，非营利组织积极加强自身的建设。

重要概念

非营利组织　非政府组织　慈善组织　免税组织　许可批准制度　登记备案制度　登报声明制度　社会团体　民办企业单位　双重管理体制　分级管理原则　非竞争性原则　挂靠制

案例分析

【案例】

胡曼莉，这位一度被视为中国民间慈善象征的中年女人，因其献身孤儿事业的形象而在中央电视台的公益广告上被称为“中国母亲”。但这个形象在七年前被委托胡曼莉创办丽江孤儿学校的张春华戳破了。张春华是美国妈妈联谊会会长，该慈善机构曾帮助胡曼莉成立丽江妈妈联谊会，并委托其创办丽江民族孤儿学校。

但在张春华自认为发现了胡曼莉善款私存，借伙食费、教育费敛财，在财务上作假，把孤儿作为发财工具等问题后，就开始了七年不断的举报与揭发。现在，张春华终于等来了这份由云南省丽江市政府签发的文件。文件称，市政府将在2007年4月1日以前正式接管由胡曼莉控制的丽江民族孤儿学校。

让丽江市政府下定决心，准备接管孤儿学校的，是去年底印证胡曼莉真相的审计报告。这份在去年底出台的审计报告尽管语调温和，一定程度上肯定了胡曼莉对丽江助孤事业的作用，但其披露的财务问题，却暗合了张春华等人对胡曼莉的举报。

这次审计的范围包括1999年7月丽江孤儿学校成立后至2006年8月31日的财务收支情况。审计表明：胡曼莉把约33万元社会捐款说成是自己的个人捐款，不据实列出开支的数额亦达33万元；在孤儿个人账户上仅凭存折复印件提取的资金近10万元；在支出中应按固定资产核算而未核算的资金达43万余元；胡曼莉对十余名孤儿投了28万余元的商业保险，作为学校的一次性支出，在财务上却隐瞒了分红，也隐瞒了五年后可以全额返还的事实；电脑服务部的数年收入也没有入账。审计还表明，在没有合法票据的情况下，孤儿学校凭一般通用收据、付款证明单、商品调拨单等票据支出的金额达42万余元。在这42万元中，收据连号的竟然达17万元。

在美国，像美国妈妈联谊会这样的慈善机构，都是享有免税的。但美国国税局为防止不法之徒借慈善机构逃税与洗钱，还需要监管慈善机构的资金流向。所以，美国妈妈联谊会在中国的捐助须向美国国税局提交各种合法的票据和财务报表来作出证明。它像美国的其他慈善机构一样，财务收支必须公开，并在每年5月中旬向国税局报税，国税局根据慈善机构提供的财务报表和审计报告，批准是否继续免税。

但1999年美国妈妈联谊会捐给丽江妈妈联谊会的35万美金却出了问题。这笔钱是美国妈妈联谊会帮助胡曼莉成立丽江妈妈联谊会和孤儿学校时打到中国的。当时美元的银行汇率是8.3，胡曼莉兑的汇率却是8.1，而且还没有向张春华提供美元兑人民币的水单。张春华怀疑胡是在黑市中兑换的，且截获差价作为私利。更让张春华懊恼的是，没有这笔美金的兑换水单，她就无法向美国国税局交差，“国税局会怀疑我们的资金去向，甚至会认为我们是在中国洗钱”。

发现这一问题后，美国妈妈联谊会马上向美国国税局提交了“我们被骗了，并将补救和追究”的报告，同时通过网站公布被骗情况。“我们必须在国税局查我们之前、在捐款人知道真相之前就公布出来，以掌握认错的主动权。在美国，你上当不是你的错，你作假就会受重罚。”张春华解释。

“在制度监管上，这正是中国的民间慈善机构和美国的民间慈善机构的一大差别。”张春华感叹。她介绍，在美国，捐款人也可以享受捐款部分的免税，捐款人在向国税局申请免税时，提交由慈善机构提供的捐款凭证。美国国税局为了查验捐款人的免税申请是否属实，还会对慈善机构的捐助名单每两三个月抽查一次。这样捐助方和受捐方都很难作假，一旦查出会被重罚。“所以，像胡曼莉这样善款私存的情况，在美国是不可想象的。捐款人首先不会买账，因为善款私存，捐款人就无法获得正规捐款凭证。”张春华解释。

“胡曼莉事件”催生了慈善样本的诞生。

胡曼莉事件并未动摇张春华的慈善信念，美国妈妈联谊会对云南贫困地区的捐助平均每年在170万元以上。所改变的是张春华的做事方式。

2001年，张春华邀请优秀教师、全国五一劳动奖章获得者张桂梅在华坪创办孤儿学校，可容五十名孤儿。“一开始时，春华姐就要我设立出纳、会计，要我交每月的财务报表。那时我从来没学过理财，我只懂得如何教书。我觉得她不信任我，当时就哭了，不想干了。”张桂梅回忆。

更让张桂梅受不了的是，深受胡曼莉事件影响的张春华，要求张桂梅为学校买什么都要开发票。“为了获得她的信任，我买根葱都要到税务局去开发票。两个月下来税务局就不胜其烦，终于和税务局长吵起来了。”张桂梅回想起这幕就忍不住笑。

除了定时给张春华寄财务报表，张春梅还把各项收支的变动都公布在黑板上。好处是明显的，“大约花了一年半的时间，我学会了财务方面的很多东西，只要把财务报表拿过来一看，我就知道哪里对哪里不对了。”50个孤儿被她照料得脸色红润，学习很好。“财务公开保护了我，使人们无法怀疑我的清廉，也让学校运转得有条不紊。”张桂梅说。今年1月3日的审计报告已经出来，报告确认了华坪儿童之家善款善用，财务运转清廉规范。

张春华则把这一审计报告贴到工作网站上，并且交给美国国税局作资金去向的凭证。

（根据傅剑锋载于2007年4月12日《南方周末》的《审计揭示“中国母亲”真相》一文改编。）

【问题】

“胡曼莉事件”暴露出我国非营利组织管理中存在什么问题？应借鉴国外非营利组织管理的哪些经验？

【解析】

张春华用七年的毅力，最终促使媒体与地方政府把胡曼莉从“中国母亲”的圣坛上拉下马来。这也显示着中国刚刚起步的民间慈善事业与美国成熟的慈善体系之间的差距。中国民间尽管已有不少致力于慈善事业的人们，但政策的限制、法律的滞后、经验的缺乏、信用的不足仍使多数民间慈善组织处于比较幼稚的状态，更有一些居心叵测者借机浑水摸鱼。

因此，如何通过有效的制度设计，使善款能得以善用，仍是慈善立法的一个重要价值追求：慈善资金的使用必须体现捐赠人的意愿，要对慈善资金的使用效果进行考核。此外，在具体的制度设计上，美国的免税制度确实值得中国借鉴。张春华的现身说法，说明免税制度既能鼓励美国人捐款，也能使美国国税局借机监管慈善机构与捐款人、受捐人。原因很简单，如果想享有免税的权利，那么这三方都得在资金问题上接受国税局的监督。但中国目前的捐款免税制度手续繁杂，多头管理，鼓励作用有限，更遑论借此来监管了。所以，改革慈善捐赠中的免税制度，应是慈善立法中的重要内容。

同步测练与参考答案

一、单项选择题

1. 下列不属于非营利组织筹集资金模式的是：（　　）。

A. 私人付费主导型　　B. 营利组织主导型

C. 公共部门主导型　　D. 民间慈善捐赠

2. 美国联邦国内税法对于合乎规定的非营利组织作了界定，以下不正确的说法是：（　　）。

A. 该组织的运作目标完全是为了从事慈善性、教育性、宗教性和科学性的事业

B. 该组织的净收入不能用于使私人受惠

C. 该组织所从事的主要活动不是为了影响立法

D. 该组织所从事的主要活动可以干预公开的选举

3. 下面不符合非营利组织特性的选项是：（　　）。

A. 组织性　B. 非民间性　C. 非营利性　D. 志愿性

4. 非营利组织在人力资源管理策略上更强调：（　　）。

A. 创造利润　B. 价值体系和使命感的作用

C. 统一指挥　D. 组织协调

5. 与营利性组织相比，非营利组织在进行管理时面对的制约：（　　）。

A. 只来自社会　B. 更少　C. 只来自政府　D. 更多

二、多项选择题

1. 下列属于非营利组织的别称的有：（　　）。

A. 独立部门　B. 慈善组织　C. 免税组织　D. 志愿者组织

2. 下列属于非营利组织特征的有：（　　）。

A. 官方性　B. 组织性　C. 非营利性　D. 志愿性

3. 非营利组织的局限性主要表现在：（　　）。

A. 志愿组织的非志愿性　B. 独立组织的非独立性

C. 政府职能的虚假转移　D. 受到责任和腐败问题的困扰

4. 各国在法律上对非营利组织的“资格认定”主要涉及：（　　）。

A. 非营利组织的类型　B. 非营利组织的宗旨

C. 确认非营利组织的登记程序　D. 确认非营利组织的其他条件

5. 目前世界各国非营利组织的登记制度主要有：（　　）。

A. 严格审查制度　B. 许可批准制度

C. 登记备案制度　D. 登报声明制度

6. 非营利组织的人力资源构成一般包括：（　　）。

A. 董事会成员　B. 政府官员　C. 公职管理人员　D. 志愿者

7. 非营利组织与营利组织的运作方式有很大的不同，主要表现在：（　　）。

A. 非营利组织在战略管理上为营利组织提供借鉴

B. 非营利组织的目标往往模糊不清

C. 非营利组织有时使用激励手段并不能取得像营利组织那样的效果

D. 非营利组织的绩效期望也不如营利组织那样明确

三、判断题（正确标 A，错误标 B）

1. “非营利组织”这一概念是从组织目标上加以界定的，强调这些组织的宗旨不是为所有者营利，但并不是说它们就不营利。

2. 非营利组织提供的比较多的是纯粹的公共产品。

3. 非营利组织的战略管理借鉴了一些企业战略管理的方法，但与传统的战略管理大同小异。

4. 分级管理原则和非竞争性原则，是我国非营利组织登记管理制度上的两个重要原则。

5. 纯粹的公共产品是很少的，大部分产品是私人产品，还有一类就是介于公共产品和私人产品之间的混合产品。

6. 非营利组织理论上应该是独立于企业和政府之外的，在现实的发展中，三者之间的界限十分清楚。

7. 目前世界上绝大多数国家非营利组织的成立制度，都是登记备案制度和登报声明制度。

四、简答题

1. 简述非营利组织的局限性。
2. 简述对非营利组织法律规制所涉及的内容。
3. 简述中国非营利组织的运行和管理状况。

五、论述题

1. 试述非营利组织的作用。
2. 试述非营利组织在西方国家未来的发展前景。
3. 试述促进中国非营利组织未来发展的措施。

参考答案

一、单项选择题

1. B；2. D；3. B；4. B；5. D

二、多项选择题

1. ABCD；2. BCD；3. ABCD；4. ABCD；5. BCD；6. ACD；7. BCD

三、判断题

1. A；2. B；3. B；4. A；5. A；6. B；7. A

四、简答题（略）

五、论述题（略）

第五章
CHAPTER FIVE

公共管理战略

学习目标

通过本章的学习，掌握公共部门战略管理的含义、特征、产生的背景、与私人部门战略管理的区别；明确公共部门战略管理的运行过程，包括战略规划、战略实施和战略控制等环节；了解公共部门战略管理存在的问题及其改进的方法。

重点难点提示

- 公共部门战略管理的特征及产生的背景
- 公共部门战略管理与私人部门战略管理的区别
- 公共部门战略规划、战略实施和战略控制
- 公共部门战略管理存在的问题与改进方法

第一节　公共部门战略管理概述

一、战略与战略管理的概念

在现代管理科学中，战略这个概念一般指一个组织面对充满各种挑战和机遇的不断变化的环境，为寻求其长期生存和不断发展而作出的总体性规划。本书将其定义为：一个组织在激烈的竞争环境中，为谋求其生存与发展，实现组织的使命和目标，而制定的带有长远性和全局性的关于组织的发展方向和行动方案的谋划。在管理领域中，战略就是一个组织的总目标，它涉及一个时期内带动全局发展的方针、主要政策与任务。从某种程度上讲，战略是运用和管理所有资源达成目标的艺术，而战术则是使用这些资源中的一部分，以获取整体目标中部分目标的达成。

对于战略管理，人们的认识也不尽相同。有的学者从战略管理过程的角度去理解，他们认为："战略管理是指规划、执行、追踪与控制组织战略的过程"。有的学者从战略决策的角度去界定战略管理，认为战略管理通常指四种情况：① 将对组织未来发展产生冲击的内、外环境进行分析的活动；② 将整体组织与对其发生冲击的议题进行分析的活动；③ 关注组织目标以及发展方向的战略选择；④ 促进战略有效执行。还有从其他方面去关注战略管理的学者认为："战略管理包括：行动定位；认识设计的重要性；认识人的要素的重要性。行动定位是要保证任何文件都有关于执行的内在过程。设计包括'所要求的结果与实现它们的过程要一致'，因而'一个组织通过战略管理过程完成的任务与这些任务完成的快慢，明显取决于其能力，包括人力资源能力和财力资源能力一。"①

在本书中，我们把它总结为：战略管理是指一个组织在制定和实施关于其未来发展方向、目标和行动方案的规划过程中，所进行的决策、组织、协调、评价和控制等一系列的活动，以及从事这些活动的艺术性和科学性。

二、公共部门战略管理的含义和特征

20 世纪 80 年代，战略管理在公共部门的应用和发展为战略管理拓展了研究内容和研究范围，公共部门战略管理成了战略管理研究的重要组成部分。

公共部门战略管理是指在符合和保证公共部门宗旨的条件下，在充分利用环境中存在的各种机会并创造新机会的基础上确定公共部门同环境的关系，使得公共部门的职能范围和发展方向得到合理的调整，使得公共部门资源目标和对策选择更为合理，以更好地向社

---

① Eadie, Douglas C.. Identifying and Managing Strategic Issues: From Design to Action. New York and Basel: Marcel Dekker, 1989

会公众提供公共服务而进行的整体性谋划。

根据这一定义，公共部门战略管理除了具有一般战略管理的方向性、全局性、层次性、动态性和适应性等特征外，还具有自己的特征，归纳起来有以下几个方面：

（一）公共性

公共部门战略管理的性质是公共性的，其产生、存在的目的是为了公共利益、公共目标、公共服务以及创造具有公益精神的意识形态等。政府部门作为这些目标的最重要的实现手段，在其公共战略中从来不会公然宣布自己丧失公共目的而沦为私人部门。政府必须保护国家安全，提供法律手段以惩治违规者，提供社会福利以及保护国民财产等。同时，公共部门战略管理在公共性的选择上，在维护正义和提供公共物品之间，即公平和效率之间，它必须首先维护社会正义。如司法手段，有一个独立的、公正的司法审判；舆论宣传手段，对公平、民主、权利等价值进行宣传、灌输；社会福利手段，对弱势群体提供社会保障；税收手段，采取累进税制调节社会分配等。其次才是政府提供公共物品。政府提供公共物品的好坏与效率密切相关，高效的政府提供更多的公共物品，低效的政府提供少于需求的公共物品。

（二）权威性

公共部门战略管理必须受到政治权威的影响，政府权力具有垄断性，因而在其实施战略管理时会带有以国家为后盾的政治权威，这些，可以从以下几个方面看出：① 从公共部门战略管理所需的资源来看，由于政府部门一般都代表国家权威，因此，其所需的资源大多是依靠国家公意的国家强制力获取，诸如税收，以及紧急情况下的各种征用等。② 由于公共部门是代表国家行使公共权力，所以公共部门战略就代表国家的利益和行为倾向，其不会因为个别或少数服务对象的异议轻易发生改变。③ 公共部门战略不能只满足单一目标群体的特殊需求，由于其具有政治权威，它必须把全体公众视为顾客，或维护广大人民群众的根本利益。公共部门战略与竞争对手之间更强调的是非抗争性——合作性，即求同存异，共同发展，而这些，都是没有公共权威的企业所不能做到的。

（三）模糊性

公共部门战略管理的目标确定具有模糊性。首先，由于政府等公共部门所处的政治环境具有复杂性、多元性和不确定性，同时不同的利益集团对政治的各个方面具有不同程度的影响，加上政治的不断变迁等，公共部门通常同时具有很多模糊的、往往处在不断变化的目标，这些不同的目标以及长期与短期的目标常常是相互冲突且难以界定的。其次，在市场化需求下，公民对公共物品的需求呈现多样化和个性化，同时公共部门越来越处在与私人部门竞争提供公共物品的位置，因此效率的提高也将随之为公共部门战略管理所关注。因而公共部门在体现公平和公共性的同时还必须做到高效，而公平与效率又往往产生冲突，公共部门的战略管理目标因往往要在公平与效率的冲突中进行权衡判定而使其具有了模糊性。

（四）参与性

由于政府部门的公共性及权威性，决定了其与公众切身利益的高度相关，为了使政府等公共部门更好地开展管理，同时也是受政治民主化的驱动，公共部门要以为公众服务、维护公共利益为宗旨，其运作过程就必须公开化、透明化。鼓励公民参与公共部门的战略管理，无论在内容还是过程上都必须保持一定的公开性，让公民在知情的情况下进行参与、监督、检查，同时必须寻求可以让外界参与战略制定程序和检查的有效途径。

三、公共部门战略管理产生的背景

始于工商管理领域的战略管理理论，为什么会进入公共部门管理领域呢？考虑到20世纪80年代公共部门的时代背景，公共部门战略管理的产生有其复杂和深厚的背景。

（一）对公共部门的批评和政府角色的调整

传统的科层官僚制的政府管理模式是针对传统的社会经济环境而设计的，随着人类社会的发展与进步，这种管理模式越来越导致了公共部门机制僵化，缺少激励和效率，运作缓慢而充满阻力。社会公众对于公共部门服务的低效率、官僚主义和腐败越来越不满，出现了对公共部门大规模的批评，并进而发展成为对政府角色的质疑。“新保守主义”经济理论和“公共选择学派”为这种批评提供了理论基础，并提出改革传统的“全能政府”，政府应该缩小规模，“小政府”优于“大政府”。在这种社会背景下，公共部门和公共管理学家们也开始对传统的公共管理模式进行反思。政府角色的变换要求建立以顾客为导向的公共服务部门，要求在公共部门引入市场机制，在公共部门之间以及在公共部门与私人部门间展开竞争，要求向地方和民间公共部门放权，建立关注业绩与效果的目标导向机制，完善对公共部门成员的绩效激励机制，这些改革要求正好与战略管理的内容相一致，也正是战略管理所要解决的问题。同时，伴随着政府调整而来的机构设置的变化，大量新的组织机构开始建立，而许多在传统环境中建立起来的组织机构发现新的环境里组织的目标正在变得日益模糊，这也需要通过战略管理为其进行战略规划或者重新设计。

显然，公共部门自身转换角色的要求成为公共部门战略管理产生和迅速发展的最重要的动力和原因。

（二）外部环境不确定性的增加和全球化的影响

传统的公共部门管理所处的是一个较为稳定的环境，外部环境变化因素对公共部门的影响微乎其微，公共部门可以不重视与外部环境的互动。然而，在20世纪80年代，公共部门的外部环境发生了巨大的变化，这种变化不仅体现在政治方面，也体现在经济、社会、技术和文化思想等各个方面。日益增加的外部不确定性使公共部门再也不能忽视外部环境的影响。在不确定性不断增强的社会经济环境中，公共部门应当建立更为灵活和富于弹性的管理模式，增进与外部环境的信息反馈机制，根据外部环境的变化来决定组织发展方向的战略调整，从而最大程度地消除外部环境的高度不确定性对公共部门组织的负面影响，并抓住环境变化带来的组织发展的机遇。这就要求公共部门实行以与外部环境的协调为核心机制的战略管理模式。

（三）科技变革与进步为公共部门战略管理提供了技术平台

从20世纪末开始，人类社会开始从后工业文明向信息社会过渡，通讯与信息技术革命已经开始对社会的方方面面产生变革性的影响，公共部门的管理模式也受到了信息化浪潮的冲击，在20世纪初的工业技术背景基础上建立起的“科层制”政府管理模式面临挑战。同时，通讯与信息技术革命也为公共部门进行战略管理的改革提供了机遇和条件。因为战略管理成功的先决条件是对外部环境变化进行持续的监测和信息搜集与分析，对组织战略实施效果进行及时的评估，而在传统技术条件下，信息的搜集与整理难度很大，需要投入大量的资源，对公共部门而言，这项开支甚至超过了所可能带来的收益，因此传统的公共部门管理是不鼓励对外部环境信息的搜集的，战略管理更是无从谈起。信息技术的突破改变了这一切，计算机与网络技术的发展使信息搜集与整理的成本迅速降低，公共部门可以以非常低廉的成本对外部环境进行观测，评估政策实施效果。

（四）企业战略管理理论的成熟与公共部门战略管理技术方法可移植性的增强

经过几十年的发展，到了20世纪80年代，企业战略管理理论已经基本成型，学科范式和研究框架已经建立，研究方法和管理技术已经比较成熟，战略管理在工商管理领域取得的成功对公共部门引入战略管理产生了巨大的示范效应。

公共部门自身的变化也使得对于企业战略管理方法和技术的移植更具现实性。从任何组织均具有一定公共性的角度来说，企业部门的组织战略管理方法移植到公共部门在理论上是可行的，但具体到实际应用，由于公私部门在一系列组织特征上的差异，又存在着许多困难和障碍。不过，20世纪80年代的“新公共管理”在很大程度上减少了这些因素的阻碍。“新公共管理”主张的政府企业化在公共部门引入了市场机制，公共部门组织也开始注重业绩和激励，在公共部门开展竞争，管理分散化，放松管理权限限制，公共部门的改变使之能够在经过部分修正和调整后借鉴和引入企业战略管理理论的成熟技术和方法，这对于公共部门战略管理的产生与发展有巨大的促进作用。

四、公共部门与私人部门战略管理的区别

公共部门的战略管理作为一种新的管理思维，使用了许多私人部门战略管理方法。有些引入方法是有效的，但有些则失败了。这说明私人部门的战略管理方法并不完全适用于公共部门。原因主要在于公共部门受到公共权威的制约，导致公共部门在战略管理上与私人部门存在区别。

公共部门与私人部门在战略内容上的区别表现在：首先，公共部门的战略管理比私人部门的战略管理更具广泛性和复杂性。私人部门的战略管理仅仅涉及本企业或部分相关行

业领域内的活动，社会影响范围较窄；而公共部门的战略管理涉及社会各个领域，社会影响范围较大。其次，私人部门的战略管理是为争夺更多市场和追逐更多利润进行的战略管理，具有明显的竞争性，遵循“优胜劣汰”的市场法则；而公共部门只是将竞争作为提高绩效的手段而非目的，在战略管理方面更强调协作关系而不是竞争关系。最后，私人部门的战略管理是一种微观管理，它追求的多是可衡量的利润；而公共部门的战略管理是一种宏观管理，其追求的多是人类的某些公共价值。

公共部门和私人部门在战略目的上的区别表现在：首先，私人部门战略管理的根本目的是追求利益最大化；而公共部门战略管理的目标是为了实现公共利益，但公共利益大多是抽象模糊的，更多的是作为一种提醒公共部门担负公共责任和为公众服务的象征符号，因此，公共部门战略管理的目标具有相对的模糊性和不易测量性。其次，与私人部门战略管理实现“经济利益”的明确导向不同，公共部门在实施战略管理中必须了解公众要求和期望，对不同利益相关者的需要进行有效地判断、满足。再次，由于公共组织所处的政治环境复杂多变，受到不同的利益相关者的影响以及政治因素的干扰等，公共部门通常同时具有很多不同的、变化的目标。最后，公共部门的服务对象差异性较大且需求多样。对于公共部门而言实现公平是最重要的，但在市场经济体制下，由于公众对公共物品需求的多样化和个性化，公共部门与私人部门之间提供公共物品的竞争越来越激烈，导致公共部门的战略管理不得不关注效率的提高，因而公共组织在体现公平的同时还必须做到高效，而公平与效率有时是难以兼顾的，两者之间的取舍选择也模糊了公共组织的战略管理目标。

在战略的制定实施过程中，公共部门会受到私人部门所没有的因素的制约，这些制约因素是公共部门在战略制定中必须考虑的。首先，资金制约。私人部门实现战略管理的资金来源于经营利润，而公共组织的资金主要来源于财政拨款，只有少部分来自服务收费。其次，政治因素制约。公共部门的管理受到来自各方面的权力影响，因此公共部门的战略管理必须充分考虑各种利益相关者的要求，在各种政治力量中周旋，寻找各方都接受的战略方案。再次，法规制约。根据公共部门的权威性和公共权力的规范性要求，国家制定了一系列法律法规对公共部门的管理加以制约，这使公共部门的战略管理比私人部门的战略管理缺乏自主性和控制力。最后，透明度制约。公共部门以为公众服务、实现公共利益为目的，这就要求其运作过程保持一定的透明度和公开性，让公众参与监督，而私人部门的战略管理则具有一定的保密性。

第二节　公共部门战略管理的过程

一、战略规划

（一）战略规划的概念

战略规划是在环境分析的基础上拟定战略的过程，也是将战略意图转化为战略决策的过程。其目的在于明了环境对组织的重要影响，并指导组织对环境的变迁作出反应，以获得长期的竞争优势。

战略规划的结果是形成组织的战略计划。一个好的战略计划一般应包括四方面的内容：第一，战略范围，规定本组织与社会环境因素之间发生作用的范围，即说明要达到哪一方面的目标；第二，资源分配，要阐明如何部署资源；第三，战略应该说明本身战略范围的机会和威胁；第四，最佳协调作用，在战略范围内，要使资源部署与竞争优势相互协调。

（二）战略规划的步骤

1. 达成初步共识，组成战略管理团队即战略管理小组

战略管理本身就是一个向关键利益相关者传递信息并在他们之间取得共识的过程。由于公共部门受法律的约束，权力有限，战略的制定又涉及许多部门和人员的利益，如战略规划有何价值、需要哪些部门和人员的介入等，因此在利益相关者之间达成对于战略规划行为的共识尤其重要。

为了使各利益相关者明了各自的需求，并制定相应的计划来解决这些需求，以做到行动的步调一致，有必要建立一个战略管理小组。战略管理小组既要营造创新，又要促使利益相关者达成共识，因此其组成应是代表组织内、外部利益和权力中心的人，并可随问题议程的变化而相应变化，以利于新问题的解决处理。

战略管理小组在整个战略管理全过程的任何阶段，都通过三个步骤发挥作用，即：第一步，搜集信息和理念；第二步，综合信息和理念；第三步，抉择，尤其是在阶段转换过程中，根据标准确定行动的优先程度。

2. 构建组织目标

组织管理就是要引导或指挥人员去完成组织的目标。整个管理过程以组织目标为核心，如果没有特定的目标追求，管理就不能正常实施，该组织也不会取得应有的成就。

对于公共部门而言，了解组织的历史背景有着特殊的作用，可以帮助组织应付如模糊不清的市场、制约因素、政治影响、权威限制和宽泛的所有权等问题。因为这些因素作为确定战略的前提，都是组织历史背景的一部分。此外，对时间观的研究表明，回顾历史是制定有用的概念性预测的关键步骤，通过回顾历史，战略管理小组成员可以制定现实且明确的理想。这种理想不但充实了组织所向往的未来，确定了它进一步发展的基础，也为组织提供了一个具体的目标。

之所以用理想来替代目标，原因就在于公共组织的目标往往非常模糊，而且存在争议，不像私人组织可以将利润数作为目标。公共组织的目标难以设定，这一困难将会导致“目标狂”的出现，此时，制定目标的过程本身成了组织的目标，而这将严重阻碍组织的行动。但是，如果目标不明确，那么修改或者评价当前的活动就会有困难。为了提出可表明意图的目标，我们采用了“理想”这个概念。理想表明的目的能用具体的词语来表述，

它可以反映出类似于长远目标的具体目标，从而为折中各方关于组织做什么（或不做什么）的争论提供了一条途径。

简言之，政治权威网络和众多的利益相关者的要求形成了公共部门的环境背景，这一背景导致了公共部门的目标模糊不清，以理想代替目标可以帮助管理者在这种环境中正确地引领其组织。①

3. 进行环境分析

战略管理与非战略管理之间的区别之一就是战略管理注重对组织环境的分析评估。环境分析的主要任务在于通过对组织内部形势和外部环境的系统分析，掌握公共部门内部的优势和弱势，了解公共部门外部的机会与威胁。这也就是美国哈佛大学商学院的安德鲁斯（Andrews）在其《公司战略概念》一书中提出的SWOT分析框架。

SWOT分析（Strengths，Weakness，Opportunities and Threats）是目前战略管理与规划领域广泛使用的分析工具，其主旨在于通过了解本组织的优势和弱点，抓住组织外部的机会，规避组织外部的威胁，从而制定行动战略的方法。

SWOT分析需由战略管理小组以一种互动的方式进行，要考虑到实现组织目标所必须具备的各种基本条件，如财务、人事、结构、制度等等，这是分析的难点所在，要求有良好的判断能力。通过SWOT分析可以明了组织所具备的能力，正视组织的弱点和威胁，直面组织所面临的压力，以促使组织人员更积极地寻找有助于实现组织目标或者说理想的各种机遇。

经过SWOT分析，一个组织可以有不同的战略匹配和选择。如：

SO（Strengths-opportunities，优势—机会）战略：这是一种发挥组织内部优势、利用外部机会的战略，所有组织及管理者都期望可以利用自己的优势，并抓住外部环境所提供的机会。

WO（Weakness-opportunities，弱势—机会）战略：其目标是利用外部机会来弥补内部的弱势。运用这一战略的基础是，组织存在着外部机会，但内部存在着弱势，妨碍着外部机会的实现。

ST（Strengths-threats，优势—威胁）战略：利用优势，回避或减轻外部威胁的影响。

WT（Weakness-threats，弱点—威胁）战略：这是一种在减少内部弱点的同时，规避外部环境威胁的防御性战略。

4. 确立战略议程

战略议程即战略管理所要优先考虑并解决的议题。确立战略议程是战略管理的核心问题，对于实现组织的目标或理想有重大的影响，它可以帮助组织确定一个当前必须处理的

① 保罗·纳特，罗伯特·巴可夫．公共和第三部门的战略管理：领导手册．陈振明等译．北京：中国人民大学出版社，2001

议题，通过对议题的不断解决，逐步向组织所向往的目标靠近，而不必为某个遥远的未来才能达到的目标耗费力量。值得注意的是，组织、组织所处环境以及两者之间关系的动态性使得组织的战略议程会不断发生变化，战略管理者必须定期检查和修正战略议程。

5. 制定备选战略

战略管理小组以SWOT分析为基础，在考虑组织理想的前提下，提出具体处理战略议程中的每个议题的行动方案，这些行动方案需有助于组织发挥优势，克服弱点，利用组织外部的机会并规避或遏制威胁。

由于管辖权或领域上的限制，公共部门在制定备选战略时倾向于采取渐进式的战略，以便在机会和威胁之间取得平衡。

6. 作出战略抉择

在引入新战略之前，必须对战略方案实施可行性评估，这是确定战略方案的前提。由于公共部门环境的复杂性，这种可行性评估也要有别于传统的评估。

为了在利益相关者之间达成对战略规划行为的共识，战略方案的评估必须考虑到相应的利益相关者，明确他们各自的能力大小及对战略行动的影响程度，以建立一种合作的气氛，保证战略实施的成功。还要考虑到战略实施所需资源的状况。由于公共部门普遍面临资源短缺的问题，那么选择一种消耗资源较少或者是所需资源较容易得到而达到的效果却较大的战略方案就成为战略管理者们的首要任务。

此外，还应对各个备选战略方案的效果加以预测，既要考虑到有利的因素和成功的可能性，又要估计到不利因素和失败的风险，进行综合比较，选择最能实现组织理想的战略方案，择优而取。

二、战略实施

战略实施是战略管理过程中的一个重要组成部分，一改过去完全倚重“从上而下”的精英统治思想的局面，把注意力也放到了“自下而上”的重要性上。自下而上也就是说下级在执行过程中将信息反馈到上级管理部门，上级应及时听取下级的建议，将这些新的因素时时加入到自己的思考之中，从而增强自己对战略局面的把握，而不是单纯地将自己思考所得的结论贯彻下去而不再加以改进。

（一）战略实施的内容

关于如何运用好战略规划也有很多说法，其中我们挑选几种比较具有代表性的看法加以介绍。

1. 指标管理办法

这种观点认为战略管理应始于指标的确定，然后接下来的步骤都是围绕着完成指标来操作。在设定好几个有效指标之后，组织围绕这个核心进行资源配置和组织结构的调整，这样战略实施的目的就会更为明确，组织成员不会感到无所适从，最终也较为容易确定实施的效果。然而指标管理最难也是最关键的一步就是最初的确立指标，建立一个能够计算而又恰到好处的指标难度非常大，这是指标管理的局限性所在。

2. 人员与资源管理办法

这种看法认为战略实施主要包括两个部分，一个是利益相关者管理，另一个是资源管理①。这两者的差别主要集中在管理的对象上，而管理的策略大体相同，就是将利益相关者和资源都按照他们对组织的帮助和意义划分到四个类型中，针对不同的类型实施不同的管理方法，尽可能地利用有利的因素而警惕不利的因素。

3. 试验计划管理办法②

这种观点的新意在于提出了试验性计划的概念，这种计划规模较小、前景较好，有利于带动计划的整体可行性。但试验计划管理办法也有其局限性，那就是一旦计划成功可能给人们带来盲目的乐观，而在进一步扩大实施时产生懈怠心理，或是没能成功地完成试验计划到正式计划的过渡而导致战略失败。

综合以上观点，战略实施过程主要包括战略准备阶段、战略行动阶段和战略控制阶段。如果将一个战略实施过程比作“砍柴”，那么战略准备阶段是“磨刀”。要做的准备工作有学习和解读先前制定好的战略计划、动员组织成员调整组织结构、保证实施阶段的资源供给。

行动阶段包括战略实验和全面实施两方面。战略实验的好处是可以迅速显现实施结果，赢得更多的公众支持，为全面实施战略争取时间。

战略控制体现了战略思维的谨慎和全面。实施过程不可能做到百分之百的精确，经常有可能出现偏差。战略控制就是要纠正这些偏差，确立一定的指标以帮助组织避免偏离原有方向，有效地衡量实施过程。但指标的制定必须合理，否则反而会误导成员，离目标越来越远。

（二）战略实施手段

战略实施的过程中，达到同一个目的可能有不同的手段，或者为达到设定的目标必须结合多种手段。战略实施的主体可以根据需要对各种手段进行挑选或组合，手段的种类主要包括以下几种：

1. 政治手段

政府部门最直接最有效的手段就是依靠政治权威，这种手段一般采取政治指令、规定和制度形式来实现。政治手段具有强制力和权威性，最易使战略得到推行，因为下级对于上级的行政命令一般都要不折不扣地执行，否则会受到一定的处罚。如果行政命令是适当

---

① 保罗·C·纳特，罗伯特·W·巴可夫. 公共和第三部门组织的战略管理：领导手册. 北京：中国人民大学出版社，2001

② 陈振明. 公共管理战略管理. 北京：中国人民大学出版社，2004

的、周密的，那么采取政治手段将会收到最好的效果，但很少有行政命令能面面俱到，而且下级人员是被动地执行命令，因此会导致政府机构无效率和无创造力。

2. 法律手段

政府很多时候会利用法律手段规范人们的行为并制订自己的行动方案，以及调整战略实施过程中的各种利害关系。法律手段的效力最强，最具有威慑性，人们普遍受到这种手段的约束。而且法律法规在较长时期内都是稳定的，不会朝令夕改。因此公共部门运用此手段的成本较低，不用时时对法律手段作出调整。但法律手段也存在一定的问题，它属于一种基本的行为规范，对于讲究细节的组织战略来说可能适用性不强，运用这种手段时要注意其适用范围，不可盲目使用。

3. 激励手段

无论是私人组织还是公共部门都不可避免要考虑这个问题，但对于公共部门来说有效的激励显得较为困难。有人研究发现公共部门的成员对于金钱激励的偏好比不上私人部门，公共组织成员更注重工作的稳定性、被委以重任、得到上级的赏识等等。这些相对于私人部门来说要复杂得多，领导者要给予这些奖励需要一定的时机，并非随时都有机会，所以短期内组织成员很可能感到一种挫败感，失去工作的动力。但是一旦组织找到适当的精神手段触及成员的兴奋点，这种手段必将发挥巨大的作用，促进战略的推行。

4. 组织文化

组织文化是组织成员共有的一整套假设、信仰、价值观和行为准则，① 是在长期的组织活动中形成的。组织文化看似是个时髦名词，但其实它与公共管理早就在实际运用中密切相关了。一个组织通常有着自己的行事风格和组织关系，形成绝非一朝一夕，改变也不是轻而易举。然而一旦人们找到了自己习惯和接受的组织文化，对于组织来说将是巨大的宝藏，组织将开启这个宝藏的钥匙牢牢掌握了。因此一个组织不应只着眼于一时一事，而应认真审视组织长期的文化氛围的培养。一旦文化有了，战略实施的很多困难可能在出现的初期就已被消弭于无形。

三、战略控制

战略控制是一个不断监视和控制战略实施进程，以保证实施结果与战略规划的要求相结合的过程。它一般是由这样几个步骤组成的，即建立标准、衡量成效、纠正偏差。

（一）建立标准

标准，就是作为一种模式或规范而建立起来的测量单位。它包含两层意思：① 标准是测量的一种尺度；② 标准是由权威建立起来的。要建立标准，首先应明确的是标准的范围，即建立什么样的标准才能使控制发挥作用。一般来说，标准的范围应包括组织的几

① 约翰·W·纽斯特罗姆，基斯·戴维斯．组织行为学：工作中的人类行为学．北京：经济科学出版社，2000

个主要方面的活动和成绩，如市场份额、行业的领导地位、人员发展、雇员态度、公共责任和短期目标与长期目标的平衡等。

（二）衡量成效

衡量成效处于整个战略控制的中间位置。这一步骤实际上是一个比较、测定的过程。它首先对战略执行情况进行评价，并将这些信息反馈给有关管理部门作为分析问题的依据，然后将反馈信息（实际结果）与战略规划的要求（预期结果）进行比较，找出存在的问题和差距。如果实际结果和预期存在差异，则首先要确定偏差是否在允许的范围内，是否对战略实施的效率和效益构成严重威胁。若偏差在允许的范围内，则工作可以继续进行，但也要分析偏差产生的原因，以便进一步把偏差缩小，使工作更加完善；若偏差超出允许范围，则要认真分析偏差产生的原因。有些偏差是由规划或标准制定得过高或过低造成的，有些是由规划实施过程中的问题造成的，还有一些可能是由偶然的、暂时的、区域性因素造成的。

在衡量成效的过程中应当注意以下几个问题：

1. 衡量应当是全面的和多指标的

我们已经知道，战略规划是一个多目标的决策问题，而衡量体系应当根据战略目标体系来制定，因此衡量也应当是多准则的评价问题。例如，不仅要从经济效益去衡量一个组织的战略实施情况，而且还要从组织的抗风险能力、员工的向心力，以及社会经济效益等多方面去考察。

2. 要动态地去衡量战略实施的成效

衡量战略实施的成效必须从短期和长期两个方面来考虑，短期的经营效果并不能表示长期的战略实施的成功；而远大的战略举措也不会很快地在近期取得显著成果，甚至有时还要牺牲近期的利益。因此，一个组织的管理者既不能陶醉于眼前的成功，也不能被暂时的困难吓倒，必须运用动态的观点去衡量战略实施的成效，要根据过去和现在的信息对未来进行预测，这样才能对战略实施的效果给出正确的、有战略眼光的判断。

3. 战略控制是一个多层次的反馈控制过程

在这个过程中，基层管理层检测和衡量后得到的关于战略执行状况的信息，按不同详细程度（综合程度）分别反映到基层管理层、中层管理层和战略管理层中去；中层管理层的检测和衡量后的信息，将根据信息详细程度分别反馈到中层管理层和战略管理层中去；战略管理层的反馈信息将直接反馈到战略管理层中去。各层次根据问题的性质，分别采取相应的管理措施，这就是多层次管理的反馈控制系统。只有这样层层检测、层层反馈和层层调节，才能确保战略规划的最终实现。

（三）纠正偏差

控制的第三个步骤，就是要针对衡量比较的结果，返回到前面战略实施和战略规划阶段的相关步骤，及时采取相应的措施，以保证战略实施的结果和战略规划相一致。这一反馈过程不是一次性完成的，而是要在整个战略实施的过程中不断地进行检测、衡量、反馈、再检测……如此往复进行，直至战略实施过程圆满结束为止。

这一步骤是整个控制过程中的重点步骤，它包含两个方面的内容：纠正实际活动中的偏差以及修正规划和控制的标准。当通过衡量成效这一个步骤后，结果与标准之间的差异就暴露出来了。纠正偏差的过程中应该注意以下两个问题：

(1) 确定纠正偏差的过程是一个科学决策的过程。采取何种措施来纠正偏差，取决于所出现偏差的性质，而且根据问题的大小，有时只需要在基层或中层进行调整；而对于较重大的问题则需要在战略层进行调整。和战略规划的制定一样，确定纠正偏差措施必须十分慎重。决策者必须认真设计各种可行的备选方案，然后对这些备选方案进行综合评价，以便从中筛选出最佳的纠偏方案。

(2) 我们必须注意，经常对规划进行大的修正对整个规划的实现是没有好处的。对此，决策者应持谨慎的态度，并在建立规划、标准时，尽可能增加规划和标准的适应性与弹性，允许规划和标准在一定的范围内波动，以利于控制的顺利进行。

第三节　公共部门战略管理的问题与改进

一、公共部门战略管理的问题

(一) 公共部门战略管理的一般问题

公共部门战略管理发展至今不过短短 20 多年的历史，在这 20 多年里，战略管理在公共部门得到了越来越广泛的应用，公共部门战略管理理论也日渐完善。但就整个理论体系而言，目前尚不成熟，反映到公共部门的实际管理中也存在很多问题与不足。公共部门战略管理的问题引起了公共管理学家的重视，许多学者对这一问题提出了自己的看法。

欧文·休斯（Owen E. Hughs）总结了目前比较普遍的对公共部门战略管理问题的批评，包括对战略管理本身的问题和对战略管理在公共部门应用中出现的问题的批评。概括起来，对公共部门战略管理的问题存在着七种主要的批评意见。

第一，正式的战略计划过程被描述为比它的实际情况或所能做到的更具逻辑性和分析性。它的设计过于抽象，对在任何人类组织中起作用的社会—政治的动态现象未予考虑。

第二，正式的战略计划过程过于呆板，面对所要求作出快速反应的迅速变化和动荡不定的外部环境时，显得过于迟钝。

第三，正式的过程与创造性和革新相违背，尽管战略规划本身可能具有创新取向。

第四，公共部门的特殊性将导致战略管理变成“一种装饰和象征”和“只产生个别文件”的过程。

第五，战略由组织编制，会导致政治控制困难，产生责任问题。

第六，公共目标的模糊不清，使战略考虑毫无意义。

第七，公共部门的时间观念过于短暂，它所提出的任何长期的观点都必定遭遇失败。

此外，还有其他一些问题，如制定规划的信息不足，对于战略规划中的特定活动会产生误解和偏见，从而增加成本，组织成员会因培训不足而使战略价值失效等。①

（二）公共部门的特殊性对战略管理的影响

公共部门环境的特殊性、交易的特殊性、内部管理的特殊性对公共部门战略管理都会产生重要影响。

1. 公共部门环境的特殊性对战略管理的影响

（1）由于公共组织不便为获得顾客而竞争，有时这类竞争甚至是被禁止的，因此建立在竞争基础上的私人部门战略管理模式没有用处或用处有限，公共组织必须寻求与其他服务者进行合作的战略。

（2）公共组织的经费依赖于拨款或捐赠，对此战略管理必须给予足够的重视。

（3）公共组织对市场信息了解有限，因而往往要在数据极少甚至没有的情况下制定战略。

（4）公共组织较多受法律、规章规定的义务以及传统的制约，战略必须反映法律依据和公共意图，且制定战略的自主性和灵活性相对较小。

（5）公共组织受到政治因素显著的干扰，其战略管理需要充分考虑政治领袖、立法机关、利益集团、公共舆论等多种力量，并需要特定制度安排来处置政治压力。

2. 公共部门交易的特殊性对战略管理的影响

（1）交易的非契约性质导致私人部门战略管理的重点议题之一——营销在公共部门的重要性下降，而维持有力的强制性安排的重要性则不断上升。

（2）与私人组织相比，公共组织影响范围更大、需要处理的社会事务更广泛，承担了更多的社会责任，其战略回应的范围几乎没有限制。

（3）公众审查要求各种公共组织必须采取阳光政策，战略制定的保密性低。

（4）公共组织的所有权属于公众，因此公共组织要对公众负责。私人组织所遵循的股东利益最大化被公共愿望和要求所取代，战略推进更多选择防御性策略，在求得意见一致和多方支持的前提下循序渐进地实施战略。

3. 公共组织内部管理的特殊性对战略管理的影响

（1）公共组织目标的多元性和模糊性，导致目标设计与选择更加困难，需要在效率、公平、有效性等方面保持平衡。

---

① 欧文·E·休斯. 公共管理导论. 北京：中国人民大学出版社，2001

(2) 公共组织中的权力限制多，其战略管理必须在一个权限丛林中进行，战略制定要尽量求同存异。

(3) 公共部门的业绩更具有测不准的特征，从而导致战略管理评估缺乏实际意义。

(4) 公共部门对员工激励的标准、方式和内容与私人部门有很大差别，导致物质刺激部分失效，又因为个人业绩与贡献不易准确评价，进一步产生激励失当问题。

二、公共部门战略管理的改进

公共部门战略管理中虽然存在着诸多的问题，但这并不表明在公共部门实行战略管理是不现实的。事实上，如果能在如下几个方面对公共部门战略管理进行改进，将有助于公共部门战略管理的成功实施。

(一) 战略管理思维比计划更重要

在动荡的环境中要保证战略管理计划的成功实施，就必须对外部环境进行持续的监测并随时准备调整战略计划，而机制僵化的公共部门则可能会注重对战略计划的严格执行而忽视了对计划的调整。因此对于公共部门组织而言，更重要的是要建立战略管理思维，用战略思维方法来积极应对环境的变化和挑战，正如布莱森所言，“任何战略规划过程只有在它能帮助关键的决策者以战略的方式进行思考和行动时才有价值。战略规划本身不是目的，而仅仅是一组可帮助领导者制定重要决策，并采取重要行动的概念。事实上，如果战略规划过程能采取战略性思考与行动的方式，应该作废的是这个过程，而不是思考或行动”。①

(二) 重视战略规划与战略实施间的有效配合

如上所述，由于目标与手段的脱节，造成了战略规划不能适应环境变化而及时有效地得到调整和修正，因此应该打破部门之间的障碍，建立便于两者结合的组织机构和工作程序。尤其要重视各级管理人员对战略规划设计的广泛参与，在规划制定前就鼓励组织成员积极交换意见，使战略规划执行者也能对其有一定的了解，从而可以根据战略规划执行的实际情况对战略规划的调整提供建议。

(三) 重视战略管理的实施

有计划而无执行是现时许多公共部门战略管理中存在的主要问题之一。许多公共部门在制定了一项战略管理规划后却因为实施中存在的困难和障碍，或者由于决策者的更换而导致了战略实施的中断或停滞不前。应该认识到战略管理决非是一次性的工作，而是长期性和循环往复的过程，保证战略实施的持续性比单纯的制定规划更重要。

(四) 重视战略管理过程中良好的沟通协调机制的建立

公共部门具有影响范围广的特点，公共部门的战略管理改革往往涉及众多的利益相关

① Bryson, John M. Strategic Planning for Public and Nonprofit Organizations. San Francisco: Jossey-Bass, 1988.

者，各种政治力量和利益集团都会对公共部门战略规划的制定和实施施加影响。建立良好的沟通协调机制，争取广泛的支持，有助于战略管理的顺利实施。

（五）重视组织长期目标的设计

公共部门组织目标的模糊性一直遭到人们批评，事实上，由于公共组织的公共性，多重目标的特点似乎是不可避免的。要解决这个问题就应该超脱出具体目标的矛盾与冲突，从更为长远的角度出发，根据组织的历史背景，在对组织发展的未来进行预测的基础上设计出能反映组织长期发展方向和发展意图的长期目标。

本章小结

公共部门战略管理是指在符合和保证公共部门宗旨的条件下，在充分利用环境中存在的各种机会并创造新机会的基础上确定公共部门同环境的关系，使得公共部门的职能范围和发展方向得到合理的调整，使得公共部门资源目标和对策选择更为合理，以更好地向社会公众提供公共服务而进行的整体性谋划。公共部门与私人部门战略管理存在区别：在战略内容上，公共部门的战略管理比私人部门的战略管理更具广泛性和复杂性；私人部门的战略管理具有明显的竞争性，公共部门只是将竞争作为提高绩效的手段而非目的；私人部门的战略管理是一种微观管理，它追求的多是可衡量的利润；而公共部门的战略管理是一种宏观管理，其追求的多是人类的某些公共价值。战略目的上，私人部门战略管理的根本目的是追求利益最大化，而公共部门战略管理的目标是为了实现公共利益；在战略的制定实施过程中，公共部门会受到私人部门所没有的因素的制约。

公共部门环境的特殊性、交易的特殊性、内部管理的特殊性对公共部门战略管理都产生重要影响。对公共部门战略管理进行改进有以下几方面：战略管理思维比计划更重要；重视战略规划与战略实施间的有效配合；重视战略管理的实施；重视战略管理过程中良好的沟通协调机制的建立；重视组织长期目标的设计。

重要概念

战略　战略管理　战略规划　战略管理小组　SWOT 分析　战略议程　战略实施　战略控制

案例分析

【案例】“政绩工程”何时休

2004 年 11 月 1 日，通州区运河城市段（一期）河道整治工程正式开工。90 米宽的河道拓宽为200米，上届通州区政府投资8 000多万元刚建成的绿地、运河奥体公园和运河生态文化公园等项目的部分将被拆除。

2003年9月11日，经过一届政府5年的整治，断航百年的京杭大运河北京段重新通航。北运河将变成“清、流、绿，河道通航”的这个设想，在2003年9月大运河通航后似乎已得以实现，也成为当时通州区政府的一项政绩，在新闻媒体上做了报道。当时记者在新整治的通州运河旁看到，两岸绿树成荫，还不时有野鸭、水鸟从芦苇荡里飞出。而当年的政绩在今年的宣传中似乎已经不复存在，通州运河还将面临新的整治。

对这次整治，一位通州区政府前任官员说，1998年开始整治河道，区里投入8 000多万资金，建成了运河文化公园和奥体公园，如果就这么拆了，实在可惜。

运河治理建拆间损失千万

记者在随后进行的深入调查中得知，仅运河文化广场部分拆除就造成损失约千万元。另外，运河奥体公园、生态公园等被部分覆盖所造成的损失难以准确估量。

11月13日中午，通州运河生态公园中，数百人正在热火朝天地干活。在通州区绿化办工作人员的带领下，他们把园区内的树木一棵棵地挖出移走或者就地伐倒。

但是，这项“利在千秋”的工程刚刚建成一年，部分项目便被列入了拆除范围。一名绿化办工作人员说，去年，她还跟当地农民一起，在这里一棵棵种树。现在，他们又要亲手把树一棵棵地挖出或砍倒。

这是因为大运河通州段正在面临新一轮的改造工程。在新的改造规划中，除了运河生态公园之外，月亮河花园、运河文化广场和奥体公园等去年刚刚建成的项目都被部分覆盖。

短短几年时间，因为新一轮改造的实施，同一片地方便将历经这样一次建而又拆的变迁。

建设耗资2亿元

京杭大运河是让通州人引以为自豪的一条文化名河。对于大运河通州段的治理和规划，通州区历届政府都特别重视。

1998年，通州区政府开始对运河进行全面改造。此次改造耗时5年完成，建成项目包括：月亮河花园（私人投资）、运河文化广场、运河码头、奥体公园、运河生态公园。

此次改造中，通州区政府总投入在2亿元左右。其中，各主要项目投资情况如下：

运河文化广场，总投资5 000多万元。甘棠橡胶坝，总投资1 300多万元。运河奥体公园，5 000余万元。运河生态公园，3 000多万元……

2003年9月，运河改造完毕，媒体纷纷对此报道。当年9月11日，新华社记者在一篇消息中说：“大运河北京段经过北京通州区委区政府多年的清理整治，现在水多了，而且变清变绿了。”

运河整治完毕之后，2003 年 10 月，通州区新一届领导班子上任。

新领导班子上任不久，即启动了运河城市段规划建设等 70 项重点工程，运河城市段规划建设列在第一位。

2003 年 10 月 14 日，通州区二届区委 117 次书记办公会议提出，要采取国际招标的形式搞好运河城市段规划设计，要采取市场运作的方法对运河城市段进行统一开发。

2004 年 2 月，通州区和市规划委共同组织了运河城市段（一期）景观规划及城市设计方案国际征集活动，最终采用了上海同济城市规划设计研究院的“时空运河”的规划方案。

根据规划方案，在一期河道治理工程中，要将原河道从 90 米拓宽至 200 米，两堤间距调整为 300 米左右。

今年 11 月 1 日，改造工程开工。目前，对沿岸公共项目的拆除工作已经开始进行。记者了解到，仅运河文化广场的部分拆除，损失就约在千万。对于具体的拆除范围及可能造成的损失，记者进行了具体调查。

记者调查

● 运河文化广场：将有 5 万多平方米被拆。

根据运河文化广场管理处主任张瑞萍提供的资料，运河文化广场 2000 年 9 月建成并投入使用，目前是当地居民的主要休闲娱乐场所之一。东西宽 410 米，南北长 789 米，总占地面积 32.3 万平方米。

张瑞萍说，因运河水面将拓宽到 200 米，运河文化广场将被切进 70 米，拆除面积 5.5 万平方米。这个数字相当于现有面积的 17%。

根据该管理处一名工作人员的估计，此次拆除造成的损失在 1 000 万元左右。

● 运河奥体公园：损失不好估算。

11 月 12 日，记者在奥体公园看到，其中的 8 片门球场已被拆除，只留下一地的碎石块。

通州区体育局一名官员说，此次改造中，奥体公园里和门球场一样被拆的，还有一片滑冰场和健身器材园。

对于此次拆除所造成的损失，这名官员称，不好估算。

运河生态公园：树木被砍伐或移植。

11 月 15 日下午，通州区林业局林证科科长刘玉梅对本报记者说，园内砍伐的主要是柳树和速生杨，名贵的树木都要被移植。她掌握的数字是，生态公园移植的苗木有 10 多万株。

刘玉梅说：“生态公园里的柳树，经过林证部门批准移走的有 1 500 棵，批准砍伐的柳树有 2 000 多棵。别的数字不是很清楚。”

通州区绿化办戴副主任说，这次工程对沿岸造成的损失大约二三千万，但是，戴认为："从长远的发展看，该损失的就得损失。"

（根据载于2004年11月19日《京华时报》的《运河治理建拆间损失千万》和《改造规划延续性行争议》改编。）

【解析】

政绩工程，就是一些领导干部、政府官员为在任期间有所建树而实施的颇见成效的项目。应该说，这是一件好事。但一些政府官员把任期内所谓"政绩工程"，当做升官晋级获利的敲门砖，政绩工程也成了"形象工程"、"花架子工程"，"腐败工程"，他们不是从本地区的实际出发，而是滥用职权，随心所欲、好高骛远地实施一些带来轰动效应的项目，只看眼前效果，不顾长远利益，其结果是轰轰烈烈上马，凄凄惨惨收场，为官者脸上贴金，升官晋级，损失的是国家利益、集体利益和当地百姓的利益。这是一种劳民伤财的"政绩工程"。这种"政绩工程"与干部考评机制不够科学、权力滥用、权力腐败、缺乏监督、资金管理不严等都有很大的关系。如何克服这些问题，严防劳民伤财的政绩工程，是我们应探讨的主要问题。

众所周知，人的脸上是不能随意"打草稿"的。而人们的生存环境也是不能随意"打草稿"的，盲目地占用耕地、强迁强拆、随意重建、搞政绩工程，尤其是通州市的两次河道改造，无疑就是在"环境"这张脸上打草稿，其付出的代价是惨重的，损失是巨大的。

同步测练与参考答案

一、名词解释

1. 战略管理
2. 战略规划
3. SWOT分析

二、单项选择题

1. 下列不属于公共部门战略管理特性的是：（　　）。

A. 公共性　　B. 权威性　　C. 清晰性　　D. 参与性

2. 在引入新战略之前，确定战略方案的前提是：（　　）。

A. 必须确立战略议程　　B. 必须制定备选战略

C. 必须对战略方案实施可行性评估　　D. 必须进行环境分析

3. 下面选项中不是战略控制的步骤的是：（　　）。

A. 建立标准　　B. 环境评估　　C. 衡量成效　　D. 纠正偏差

4. 在战略的制定实施过程中，公共部门不受以下哪个因素制约：（　　）。

A. 资金制约　　B. 利润制约　　C. 法规制约　　D. 透明度制约

5. 哪个因素未对公共部门战略管理产生重要影响：（　　）。

A. 公共部门环境的特殊性　　B. 公共部门交易的特殊性

C. 公共部门组织的特殊性　　D. 公共部门内部管理的特殊性

三、多项选择题

1. 从战略决策的角度去界定战略管理，战略管理通常是指：（　　）。

A. 将对组织未来发展产生冲击的内、外环境进行分析的活动

B. 将整体组织与对其发生冲击的议题进行分析的活动

C. 关注组织目标以及发展方向的战略选择

D. 促进战略有效执行

2. 战略管理小组在整个战略管理的全过程发挥的作用是：（　　）。

A. 搜集信息和理念

B. 综合信息和理念

C. 根据标准确定行动的优先程度

D. 了解和把握公共部门的优势和弱势、机会和威胁

3. 公共部门战略管理进行环境分析的主要任务在于通过对组织内部形势和外部环境的系统分析以求：（　　）。

A. 了解公共组织的历史背景

B. 掌握公共部门内部的优势和弱势

C. 了解公共部门外部的机会与威胁

D. 掌握公共组织的特征

4. 确立公共部门战略议程的作用：（　　）。

A. 是战略管理的核心问题

B. 是无足轻重的

C. 对于实现组织的目标或理想有重大的影响

D. 可以帮助组织确定一个当前必须处理的议题

5. 战略实施的手段主要包括：（　　）。

A. 政治手段　　B. 法律手段　　C. 激励手段　　D. 组织文化

四、简答题

1. 简述公共部门战略管理产生的背景。

2. 简述公共部门与私人部门战略管理的区别。

3. 简述战略实施的手段。

五、论述题

1. 试述公共部门战略管理存在的问题。

2. 试述如何改进公共部门战略管理存在的问题。

参考答案

一、名词解释（略）

二、单项选择题

1. C；2. C；3. B；4. B；5. C

三、多项选择题

1. ABCD；2. ABC；3. BC；4. ACD；5. ABCD

四、简答题（略）

五、论述题（略）

第六章

CHAPTER SIX

公共组织管理

学习目标

通过本章的学习，掌握公共组织的概念、基本要素、特性、结构和体制；理解公共组织理论演进的历程及基本内涵；明确传统官僚组织的困境和现代公共组织设计的主要内容和方法。

重点难点提示

- 公共组织的特性和结构
- 公共组织的体制
- 公共组织理论的基本内容
- 传统官僚组织的困境
- 现代公共组织设计

第一节　公共组织概述

一、公共组织的概念

在现代社会中，组织所追求的目标有公共目标与非公共目标之分。据此，人们可以把组织划分为公共组织和非公共组织。这两类组织在基本目标、结构模式、运行方式等方面都有很大的差异，表现出各自不同的特征。

公共组织是以实现公共利益为目标的组织，它一般拥有公共权力或者经过公共权力的授权，负有公共责任，以提供公共服务、管理公共事务、供给公共产品为基本职能。政府是典型的公共组织。此外，以特定的公共利益为目标，为社会提供公共服务的非营利性的非政府组织，也构成了现代社会公共组织的重要组成部分。

公共组织是各类社会组织中一种极为重要的组织形态。它是社会组织中规模最大的组织，其管辖的范围涉及社会生活的各个方面、各种领域、各个团体。生活在现代社会中的每个人都直接或间接地受到各种公共组织的管理，接受公共组织所提供的各类服务。

公共组织一般有以下构成要素：

（一）公共管理者

公共管理者是公共组织的主体。在现代民主国家，公共管理者是指经法定程序进入政府、担任政府公职、行使公权力、并从事公务管理的公职人员。我们通常将公共管理者称为“公务员”。在我国，按照《中华人民共和国公务员法》的规定，公务员是指依法履行公职、纳入国家行政编制、由国家财政负担工资福利的工作人员。

（二）公共职位

公共职位是指符合一定规格标准的公共管理者所担负的职务和责任的集合体。在现代社会，公共组织通常实行职位分类制，公共职位是职位分类制度的基础。职位分类，是以职位为对象，以职位的工作性质、难易程度、责任大小、所需资格条件为评价因素，将职位划分为不同类别和等级，作为人事管理基础的人事分类方法。职位分类制以“事”为中心，每一职位有特定名称、内容、责任、工作标准、任职条件、晋升转任路线等。职位分类制与传统的品位分类制截然不同，后者以人为中心，注重职员的身份、地位、资历、学历、能力等因素。

（三）公共权责体系

权力与责任是一对孪生姐妹，二者相辅相成，不可分割。公共组织是错综复杂的公共权责体系。公共组织的设置、运行、监督都离不开合理、合法的权责划分。在现代社会，随着政治民主化建设的加快，公共权力和公共责任的重要性日益凸现。如何构建适度的公共权责体系，这已经成为备受关注的时代话题。

（四）公共组织目标

目标是行动的先导，也是公共组织的重要内容。组织目标描述了组织的期望状态，设定了组织优化的标准，并为组织成员规划了前进的方向。公共组织目标是一个“目标—手段”层级链，它包括不同层次的目标，形成了结构紧凑、层次分明的目标体系。

（五）公共组织机构设置

机构设置是公共组织改革的核心内容。公共组织机构是公共管理的载体，它与公共管理者、公共组织目标、公共职位、公共组织权责体系、公共组织法规等要素紧密结合在一起。公共组织机构设置要求根据组织目标和组织环境变化的需要而在公共组织内部进行适当的职能界定、数额规划、权责划分以形成具有一定管理幅度和管理层次的组织形态。

二、公共组织的特性

公共部门和私人部门的差异性决定了公共组织与私人组织具有本质上的区别。公共组织独具的特性可以归纳为以下几点：

（一）公共组织以追求公共利益为价值取向

公共组织从事活动的动机与目的是谋求社会的“公共利益”，一切措施都要顾及到全社会的公平与公正，争取以最好的服务赢得民众的拥护与支持。这一点与工商企业的动机与目的截然不同，企业追求的是“私人利益”，是眼前的、有形的、以金钱计算的利润。

（二）公共组织的活动既受法律规范的约束，同时又体现法律的权威性

一方面，公共组织的行为或活动如预算的编制、执行、人员的晋升，资源的使用等，必须在宪法或法律的规范下进行；另一方面，作为公共权力的执行者，公共组织的行为又具有法律赋予的强制性，如依法行政、依法征税等。这也是公共组织与私人组织的不同之处。

（三）公共组织的权威具有割裂性

许多公共组织除了要向上级行政单位负责外，同时也要考虑服务对象、立法机关、司法机关和其他人民团体的要求。一般说来，政治越民主的国家，越注重政治权威的分立和制衡。行政部门虽然较注重层级节制的权威，但相对地亦要接受来自于立法和司法部门以及辖区内人民和各利益团体的监督。

（四）公共组织受到高度的公众监督

公共组织因为基本性质是政治性的组织，其一举一动都必须接受来自舆论或民众的批评和监督，其所作所为好似金鱼缸里的活动一样，必须是公开的、透明的。现在，许多企业为建立良好的企业形象，也越来越公开其内部运作的情况，但其公开程度是远远比不上政府组织的。目前许多国家设立的“阳光法案”、公务人员的财产申报制度、重大公共工

程的公开招标，其目的就是为了引起公众的高度关切和对政府组织活动的严密监督，使公共组织的活动真正以民意为依归。

（五）公共组织间的相互依存性

公共组织中的各单位、各成员彼此是相互依存的，且其运作必须要在各级政府间的网络中折中协调，因为一个单位的工作必须在其他单位的配合下才能完成，因此，机关不能存有本位主义的想法，应打破藩篱，通力合作，以促进公共政策的有效执行。

（六）公共组织对政治文化因素的考虑

分析公共组织的目标和运作过程，如果忽略了其中蕴含的政治因素，就不能把握公共组织的本质规定性。公共组织的活动或行动必定发生在一定的政治背景下，其政策的制定，无论是文化的、教育的，还是经济的政策都具有政治上的意义，即使行政人员以其专业的标准处理公务问题，其所发生的后果也有政治上的影响。

（七）公共组织的目标大多模糊不清且不易测量

公共组织的目标是增进公共利益，但公共利益大多是抽象模糊的，实际上，它只是作为行政人员提醒自己负有公共责任以及必须为大多数人服务的一种符号象征。相对而言，私营组织的重要目标是创造企业组织的利润，员工的绩效是以其对组织所创造的利润为标准，由于利润是以金钱价值来衡量的，因此他们非常清楚自己的标准和绩效水平。然而，公共组织不仅目标模糊、不易测量，而且民众的期望很多，还会产生许多冲突和矛盾。

（八）公共组织的独占性

公共组织可以通过政治权威或公共权力的行使，提供某些具有非排他性、非竞争性的公共物品或劳务，由此形成公共组织在提供公共物品中的独占地位。但为了提高效率，对某些准公共物品或混合物品，如基础设施、医疗服务以及文化教育等领域，政府也可以鼓励私人组织参与生产或提供。

三、公共组织的结构

公共组织的结构是指公共组织各组成要素之间的排列组合方式，即构成公共组织的各部门、各职位以及各层次之间为管理公共事务而形成的关系体系。如果把行政组织比拟为活的有机体，那么组织结构就是其“骨骼”系统。公共组织的结构包括纵向结构和横向结构两个方面。

（一）公共组织的纵向结构

公共组织的纵向结构，又称结构的层级化。它是指公共组织内部按上下隶属层次关系而形成的一种等级结构。它的权力和职责从最高层向最低层沿直线分布。每一层级有自己的管辖范围、职责和权力，因而，所处的层级愈高，其管辖范围、职责和权力也愈大。它要求下级必须服从上级，听从上级的指挥、领导和命令。组织的信息沟通是通过逐级传递的方式实现的。

公共组织纵向结构的关键是确立各层级之间的隶属关系。要确定这一关系，就需要处理好管理层次和管理幅度这两个问题。管理层次是指公共组织中的层级数目，也称管理层级。按层级组建的公共组织，被划分为若干层次，形成一个等级分明的金字塔结构，处在塔尖的高层通过一个等级垂直链控制着整个公共组织体系。一般来讲，纵向结构的等级层次可以划分为高层、中层、基层三个基本层次。高层是组织的战略决策层，负责制定整个组织的目标、计划和政策，决定组织的大政方针，对整个组织起神经中枢作用。中层是组织的组织协调层，它在高层的领导下，制定所辖范围内的活动计划，将组织的整体任务和总体目标分解为许多具体方案、任务和目标，在整个组织中发挥承上启下、沟通高层和基层之间联系的作用。基层是组织的作业层，主要进行组织的业务操作。三个层次之间的协调一致是整个组织系统正常运行的重要条件。公共组织不同，其内部管理层次的多少也就不同，但一定要使所设置的管理层次的数目适当，层次过多或过少都会降低公共组织的运作效率。

管理幅度，又称控制幅度或控制跨度，指的是一个主管所能直接、有效地控制的下属的数目。管理幅度的大小既受主管人员精力和能力的限制，又受组织的性质、技术、工作特点以及管理对象能力和素质等因素的制约。管理幅度小，管理者对每一个下属部门、单位以及人员的直接领导作用就大；反之，管理幅度大，管理者对下级每一个下属部门、单位或人员的注意力和控制力就会减弱，所发挥的直接领导作用就小。

管理幅度与管理层次之间有密切联系。在一个特定的组织内部，这两者之间成反比关系。管理幅度增大，管理层次就会减少；反之，管理幅度缩小，管理层次就会增多。管理层次多，幅度小，公共组织就是尖型结构的；管理层次少，幅度大，公共组织就是扁平结构的。尖型结构是一种集权的结构，其优点是指挥链条严密，管理权力集中，分工明确，控制严格，便于整体协调和统一领导；缺点是上级管理者多，信息传播时间长，上级的决策意图容易走样，中下层部门或人员的自主性也难以发挥，影响其工作的积极性和创造性。扁平结构则是一种分权的结构，其优点是上级管理者少，信息传递快，上层的决策意图不易走样，下级部门和人员的决策范围广，有较大的自主性；缺点是上级的直接领导作用减弱，上下级之间协调性较差。在现实中，一个公共组织的结构往往不是纯粹的尖型或扁平的，而是综合型的，即组织中某些层次的机构管理幅度大，某些层次的机构管理幅度小。

（二）公共组织的横向结构

公共组织的横向结构又称部门结构，是指公共组织中处于同一等级的各组成部门之间的平衡分工、相互合作与协商的关系模式。横向结构的形成是由于管理工作的日益复杂、公共组织的日趋庞大所造成的，为提高公共组织的运作效率，不得不分设单位，分工管理。

公共组织的横向结构，可以按不同的标准进行划分，主要有：

1. 按区域划分

它是指按照管辖区域的界限划分公共组织，如我国省、市、县各级政府的划分。这种方法有利于某一区域内部事物的协调统一，也可以提高各地区部门的积极性；但其缺点是重复性机构增多，容易产生地方主义和区域部门权力膨胀、条块分割等弊端。

2. 按管理职能划分

它是指按照职能的界限把工作性质相同的业务划归给一个部门管理，如我国国务院根据职能划分的部门有计划部门、劳动人事部门、财政部门、司法部门等。这是目前应用最广泛的一种划分公共组织的方法。它的优点是能较好地体现专业化分工的组织原则，可以做到事权专一，职责明确，力量集中，有利于提高各部门的运作效率和工作人员的专业技术水平；缺点是容易形成本位主义。

3. 按行业和产品划分

它是指按照行业和产品的不同来划分公共组织，如我国各级政府中的经济部门，按这种方法设置水利部、农业部、信息产业部等。这种方法的优点是有利于发挥专业技术力量的业务特长；缺点是会造成机构的重叠设置，不利于整个公共组织系统的宏观协调。

以上各种划分并不是绝对的，各种方法均有利弊。在具体划分的过程中，可以相互结合起来使用，力求使公共组织的横向结构划分日趋合理化和科学化。

四、公共组织体制

公共组织体制是指公共组织结构中各层级、各部门之间关系法律化、制度化的表现形式，它是发挥公共组织整体效能的关键环节。公共组织体制主要有以下几种形式：

（一）首长制与委员会制

这是依据公共组织最高决策人数的不同来划分的组织体制。

首长制又称独任制、一任制，是指一个公共组织的最高决策权力和责任赋予首长一人单独承担的组织体制。其特征是，公共组织中的最高决策权归属于一位首长，由其发号施令，组织内其他核心成员只是首长的参谋或助手，仅起到咨询和建议作用。美国的总统制是首长制的典型。首长制的优点是：事权集中，责任明确，决策迅速，效率较高，避免相互推诿，减少不必要的冲突，易于保密。其缺点是：首长一人的知识、经验、精力有限，决策和处理问题可能欠周全，而且一人独揽大权，缺少监督制约机制，易导致独断专行。

委员会制，又称合议制，是指公共组织决策和管理权力由两人以上组成的委员会共同行使，按少数服从多数的原则集体决定、共同负责的组织体制。瑞士联邦政府是委员会制的典型。委员会制的优点是：可以集思广益，考虑问题较周详，便于彼此监督，防止专断和营私舞弊。其缺点是：责任不明，易于争功诿过；决策犹疑，行动迟缓，效率低下。

（二）集权制与分权制

这是依据公共组织上下级职权的大小来划分的组织体制。

集权制是指公共组织的一切事务的决定权力集中于上级，下级处于被动受控地位，凡事都依据上级命令或秉承上级指示办理的组织体制。集权制的优点是：政令统一，标准一致，力量集中，指挥灵便，可以防止地方分裂。其缺点是：上级权力过于集中，易导致独断专行；下级无权决定问题，主动性和积极性受到挫伤，往往消极待命。

分权制是指公共组织中的下级机构在其管辖范围内有较大的自主权，上级机构对下级机构权限范围内决定的事项不予干涉的组织体制。分权制的优点是：便于激发下级的工作热情，达到分工合作、分层负责的目的，使公共组织更富有弹性，能发挥组织的整体效能。其缺点是：如果过度分权，易导致下级机构各行其是，各自为政，政令难以统一，甚至导致各部门另立门户、分庭抗礼的恶果。

（三）完整制与分离制

这是依据同一层次上的各部门所受上级指挥和控制的不同来划分的组织体制。

完整制又称集约制、一元统属制，是指同一层次的各部门受同一上级机构或同一首长的统一指挥、控制与监督的组织体制。完整制的优点是：事权集中，具有统筹全局的计划与领导；责任明确，不易推诿拖延，可以消除各部门间的权力冲突和工作重叠，便于加强合作，提高效率并节省经费开支。其缺点是：缺乏权力制衡，容易导致独断专行，养成官僚作风，而且上级权力过大容易使下级机构丧失主动性和积极性，养成懒惰作风和依赖心理。

分离制又称独立制、多元统属制，是指同一层级的各部门受两个以上的首长或上级机构的指挥、控制与监督的组织体制。分离制的优点是：权力分散，相互牵制，防止专断擅权；各单位相互竞争，有利于提高工作效率。其缺点是：各自为政，政出多门，责任不明，相互推诿与扯皮。

（四）层级制与职能制

这是依据公共组织内部各机构的职权性质和范围来划分的组织体制。

层级制又称分级制、直线制、科层制，是指将公共组织体系进行纵向划分，每个层级的工作性质相同，各自对其上一层级负责，但管辖范围从上到下依次缩小的组织体制。例如，我国从中央到地方分为国务院、省（自治区、直辖市）、市（州）、县、乡（镇）五个层级。层级制的优点是：结构较为简单，事权集中，责任分明，联系简捷，决策迅速，政令统一，效率较高。其缺点是：结构呆板，缺乏弹性，无法适应复杂的环境变化，各层级管辖事务过多，主管在组织活动内容日益复杂化时难以胜任。

职能制又称分职制、分部制、幕僚制，是指在公共组织中按照不同的工作性质，从横向上平行地划分出若干部门，每个部门所管辖的业务性质不同，但管辖范围大致相同的组织体制。例如，我国国务院分设若干部委，它们的工作性质不同，但权力行使的范围均遍及全国。职能制的优点是：各部门业务专一，职责明确，有利于提高效率。其缺点是：缺乏合作精神，各自为政，协调困难，部门林立，难以形成组织合力。

第二节　公共组织理论的演进

公共组织理论的演进经历了一个漫长的发展过程，它与公共组织变革实践相伴相生。这里探讨四类公共组织理论——古典组织理论、新古典组织理论、人本主义公共组织理论、现代公共组织理论。

一、古典组织理论

古典公共组织理论兴起于19世纪末20世纪初，主要有韦伯的官僚制组织理论、科学管理学派组织理论、行政管理学派组织理论。

（一）官僚制组织理论

马克思·韦伯（Max Weber）是德国著名社会学家、政治学家、经济学家、行政学家，著有《社会组织和经济组织》、《新教伦理与资本主义精神》、《经济与社会》等。韦伯从权威入手，分析组织形态。他认为，传统权威、法理权威、超凡魅力权威三种权威类型，依次对应传统型组织、法理型组织和神秘型组织。其中，法理型组织即官僚制组织最有效率，理性官僚制行政管理最合理。韦伯勾画出的理想型官僚制组织有以下特征：

（1）在官僚制组织中，每一位成员都有固定和正式的职责并依法行使职权。

（2）层级节制的权力体系。科层组织中的每一个人，都明确地知道，该从什么人那里取得命令，并将命令传递给什么人。

（3）人员的工作行为以及人员间的工作关系，须遵循法规的规定，不得掺杂个人情感好恶。

（4）科层组织内的职位，按人员的专长做合理的分工，其工作范围和权责也以法律明文规定，在这种专业分工的原则下，职位的获得主要以技能为主。

（5）职业化倾向。

（6）人员的工作报酬也有明文规定，有固定的薪俸制度。

（7）注重效率。

（二）科学管理学派组织理论

美国人弗雷德里克·泰勒（Frederick Taylor）是科学管理的主要倡导者，被誉为“科学管理之父”，其著作主要有《计件工资制》、《工场管理》、《科学管理原理》等。泰勒以自己在米德维尔（Midvale）钢铁厂和伯利恒钢铁公司（Bethlehem Steel Company）的基层管理经历为基础总结出自己的组织管理思想，主要内容包括：

（1）科学管理的中心思想是提高劳动生产率。

（2）挑选一流工人。

（3）使工人掌握标准化的作业方法。

（4）刺激性工资报酬制度，即差别计件制。

（5）工人和雇主的“精神革命”。

（6）计划职能与执行职能分开。

（7）职能工长制。

（8）例外管理。

泰勒的科学管理思想为公共组织中职能部门的建立、管理专业化、高层管理者职能分工、公共组织结构调整、管理技术创新、薪酬制度改革等提供了有益的启示。

（三）行政管理学派组织理论

行政管理学派组织理论的代表人物主要有法约尔、古立克、厄威克等人。行政管理学派奉行“行政就是行政”，行政原则适用于所有机构。他们注重探讨和分析适用于所有组织的“行政原则”。

法约尔（Henri Fayol）是法国著名管理专家，著有《工业管理与一般管理》、《论管理的一般原则》、《国家行政理论》等。在《工业管理与一般管理》中，法约尔提出了工业企业的六类活动（财务、行政管理、会计、商业、技术、安全），行政管理的五项职能（计划、组织、指挥、协调和控制），行政管理的十四原则（劳动分工、权力和职责、纪律、命令统一、个人利益服从整体利益、报酬、集权、权力线、秩序、公平、人员任期稳定、首创精神、集体精神等）。他认为，原则是灵活的，可以适应一切需要，问题在于懂得使用它。

古立克（Luther Gulick）、厄威克（Lyndall Urwick）在《行政科学论文集》中提出“POSDCORB”管理原则，即 Planning（计划）、Organization（组织），Staff（人事）、Directing（指挥）、Coordinating（协调）、Reporting（报告）、Budgeting（预算）。他们崇尚经过分工和整合的组织，并认为组织整合的依据主要有 Purpose（目的）、Process（过程）、Person（人员）、Place（地理位置）。

总体说来，古典公共组织理论主张在劳动分工的基础上构建静态的、封闭的官僚制组织结构，致力于探讨普适性行政原则，用科学管理方法代替经验方法，以实现效率最大化。

二、新古典组织理论

新古典组织理论是在古典组织理论的基础上发展起来的。主要代表人物有福莱特（Mary Parker Follett）、梅奥（J. E. Mayo）、巴纳德（Chester I. Barnard）等人。20 世纪二三十年代，古典组织理论盛极一时，但也面临着一定的质疑和挑战，新古典组织理论应运而生。

（一）福莱特的动态组织理论

福莱特是美国著名管理学家、政治学家、哲学家、历史学家，著有《新国家》、《创造性经验》、《动态行政管理》等。在《新国家》中，她提出“群体原则”——只有在群体中才能发现真正的人，人只有通过群体才能发现自己的真正禀性，获得真正自由，释放个人潜能。相对于个人独立思考、感觉、行动的老观念，群体原则是一种“新心理学”。

福莱特认为，在组织内部，存在“建设性冲突”，应将冲突视为组织任何活动的正常过程。冲突并非就是斗争，它仅表明一种差别，即意见不统一或利益差别。冲突兼具破坏性和建设性，可能成为组织健康的标志和进步的象征。问题不在于是否存在冲突，而在于怎样发挥冲突的建设性作用。冲突的解决办法主要有压服、妥协、整合。

福莱特认为，组织运行的关键是个人和组织之间的协调。在协调过程中，组织应当让个人了解组织的总体目标，并使之成为组织全体成员的共同目标。为此，她提出组织四原则：第一，协调涉及一种情境下所有因素的交互联系；第二，通过直接接触实现协调；第三，协调应在早期进行，鼓励员工参与决策制定；第四，协调是一个连续的过程，将计划和执行分开。

（二）梅奥的社会人组织理论

梅奥是哈佛大学商学院教授，著有《工业文明的人的问题》、《工业文明的社会问题》、《工业文明的政治问题》等。通过费城纺织厂调查、霍桑实验、南加州飞机制造业调查等实证分析，梅奥提出了“社会人”理念，并指出“正式组织”和“非正式组织”的并存。梅奥认为，企业管理当局应当将组织视为一个社会系统，以解决正式组织所要求的“效率逻辑”和非正式组织所要求的“感情逻辑”之间的冲突。管理者应在实现经济目标的同时，致力于维持社会组织平衡，从而使个人在贡献其劳务以实现组织目标的过程中，满足个人需要，并愿意协作。这就要求培养和提高管理者的综合管理技能：一是理解人类行为的诊断技能；二是对工人进行咨询、激励、引导和信息交流的人际关系技能。

梅奥指出，管理存在三大问题：一是科技的运用，二是运作的有效安排，三是团队工作的组织和可持续合作。管理者经常偏重前两个问题，却忽视第三个问题，未重视非正式组织，忽视对人的需要的反应，引发忠于正式组织还是非正式组织之间的冲突。应当建立有助于确立合作性团体精神的环境，管理方法应以更有人情味的方式去关注人与社会的情感和态度。

（三）巴纳德的组织平衡理论

巴纳德是美国著名管理学家、社会活动家、企业家，著有《经理人员的职能》、《组织实践中的业务问题》、《管理人员能力的培养》等。在《经理人员的职能》中，巴纳德指出，组织是“有意识地协调两个或两个以上人的活动或力量的一个体系”，是由物质、技术、人和社会关系等部分组成的协作系统。组织三要素包括协作意愿、共同目标、信息交流。管理人员的职能在于：建立、维持和提供信息交流体系；促成组织成员提供必要的服务；提出和制定组织目标。同时，在组织内部，存在非正式组织，即一种不确定、没有固定结构和分支机构、没有固定形态、密度不断变化的集合体。

巴纳德提出了组织平衡理论。他认为，若组织提供的诱因与组织成员的个人贡献达到平衡或者超过其个人贡献，组织可以实现平衡而生存发展；否则，组织将衰弱乃至消亡。其中，诱因是指组织提供的吸引组织成员的因素，包括经济诱因（如工资、奖金、物品等）和非经济诱因（如晋升、荣誉、威信、权利、理想的满足、参与感、团结互助力等)。组织应当提供必要的诱因以满足组织成员的个人动机和需要。

另外，巴纳德还提出了“权威接受论”。他认为，权威是正式组织信息交流的一种性质，通过它的被接受，组织的贡献者或组织成员支配自己所贡献的行为，即支配或决定应为组织做什么，不应对组织做什么。命令是否有权威取决于接受命令的人，而非发出命令者，应当从组织成员是否接受命令、指示、建议等角度考虑权威。

总体说来，新古典组织理论基于古典理论，并对其加以创新和改进。新古典组织理论学派承认等级制的存在，致力于研究权力和权威，追求组织效率，从动态、系统的角度考虑组织。在“经济人”的基础上，他们引入“社会人”概念，认为“正式组织”和“非正式组织”并存。这就要求改善管理技能，调整组织结构，以实现组织动态平衡。

三、人本主义公共组织理论

20 世纪中后期，随着社会心理学、行为科学、公共行政学的发展，公共组织理论日益关注组织中人的社会心理因素、行为动机和需要、工作生活质量等方面，人本主义组织理论勃然兴起。人本主义组织理论的代表人物主要有马斯洛、赫茨伯格、麦克雷格等。

（一）马斯洛的需求层次理论

马斯洛（A. H. Maslow）是美国著名心理学家，人本主义理论研究的先驱，被誉为“人本主义心理学精神之父”，著有《人类动机论》、《动机与人格》等。马斯洛将人的需要归纳为五种类型：一是生理需要。生理需要是人类最基本的需要，必须优先满足。它是指维持人的生存需要，包括衣、食、住、行、性等方面的需要。二是安全需要，包括人身安全、财产安全和职业稳定。三是感情需要，即人对于友谊、爱情、归属的需要。四是尊重需要，包含受人尊重和自尊的需要。五是自我实现需要，即做与自己能力相称的工作，并充分发挥自身的潜力。这是人的最高层次的需要。

马斯洛认为，人的五大需要互相关联，按其重要性和先后次序，可以排列为需要等级层次。人的行为由五大需要所驱动，这些需要分层次，并从低级向高级演变。已经满足的需要不再起激励作用，只有未满足的需要才能起激励作用。

（二）赫茨伯格的双因素理论

双因素理论，又称“激励因素—保健因素理论”，它是美国的行为科学家赫茨伯格提出来的。赫茨伯格的主要著作有《工作的激励因素》、《工作与人性》、《管理的选择：是更有效还是更有人性》等。20世纪50年代末期，赫茨伯格和他的助手们在美国匹兹堡地区对二百名工程师、会计师进行了调查访问。访问主要围绕两个问题：在工作中，哪些事项是让他们感到满意的，并估计这种积极情绪持续多长时间；哪些事项是让他们感到不满意的，并估计这种消极情绪持续多长时间。结果他发现，使职工感到满意的都是属于工作本身或工作内容方面的；使职工感到不满的，都是属于工作环境或工作关系方面的。他把前者叫做激励因素，后者叫做保健因素。

保健因素是指那些与人们的不满情绪有关的因素，包括公司政策、管理措施、监督、人际关系、物质工作条件、工资、福利等。当这些因素恶化到人们认为可以接受的水平以下时，就会产生对工作的不满意。但是，当人们认为这些因素很好时，它只是消除了不满意，并不会导致积极的态度，这就形成了某种既不是满意、又不是不满意的中性状态。

激励因素是指那些能带来积极态度、满意和激励作用的因素。这是那些能满足个人自我实现需要的因素，包括：成就、赏识、挑战性的工作、增加的工作责任，以及成长和发展的机会。如果这些因素具备了，就能对人们产生更大的激励。

（三）麦克雷格的XY理论

麦克雷格（Douglas McGregor）是美国著名的社会心理学家和行为科学家，著有《企业人性的一面》、《管理哲学》、《职业经理》等。在《企业人性的一面》一文中，麦克雷格基于马斯洛的需求层次理论，提出了著名的X理论和Y理论。

X理论主张强化外部指挥和控制。该理论假定：① 人一般生来厌恶工作，只要有可能就想逃避工作；② 由于厌恶工作的人性假设，对绝大多数人必须用惩罚措施进行强迫、控制、指挥和惩罚；③ 人们希望逃避工作和责任，宁愿接受指挥；④ 多数人安于现状，抵制改革，容易受骗、盲从；⑤ 人大致可以分为两类，多数人符合上述假设，少数人能够克制感情、自我鼓励，后者能够负担起管理责任。基于上述假设，X理论认为，管理方法有两个极端，一是管理人员是严厉的或强硬的；二是管理人员是温和的或软弱的。

Y理论主张实行自我控制和自我指挥，以整合个人目标和组织目标，给下属广泛自由。该理论假定：① 人一般都是勤奋的，并非天生厌恶工作，如具备良好的工作环境和条件，人们工作就像游戏和休息一样自然；② 外部控制和惩罚并非实现目标的唯一办法，人们能自我控制和自我指挥；③ 对任务的承诺和完成任务的回报成正比；（4）人不仅接受工作，对工作负责，且寻求责任；大多数人在解决问题时，能发挥较高创造性和想象力；领导者的责任是创造适当条件以实现人们的聪明才智。

通过分析X理论和Y理论，麦克雷格主张实行管理创新。一是要分权和授权；二是要工作丰富化，扩大工作范围；三是要实行参与式和协商式管理；四是要鼓励职工对自己的工作成绩进行评价。

四、现代公共组织理论

随着经济的发展和社会的全面进步，公共组织不断变革，组织理论日益创新。现代组织理论内容广泛，具有代表性的理论主要有西蒙的管理决策组织理论、卡斯特、罗森茨韦克的系统权变理论、本尼斯的组织发展理论、彼得·圣吉的学习型组织理论。

(一) 西蒙的管理决策组织理论

西蒙是美国著名的行政学家、管理学家、经济学家、计算机专家、心理学家、数学家，曾获诺贝尔经济学奖等殊荣。他著述颇丰，主要有《行政行为—行政组织决策过程研究》、《管理决策新科学》、《经济学与行为科学中的决策理论》等。

在《行政行为—行政组织决策过程研究》中，西蒙提出："管理就是决策"。他猛烈抨击了传统流行行政原则的致命弱点，即"它们像谚语一样，总是成对出现。无论对哪一原则来说，我们都可以找到另外一条看来同样合理、同样可以接受的对立原则"。西蒙进一步发展了巴纳德的组织平衡理论，认为只有实现贡献和诱因之间的正差额，才能实现组织平衡。西蒙分析了组织参加者的类型，即特定服务提供者（如原料供应商），作为刺激因素的金钱和其他中性服务的提供者（如顾客）、时间和精力提供者（如雇员），以及组织影响成员的方式（含权威、沟通、培训、效率准则、组织认同）。

西蒙认为，组织层级结构包含上层、中层、基层。其中，上层是非程序化决策层，负责组织系统整体设计；中层是程序化决策层，负责管理生产和分配系统的日常工作；基层则是作业层，从事直接生产性业务，履行具体的操作职能。组织设计的基本任务在于提出构建组织体制和组织结构的原则，以提高组织管理效率。组织设计的出发点是，必须采取信息处理观点来看待组织，以提出组织设计的基本要求。组织设计必须应用"控制注意力"原则，有效利用组织的"注意力资源"，合理设计组织边界，使之有选择地注意和吸收那些为组织的长期战略决策所必需的信息，并将其及时传递给组织内部的相应部门，认真设计组织的信息处理系统和信息沟通网络。

(二) 卡斯特和罗森茨韦克的系统权变理论

卡斯特和罗森茨韦克是美国著名的管理学家。在《组织与管理》一书中，他们指出，组织是："① 有目标的，即怀有某种目的的人群；② 心理系统，即群体中相互作用的人；③ 技术系统，即运用知识和技术的人群；④ 有结构的活动的整体"。[①]

他们从系统的角度考虑组织。系统是由两个或两个以上相互依存的部分、成分或分系统组成的，并由可识别的界线与其环境超系统区分开来的有组织、单一的整体。作为社会分系统的组织必须在整个环境超系统下实现目标。组织隶属于环境超系统，包含目标和价值分系统、管理分系统、结构分系统、技术分系统和社会心理分系统。组织必须进行变

① 卡斯特，罗森茨威克．组织与管理．北京：中国社会科学出版社，2000

革，因为组织是一个不断与其环境互动的开放系统。这就要求发挥组织变革的动力作用，克服变革的阻力，实现组织与环境之间的动态平衡。组织变革的动力来自于环境、目标和价值、技术、结构和社会心理、管理、咨询人员等方面。

（三）沃伦·本尼斯的组织发展理论

沃伦·本尼斯是美国当代著名的组织理论专家和领导科学家，著有《领导》、《组织发展》、《变革组织》等。

本尼斯指出，组织是一种复杂的、追寻自己目标的社会单元。组织要生存下去，必须完成两项互相关联的任务：一是协调组织成员的活动和维持内部系统的运转。二是适应外部环境。第一项任务要求组织经由某种复杂的社会过程让其成员适应组织的目标，而组织也适应成员的个人目标，所以这一过程被称为“互相适应”、“内适应”或“协调”。第二项任务则要求组织与周围环境进行交流和交换，被称为“外适应”或“适应”。

本尼斯认为，在当代社会里组织用以实现上述两项任务的工具正是“官制体系”（即官僚制组织）。从纯粹技术意义上讲，官僚制是到目前为止最有效、最成功和最流行的组织工具。但是，本尼斯也指出，官僚制体系今后不可能继续成为人类组织的主要形式，因为官僚制组织用来对付内部环境和外部环境的方法及社会过程已经完全脱节。本尼斯预言在今后 25 年到 50 年里，官僚制体系将被埋葬。

本尼斯认为，未来的组织结构将是“有机—适应型组织”。这种组织结构不仅解决了组织适应环境的问题，而且解决了组织目标和个人目标的矛盾冲突的问题。

（四）彼得·圣吉的学习型组织理论

彼得·圣吉是当今世界最具影响力的管理大师。他在《第五项修炼：学习型组织的艺术与实务》一书中阐述了组织学习的思想。

学习型组织的战略目标是提高学习的速度、能力和才能，通过建立愿景并能够发现、尝试和改进组织的思维模式并因此而改变他们的行为。五项修炼的主要内容有“自我超越”、“改善心智模式”、“建立共同愿景”、“团队学习”、“系统思考”。① 自我超越（Personal Mastery）。“自我超越”的修炼是学习不断厘定并加深个人的真正愿望，集中精力，培养耐心，并客观地观察现实。② 改善心智模式（Improving Mental Models）。“心智模式”是根深蒂固于心中，影响我们如何了解这个世界，以及如何采取行动的许多假设、成见，甚至图像、印象。改善心智模式的技巧主要有辨认“跳跃式的推论”、练习“左手栏”、“兼顾探询与辩护”、正视“拥护的理论”与“使用的理论”两者间的差异等。③ 建立共同愿景（Building Shared Vision）。一个缺少全体衷心共有的目标、价值观与使命的组织，必定难成大器。共同愿景的整合，涉及发掘共有“未来景象”的技术，它帮助组织培养成员主动而真诚地奉献和投入。④ 团队学习（Team Learning）。“团体学习”是发展团体成员整体搭配与实现共同目标能力的过程，学习的单位是团体而不是个人。团体学习的修炼必须精于运用“深度会谈”与“讨论”。⑤ 系统思考（Systems Thinking）。系统思考是整合其他各项修炼成一体的理论与实务，防止组织在真正实践时，将各项修炼列为互不相干的名目或一时流行的风尚。

总体来说，现代组织理论日益注重组织平衡、组织发展、组织变革、组织学习等理念。随着公共管理环境的变革速度的加快，现代公共组织由封闭性组织变为开放性组织，组织结构、组织文化、组织制度、组织管理技术、管理行为等不断创新。

第三节　公共组织设计

一、传统官僚组织的困境

传统官僚组织虽然是一种理性的结构设计，但在预期的正面效果之外，也产生了始料不及的副作用。

（一）决策权威集中化造成管理的恶性循环

传统官僚组织的结构特色之一是决策权威的集中化，强调统一指挥、单一权威的原则。权力集中的现象反映主管对人员失控的忧虑和不信任。上级未能充分信任下属，则必然采取严密的监督方式，若采取严密的监督就势必缩小主管的控制幅度，而控制幅度的缩减则造成上下层级数的增加，因而促成机关的金字塔结构形态；层级越多，权力越集中，则上下沟通越困难，越无法相互了解，这样就加重了上级对下级失控的紧张和不信任以及管理上的恶性循环。

（二）专业分工原则的扭曲

科层体系的专业分工原则原是为发挥专才专用的效率结果，但也可能使垂直的权力斗争“水平化”。科层意识形态的消极表现为科层政府的“帝国缔造”、“本位主义”，或是“易增难减”；积极的表现则有将“科层决策模式”推向“政治权力决策模式”。

科层的水平权力争执加上上下层级的线型关系，将使组织内部、组织之间的网路联系更加困难，其影响包括中央政府各机关间的协调合作、各级政府间有关公共计划的管理、公私部门间的协作关系与公共服务的有效传输。

（三）制式化对组织效能的可能影响

传统的理论观点认为，机关的制式化程度与组织效能具有正向的线型关系。制式化是指借工作内容、程序或法规的标准化，用以确保人员行为的一致性。它除了可以确保工作行为的稳定性和可预测性，借以提高机关效率外，对外亦可维护公平处理的要求，因此，构成科层体系设计的主要原则。不过，随着机关的成长与行政环境的改变，制式化对组织效能也会产生种种不利的影响：其一为线性负相关，由于制式化容易压抑工作人员的创新动机，往往会造成效能不增反而下降；其二，制式化的努力虽然可以促成机关运作的理性化，并建立起合理的运作体制，使组织效能随之提高。但当体制作用超过其所能处理环境问题的能力时，科层的反功能就出现了，组织效能也就会随之下降。

（四）遏制组织学习

组织学习是组织发展和组织创新的一个条件，理论研究和经验表明，传统的科层组织存在着遏制组织学习和创新的趋向，这主要表现在：① 学习动机的钝化。传统组织习惯于例行公事，往往是以固定的反应模式来应付环境的冲击，从而造成组织成员学习动机的钝化。② 偏好经验学习。科层体系是从成功的经验中建立起决策的模式，是一种经验式的学习。经验式的学习崇尚“渐进法则”，习惯于用老办法来处理新问题，往往低估了行政环境变化的紧迫性，长此以往，就会使组织机能因因循守旧而逐渐钝化，应变能力差，使组织的危机处理能力下降。③ 形成组织学习的断层。根据阿吉利斯的研究，科层体系必然发展出自我防卫的组织文化：人们不是昧于事实强词夺理，想办法掌控全局以达到自己的愿望，就是逃避现实以求自身的安宁。

（五）科层价值与民主价值的冲突

传统官僚组织确实是一种进行管理的有效工具，但它与民主管理的理念却存在着一定的冲突。

从民主发展的过程来看，政治科层化所造成的精英统治、权力集中，与民主多数统治的原则是相背离的。民主的政体必须坚持被统治者同意的理念，但作为行政权力核心的科层文官却非经选举任用，他们只对科层体系负责，不受选民控制。再者，科层组织的集权结构，更能有效组织力量和资源，而多元化的、分散的政治主人，确实难与其抗衡。

科层体系穿透政治的手段是相当高明的。科层可以轻易地将所有的公众问题转换为行政技术予以处理，并以其理性中立的形象赢得民众的信任，从而展开与政治体系的对抗竞争。科层更能利用政务首长的专业知识限制，发挥其行政运作的战略地位，创造机关内部的“矮化政治”，借以谋取集团私利，而这种科层政治化的事实，外人是难以认识的。所以，科层政治化的结果，使科层的价值取向与民主行政的价值取向相背离。

二、现代公共组织设计

我们已经看到，传统的科层制结构设计已经越来越不能适应急剧变化的外部环境。为了造就更加灵活的组织结构，使组织能够对顾客、职员和利益相关者作出更好的响应，管理学者正在寻求各种创造性的方法来构建和安排组织中的工作。这里我们主要介绍组织设计中的现代观点，从而为高绩效公共组织的构建奠定基础。

（一）团队型组织

基于团队的结构是现代组织的一种类型，由于它可以高效率地完成组织的使命，使组织更加灵活，反应更加迅速，而受到公共部门和私人部门的青睐。所谓团队，是指一小群具有互补技能的人组成的任务小组，他们有共同的绩效目标和工作方式，并对其所负责领域的所有工作活动和结果负责。这种组织不存在从高层到基层的指挥链，团队员工可以以他们认为最好的方式来开展工作。这里对员工的授权很关键，因为通过授权可以将责任赋予第一线，使组织能对社会事务具有更快的响应能力。

跨职能团队是团队的典型代表，成员来自不同部门，具有不同的专业背景和技能，通过共同合作解决面临的问题，成员通常仍向原职能部门汇报，当然也向团队领导者报告。在一些大型组织中，团队组织通常与职能型等结构结合，使组织获得行政效率的同时，也能拥有灵活性。团队组织的主要优点是既保持了职能型结构优势，又消除了部门障碍，成员相互了解和协调，便于问题的快速解决。当然，团队也有不足，比如成员要面临双重领导的矛盾，协调可能会导致管理成本的增加等。

（二）矩阵和项目型组织

矩阵组织是指从各职能部门中抽调有关专家，分派他们在一个或多个由项目经理领导的项目小组中工作的一种组织结构。矩阵组织与团队组织有很多相近之处，不同的是，矩阵组织是针对某个特定项目而言的，一般有实施计划，要进行时间、进度或成本控制，以完成特定工作任务。

矩阵型组织的主要优点是可以高效率地完成某个具有限制条件的特定项目；其不足在于项目小组的成员要接受原单位和项目组的双重领导，有双重指挥链。所以，要使项目有效运行，项目经理应该与职能部门领导经常沟通、协调，来解决员工的问题。

项目型组织是更“新”的一种组织形式，在这种结构中，员工随着项目的完成持续地从一个项目小组变换到另一个小组。与矩阵结构不同的是，项目型组织结构中没有职能部门，项目结束后，成员不是回到原先部门，而是带着经验、技巧、能力，直接进入下一个项目。

（三）无边界组织

无边界组织（Boundless Organization）是现代组织的另一种形式，它是指组织横向、纵向和外部的边界不受某种预先设定的结构所限制的一种结构设计。横向边界由分工与专业化造成，其优点是专业技能的发展与完善，不足是职能部门之间协调沟通较为困难。纵向边界是将员工划分为不同层级而形成的，在形成指挥链和等级制的同时，也给员工的工作积极性带来了负面影响。外部边界是组织与顾客、供应者和其他利益相关者的隔离而形成的，组织在追求自身发展的同时，会忽视与组织相关的利益群体的发展和进步，最终也会对组织自身发展带来不利影响。

为了克服边界带来的障碍，造就更加灵活的组织结构，无边界组织可以采用跨职能的团队以及基于工作流程而不是基于职能部门的工作设计来减少横向边界的不良影响；运用跨层级的团队和参与决策等手段，来减少纵向边界的不良影响，使组织结构更加扁平化；通过战略联盟来减少与供应商之间的隔阂，通过价值链管理来减少与顾客的分离，使组织的外部边界逐渐消除，保持组织的灵活性和适应性。

（四）网络型组织

网络型组织是由两个或两个以上的组织为了某个特定目标而聚合在一起的联合或联盟型组织结构。它一般由核心组织和外围组织所构成，是私人部门和公共部门广泛采用的一种组织形式，比如没有自己工厂的耐克公司等组织，公司所要做的就是由经理小组创设一个关系网络，与独立的设计者、制造商、代理销售商等联系，按照合同执行相应职能。欧盟、北大西洋公约组织，以及一些社区或区域性具有自愿或协作性的组织也是网络型组织结构。

这种组织结构的优点是，具有极大的灵活性和弹性，可以对迅速变化的外部环境作出及时的响应，组织结构比较松散，有利于各部门的合作，能较好地发挥人财物的作用，一般都具有较高的效率；缺点是组织的协调任务比较大，可控性较差。

（五）学习型组织

所谓学习型组织，是指由于所有组织成员都积极参与到与工作有关问题的识别与解决中，从而使组织形成了持续适应和变革能力的这样一种组织①。在学习型组织中，员工们通过不断获取和共享新知识，参加组织的知识管理，并有意愿将其知识用于制定决策或做好他们的工作。这种能力无论对于私人部门还是公共部门都是至关重要的。可以毫不夸张地说，员工在工作中的学习以及知识的应用能力，将是组织保持竞争优势的唯一资源②。

什么样的组织才能称得上是学习型组织呢？我们首先来考察一下学习型组织与传统型组织的差异，见表6-1③。

表6-1　　学习型组织与传统组织对比

比较项目	传统组织	学习型组织
对变革的态度	只要事情还能运转就不要改变它	如果不改变，就运转不了多久
对新思想的态度	如果不能付诸实践，就不要理它	如果一再被实践证明，就不算新思维
谁对创新负责	研发部门	组织中每一个人
主要的担心	犯错误	不学习、不进步
竞争优势	产品和服务	学习能力、知识和专业技能
管理者的职责	控制其他人	推动和支持其他人

为了更好地理解学习型组织，下面我们从四个方面来考察其特征：

① Stephen P. Robbins. 管理学.（第七版）. 北京：中国人民大学出版社，2004

② 同上

③ 同上

1. 组织设计方面

在学习型组织中，要使组织产生更高的绩效，就需要成员能够跨越不同职能和不同层次实现信息共享，并就开展的工作进行积极的协作。所以，学习型组织首先应该是一个无边界组织，成员在这样一个无边界的环境中，可以自由地以他们认为最好的方式开展合作来完成组织任务。由于协作的需要，团队成为学习型组织的另外一个特征。这是一个被充分授权的团队组织，成员可以自行决定工作开展的过程、解决可能出现的各种问题，管理者的角色更多的是教练员、支持者和倡导者。

2. 信息共享方面

信息共享是学习的前提，学习型组织鼓励所有的员工都参加到知识管理中。所谓知识管理实际上就是培育一种学习氛围，使员工能够系统地收集知识并与其他成员共享知识，以改善组织绩效。比如医院的医生和护士们把他们处理过的不寻常的问题进行信息文档化，并将这些知识与组织所有成员共享，来改善其他成员的技能，从而提高整个组织绩效。为了实现有效的知识管理，就要求学习型组织建立快速、准确、公开的信息共享机制。

3. 领导力方面

领导在学习型组织中起着关键的作用，因为学习型组织的团结、协作和共同奋斗的气氛是要靠领导培育的，一个缺乏领导影响力的组织是难以成为学习型组织的。在学习型组织中，领导者的首要任务就是与员工一起建立共同愿景，并鼓励成员向着共同的目标奋斗。其次，领导者还要带头创造一种可以相互学习、相互协作的文化氛围。学习型组织文化的特点是鼓励交流、分享、创新和学习，组织成员有共同的奋斗目标，强烈的团体意识和信任感，不会担心因受到指责而放弃创新和学习，不会因为担心受到上司惩罚而固步自封、唯命是从。

本章小结

公共组织是以实现公共利益为目标的组织，它一般拥有公共权力或者经过公共权力的授权，负有公共责任，以提供公共服务、管理公共事务、供给公共产品为基本职能。公共组织体制主要有以下几种形式：首长制与委员会制；集权制与分权制；完整制与分离制；层级制与职能制；矩阵组织体制。

公共组织理论的演进经历了一个漫长的发展过程：古典公共组织理论主要有韦伯的官僚制组织理论、科学管理学派组织理论、行政管理学派组织理论。

传统官僚组织虽然是一种理性的结构设计，但在预期的正面效果之外，也产生了始料不及的副作用，主要表现为：决策权威集中化造成管理的恶性循环；专业分工原则的扭曲；制式化对组织效能的可能影响；遏制组织学习；科层价值与民主价值的冲突。现代组织设计的类型有：团队型组织；矩阵和项目型组织；无边界组织；网络型组织；学习型组织。

重要概念

公共组织　公共管理者　公共职位　公共权责体系　管理幅度　管理层次　首长制　委员会制集权制　分权制　完整制　分离制　层级制　职能制　矩阵组织　官僚制　科学管理学派　POSDCORB　社会人　正式组织　非正式组织　霍桑实验　组织平衡理论　权威接受论　需求层次理论　双因素理论　X－Y理论　系统权变理论　组织发展理论　学习型组织理论　团队型组织　矩阵型组织　无边界组织　网络型组织　学习型组织

案例分析

【案例】深圳市国税局创建学习型机关

深圳市国税局积极响应国家关于建设学习型社会的号召，把创建学习型机关纳入全局的整体规划，并将之与提高全体税务人员的行政执行力紧密结合，通过设置科学的人才发展、学习培训总体规划，多层次、多渠道地建立了税务干部教育培训体系，在组织系统营造了“学习成材、改革创新”的良好氛围。

为进一步在系统内部营造学习的氛围，使组织由传统组织向学习型组织转变，该局采取了以下举措。

（一）确立人才发展总体规划

早在2003年，深圳市国税局依据国家的方针政策，根据社会发展的趋势和纳税人的期望，积极探索税务机关的发展方向和税务工作基本要求，组织干部职工对单位愿景目标进行了认真和广泛的讨论。

经过多次论证和修改，广大员工在思想上逐步达成了共识，形成了“一个中心、两基建设、三个构建”的长远发展目标，即坚持以组织税收收入为中心，着力抓好管理基础建设和基层建设，加快“构建现代税务管理的信息化大厦，构建现代税务管理的纳税服务体系，构建现代税务管理的人力资源配置机制”。

（二）构建多层次培训体系

深圳市国税局全面实施大教育、大培训战略，在“没有学习力，就没有执行力”的培训理念指导下，将教育培训体系的建设作为推动队伍素质和能力提升的重要途径，注重培养队伍学习的持续力，并形成长效机制。

该局坚持从税务机关的实际出发，坚持面向基层、面向全员的方针，按照“干什么学什么，缺什么补什么”的要求，围绕提升员工素质和能力的目标，适应税收工作和队伍建设的需要，认真扎实抓好教育培训。

该局平均每年组织的各类教育培训班数量逐年递增，从2003年的18个，到今年已达到30个，内容涉及所得税、涉外税、出口退税、行政管理、后勤保障等各个方面。每个员工每年至少参加一次集中培训，有的员工一年参加培训达4~5次，极大地促进了干部队伍专业知识和专业技能的提高。

（三）建立科学的激励机制

为了形成科学、有效的激励机制，市国税局注重组织开展教育培训，营造自觉学习的氛围。为了鼓励员工参加各类社会培训，参加各种资格考试和职称考试，他们拿出政策，对符合条件取得相应学历和资格的人员按一定比例报销学费。近几年来，共有3 000多人次参加了相关院校的学历教育和各类社会培训。目前，全系统干部队伍具有大专以上学历的人数占总人数的90%，其中博士生10人，研究生193人，具有本科学历758人。

他们把激励机制的建设作为保持学习动力的一个重要环节。4年来，选拔各级干部都把干部能力考核放到一个突出位置。在干部队伍管理上，全面推行了绩效考核，将干部的工作表现、工作实绩等情况纳入考评范畴，每季度考核一次。绩效考核机制的实施，得到了国家人事部的高度评价。在教育培训上，实施了优秀者优先培训，对工作表现突出、业务考试优异的干部优先安排培训，为他们创造拓展的空间。该局还通过竞赛、考试、履历表现分析、单位推荐选拔等方式，建立了稽查人才库、征管人才库、反避税人才库和师资人才库，为一批基础扎实、综合素质过硬、工作业绩优异的干部实现了明确的能力定位。

（案例来源：薛岩松，邱法宗．公共管理．北京：中国纺织出版社，2006：82）。

【简要评析】

如何促使一个组织从传统组织转变为学习型组织呢？托宾提出了学习型组织建立的五项基本原则，一是每一个人都必须是学习者；二是组织成员要彼此相互学习；三是要通过学习促进变革；四是学习必须是一个持续的过程；五是学习是一项着眼于未来的投资，是不可以避免的消费。另外学习型组织的积极倡导者、美国管理大师彼德·圣吉也提出了建设学习型组织的五项修炼：一是要建立系统思维；二是要培养组织成员自我超越的精神；三要改变传统的心智模式；四要建立组织的共同愿景；五要形成团队学习。

中国创建学习型组织的活动开始于20世纪90年代中期，对于学习型组织，西方有一套较系统的理论，我国创建学习型组织主要借鉴西方国家的模式和成功经验，但迄今为止还缺乏一套权威的创建标准，因此，由于理论的缺失，我国各企业、机关在创建学习型组织的过程中往往出现“走马观花”、“形式主义”、“敷衍了事”，“装点门面”等问题。

【主要问题】

1. 试结合案例、提示，论述构建学习型政府组织的必要性及其对政府治理的影响。

2. 比照托宾、彼德·圣吉关于学习型组织的论述，你认为深圳市国税局创建学习型组织的举措还应该在哪些方面进一步完善、强化？

3. 如果你是某一公共行政组织的决策者，你会从哪些方面着手构建学习型组织？

同步测练与参考答案

一、名词解释

1. 管理幅度
2. 双因素理论
3. 权威接受论

二、单项选择题

1. 依据同一层次上的各部门所受上级指挥和控制的不同来划分的组织体制是：(　　)。

A. 完整制与分离制　　B. 层级制与职能制

C. 矩阵组织体制　　D. 首长制与委员会制

2. 提出“社会人”理念的理论家是：(　　)。

A. 古立克　　B. 厄威克　　C. 梅奥　　D. 巴拉德

3. 下列不属于人本主义组织理论的是：(　　)。

A. 系统权变理论　B. 需求层次理论　　C. 双因素理论　　D. X—Y 理论

4. “公共组织决策和管理权力由两人以上组成的委员会共同行使，按少数服从多数的原则集体决定、共同负责的组织体制”是（　　）的组织特征。

A. 职能制　　B. 分离制　　C. 分权制　　D. 委员会制

5. 下列不属于学习型组织的内容的是：(　　)。

A. “自我超越”　　B. “分权”

C. “建立共同愿景”　　D. “系统思考”

三、多项选择题

1. 下列属于公共组织基本要素的有：(　　)。

A. 公共职位　　B. 公共权责体系

C. 公共伦理　　D. 公共组织机构设置

2. 下列关于矩阵组织体制的陈述正确的是：(　　)。

A. 又称项目组织体制或专案组织体制

B. 由纵横两套管理系统组成

C. 能够广泛灵活地集中必要的人才资源和其他资源

D. 实行双重领导而容易指挥统一

3. 马克思·韦伯从权威入手，分析组织形态，认为权威类型应有：(　　)。

A. 传统权威　B. 政治权威　C. 法理权威　D. 超凡魅力权威

4. 行政管理学派组织理论的代表人物主要有：(　　)。

A. 法约尔　B. 古立克　C. 厄威克　D. 泰勒

5. 下列属于泰勒科学管理主张的有：(　　)。

A. 计划职能与执行职能分开　B. 职能工长制

C. 例外管理　D. 满足职工的精神需求

四、简答题

1. 简述公共组织的特性。

2. 简述管理幅度与管理层次之间的关系。

3. 简述韦伯理想型官僚制的组织特征。

五、论述题

1. 试述传统官僚组织的困境。

2. 试述学习型组织理论及其设计。

参考答案

一、名词解释（略）

二、单项选择题

1. A；2. C；3. ；4. D；5. B

三、多项选择题

1. ABD；2. ABC；3. ACD；4. ABC；5. ABC

四、简答题（略）

五、论述题（略）

第七章

CHAPTER SEVEN

公共部门决策

学习目标

通过本章的学习，掌握公共政策的含义、特征、要素以及公共政策环境；理解公共政策类型和公共决策模型；了解公共决策的运行过程；把握公共政策与公共管理之间的相关性。

重点难点提示

- 公共政策的特征
- 公共政策环境
- 公共政策类型
- 公共决策模型
- 公共政策运行过程
- 公共政策与公共管理的相关性

第一节　公共政策概述

一、公共政策的定义

公共政策，是指政府、执政党、其他管理社会公共事务的社会团体所制定的用以规范机关、团体和个人的行为准则，它具体表现为一系列谋略、法律法规、指令、措施、办法、条例、方针、路线等，并通过一定的政治行为表现出来。公共政策的要素包括以下几个方面：

（一）公共政策主体

政策主体又称政策活动者，是指为直接或间接地参与政策制定、执行、评估、监控、调整和终结的个人、团体或组织。任何公共政策都有特定的主体，主要包括官方政策主体（含立法机关、司法机关、行政机关、执政党）和非官方政策主体（含利益团体、社会中介组织、公民、企业、大众传媒等）。

（二）公共政策客体

公共政策客体是指公共政策所规范的对象，它不仅包括企业、非政府组织、个人，还包括政府机关本身。公共政策是客体的行动指南，它规定了哪些事可以做，哪些事不能做，具有一定的强制性、权威性和导向性。

（三）公共政策环境

公共政策环境是指影响公共政策运行的事物总和。政策环境就是指影响政策产生、存在和发展的一切因素的总和。公共政策环境主要包括政治环境、经济环境、社会环境、文化环境、自然环境、国际环境等方面。

（四）公共政策过程

公共政策过程主要包括政策制定、政策执行、政策评估、政策监控，政策调整和政策终结等阶段。

（五）公共政策目标

目标是行动的先导和指南，任何公共政策都具有特定的目标。按照目标的范围，我们可以将公共政策目标分为总目标、分目标和具体目标。

（六）公共政策方法

公共政策方法是指在公共政策实施过程中所采取的手段，以推动公共政策目标的实现。

二、公共政策的特征

虽然在实践过程中，每一项特定的公共政策都会表现出不同的个性特征，但作为管理公共事务的根本途径，公共政策在整体上仍然具有一些共性特征。

（一）阶级性和公共性

阶级性是指公共政策体现了统治阶级的意志，代表了统治阶级的利益。在当今世界范围内，实行政党政治的国家仍占了绝大多数，而在这些国家，为了维护执政党的统治地位及其所代表的特定阶层的利益，进一步巩固政权，制定公共政策首先就需要考虑到这一部分人的根本利益。因此，阶级性是公共政策所具备的根本属性之一。另一方面，公共性要求公共政策的制定和实行必须从整个社会的公共利益出发，为绝大多数人谋福利。公共政策的阶级性和公共性既对立又统一。

（二）合法性和权威性

公共政策是一个合法化的过程或结果，过程合法是指公共政策运行的各个环节都必须遵循规定的法律程序和行政程序，并得到社会公众的认同；结果合法是指为调整社会政治经济关系而产生的公共政策，其真正生效必须以符合宪法和法律规定为先决条件。公共政策的权威性与合法性密切相关，权威性以合法性为根本前提，公共政策只有具备了合法性才能体现其权威性，从而保证无论是受益方还是受损方，他们都必须接受或者服从公共政策。如果公共政策缺乏合法性和权威性，那么其制定和实施将无法得到有力保障。

（三）价值多元化和功能丰富性

决策层的价值观对于公共政策的目标确定和实际运行起着举足轻重的作用。就个体而言，决策层每一位政策制定者的价值观都会在一定程度上存有差异，不同的价值观偏好不同的公共政策，但最终产生的却只有一个。由此可见，公共政策是对不同价值观加以调和的产物，是决策者之间价值多元化的表现。不同的价值观导致不同的政策目标，而目标与功能又是相互联系的。在现实生活中，随着社会问题的日趋复杂，公共政策的目标设定日渐多样化，对公共政策的功能要求也因之不断丰富，以使公共利益能够得到最大限度的维护。从这个意义上来说，公共政策的价值多元化和功能丰富性是存在因果关系的。

（四）动态性

公共政策的动态性包括两层含义：第一，就公共政策的过程构成而言，总共包括了政策制定、执行、评估以及终止四个环节，它们在空间上是并行的，在时间上是继起的。第二，站在个体的角度，公共政策也是一个生命过程，具有时空的相对性，“再长远的政策也会随时过境迁而改变内涵，结果其原来意义上的生命”①。

三、公共政策类型

在公共政策文献中，人们从不同的侧面或以不同的标准对政策进行了分类。下面介绍若干种分类方法：

（一）总政策、基本政策和具体政策

从政策层次的角度，可以将公共政策划分为总政策、基本政策和具体政策三种基本类型。

总政策是一个国家或地区的带有全局性、根本性、决定社会发展基本方向的政策，包括总路线、总方针、总纲领、总政策、总任务、基本路线等。例如，以经济建设为中心，坚持改革开放，坚持四项基本原则，建设社会主义现代化国家，建立社会主义法治国家等是我国现阶段的总政策。

基本政策是次于总政策而在社会生活的各个领域、部门或方面起主导作用的实质性政策。一般可以将基本政策称为基本国策（有些总政策也被称为基本国策），例如计划生育（人口领域），环境保护（环境领域），政治和行政体制改革（政治领域），建立社会主义市场经济体制（经济领域），独立自主、和平共处（外交领域）等都是基本政策。基本政策处于政策金字塔的中间层次，是介于总政策和具体政策之间的中介环节。

具体政策处于政策金字塔的底部，是实现基本政策目标的手段，或说是基本政策的具体规定，是为落实基本政策而制定的具体实施细则。它体现基本政策的精神，其条文具体而明确，该干什么、不该干什么、怎样干等都有明确的规定。由于社会生活及社会活动极为纷繁复杂，因而具体政策的内容、形式也极为广泛复杂，每个领域、每个地方、每个部门、每个行业、每项任务都有大量的具体政策规定。

（二）政治政策、经济政策、社会政策和文化政策

按照所涉及的社会生活领域及其问题的不同，可以将公共政策划分为政治政策、经济政策、社会政策和文化政策。

政治政策就是政府处理政治问题或调整政治关系方面所采取的行动或规定的行为规范。属于政治领域的问题，有政治体制、政党、行政、人事、民族、阶级、国防、外交等问题，因而相应地就有政治体制政策、政党政策、行政政策、人事政策、民族政策、阶级关系政策、国防政策、外交政策等。

经济政策是政府处理经济问题或调整人们之间经济利益关系的手段。经济政策本身是一个庞杂的体系，从生产过程看，有生产、流通、分配和消费四种类型的政策；从产业部门看，有第一、二、三产业方面的政策，或工业、农业、商业等方面的政策；从经济领域

① 张金马．公共政策分析：概念·过程·方法．北京：人民出版社，2004

看，有财税、金融、产业、投资、贸易、分配等方面的政策。

社会政策是指政府用来处理狭义的社会（社会学意义上的社会）问题所采取的行动或行为规范，人口、环保、治安、社会保障以及社会救济一类的政策都属于社会政策的范畴。

文化政策即是政府用来处理文化问题以及发展文化事业方面的政策，包括科技、文教、体育、卫生等方面的政策。

（三）分配性政策、调节性政策、自我调节性政策和再分配性政策

根据政策对社会和有关人们之间关系的影响，可以将公共政策划分为分配性政策、调节性政策、自我调节性政策和再分配性政策四种类型。

分配性政策涉及将服务和利益分配给人口中的特定部分的个人、团体、公司和社区。这类政策有时为社会中众多的个人、团体提供利益；有时则仅为少数甚至一两个团体或单位提供利益。分配性政策只会产生得利者，而不会产生受害者，尽管的确有人（全体纳税人）付出代价。

调节性政策与将限制与约束加之于个人和团体的行动有关，它减少那些受调节者的自由和权力，这使它明显区别于分配性政策，后者的实施只会增加受调节者的自由和权力。这类政策的形成通常涉及两个团体或团体联盟之间的冲突，其中的一个团体试图将某种控制强加于对方。控制污染条例、反垄断法、食品和药品管理条例、消费者权益保护法等都属于这种政策。

自我调节性政策如同调节性政策一样，涉及对某一事物或团体的限制或控制，但这种政策与调节性政策不同，它不是别的团体强加的，而是受调节的团体主动要求，并作为保护和促进自我利益的手段而出现的。职业和专业营业执照发放就是这类政策的一个典型例子，某一专业或职业团体从政府部门中寻求关于营业执照发放的立法。

再分配性政策涉及政府在社会各阶级（层）或团体中进行有意识的财富、收入、财产或权利的转移性分配。如累进所得税、向贫穷开战、医疗照顾计划以及其他社会保障措施都属于这类政策的范畴。由于这类政策直接涉及财产和权利的再分配或调整，因此，它的制定和执行往往会引起激烈的争论和冲突。

四、公共决策模型

管理学家们在研究决策理论的过程中，一直尝试着能够摸索出决策过程存在的共同规律和特征，并试图建立一个统一的模型来表示，作为决策过程的参考和依据。下面介绍五种典型的决策模型：

（一）理性决策模型

1. 完全理性决策模型

完全理性决策模型基于古典经济学理论和统计决策理论，假定决策主体是“经济

人”。经济人致力于追求收益最大化，“政府应当选择给社会带来的收益最大限度超过成本的政策”①。根据经济人假设的条件，理性决策模式具有以下特点：第一，决策者面临既定的问题，该问题可与其他问题相区别，或至少相对其他问题而言是重要的。第二，引导决策者作出决策的各种目标、价值，目的明确，可以按其重要性加以排列。第三，处理问题的所有备选方案被决策者一一考虑。第四，决策者对备选方案可能出现的后果进行调查、研究和预测。第五，每一备选方案及其后果可以与其他方案相比较。第六，决策者将采纳足以实现其目的、目标和价值最大化的备选方案。

2. 有限理性决策模型

有限理性决策模型由西蒙提出。按照完全理性决策模型，经济人在决策之前，全面寻找备选方案；经济人考察每一备选方案的全部复杂后果；经济人具备一套价值体系，以从全部的备选方案中选取能够实现价值最大化的方案。事实上，由于“知识的不完备；预测未来的困难；备选行为范围的有限性”等原因，经济人并不存在，客观理性不可能实现，因为：第一，按照理性的要求，行为主体应具备关于每一抉择的后果的完备的知识和预见；事实上，对后果的理解总是零碎的。第二，由于后果产生于未来，在给它们赋予价值时，必须凭想象来弥补当时所缺乏的体验；可是，对价值的预见不可能完整。第三，按照理性的要求，行为主体要在全部备选行为中进行选择；事实上，人们只能得到备选行为方案中的少数几个。为此，西蒙以“行政人”代替“经济人”，以有限理性决策模式代替完全理性决策模式。经济人与真实世界的一切事务打交道，寻求最优；行政人则认为，自己头脑所感知的世界是对纷繁芜杂的真实世界进行简化处理后的模型，行政人寻求满意。

（二）渐进决策模型

渐进决策模型由美国著名学者林德布洛姆（Charles Lindblom）提出。他认为，公共政策是政府过去行为的延续，是对原有政策的边际性微调。要求从若干相差不大的政策方案中，比较利弊得失之后，选取其中较好的方案。被选中的方案只是对现实中被执行的政策进行微调。渐进决策的优点有：第一，决策所选择的方案与现实情况相差不大，可以预测。第二，当一时不大清楚人们的需求时，渐进方案会以不断尝试的方式，找出一种满意的结果。第三，易于协调各种相互冲突的目标，不会因为远离原有目标，扰乱目标间秩序。第四，渐进方式可以帮助人们检验所做的抉择是否正确，特别是在复杂的条件下，可以孤立某些因素，权衡利弊。第五，渐进方式比较稳妥，容易控制，能够及时纠正错误，不会造成大起大落的情况。渐进分析层次包括简单的渐进分析、断续的渐进分析、策略分析。

（三）系统决策模型

系统决策模型是由美国政治学家戴维·伊斯顿（David Easton）提出的一个决策模型。

---

① 托马斯·R·戴伊．理解公共政策．华夏出版社，2004

它是一种把政府决策视为政治系统，对来自外在环境需求作出反应的决策模型。伊斯顿认为，政治系统由一个社会中那些可识别、同时又是相互关联的机构和活动组成，可以作出对社会具有约束力的权威性决定（或价值分配）。公共政策（政府决策）就是由政治系统根据外在环境输入的要求、支持和反馈，综合平衡后而输出的一种结果。

系统决策模型虽然没有很好地说明一项决策到底是如何作出的，但它能很好地说明政治现象的复杂性和动态性。不管在什么环境中，它都可以解释复杂的社会现象。如果环境稳定，需求和支持变化不大，政治系统只需渐进地修改公共政策的内容；在环境快速变迁时，需求和支持变化很大，为了能够适应环境变化，获得自身生存的需要，政治系统必须彻底改革，使系统的产出，即公共政策符合新的需求和支持。由此可见，系统决策模型具有广泛的适用性。

（四）集团决策模型

集团决策模型是将决策看成是集团斗争的产物。这是美国政治学家 D·B·杜鲁门提出的一个决策分析模型。他的观点集中反映在 1971 年出版的《政府过程》一书中。

集团决策模型的基本假设是：现实政治生活中存在大量的利益集团，这些集团之间的相互作用和斗争是政治生活中的根本事实。由于这些利益集团各自代表不同的利益群体，因此，它们在对待同一个决策时会有不同的态度，有时甚至会有截然相反的态度。同时，这些集团在规模结构和活动方式上是各不相同的，因此，对政府决策的影响力也是不一样的。而政府就有必要从相互冲突中进行选择，因此，集团便成为个人与政府间的重要桥梁。政府决策过程实际上是团体间争取影响政策的过程，在这种影响之下，政策便成为各个利益集团之间竞争后所造成的均衡。这种均衡的结果，集中反映了各利益集团之间的相对影响力。这种影响力一般由若干因素决定，如集团成员的数量、内部的凝聚力、社会地位、领导能力的大小与组织结构，以及与决策者的关系等。一旦这些因素发生变化，公共政策也随之会发生变化。

（五）精英决策模型

精英决策模型是将政府决策看成是反映占统治地位的精英们的价值和偏好的一种决策理论。其主要观点是，公共政策是由占统治地位的精英们而不是人民大众通过他们的需求和行动来决定的，然后才由政府官员和机构予以执行。

对于精英决策模型，托马斯·戴伊（Thomas R. Dye）与哈蒙·齐格勒（Harmon Zeiger）认为：公共权力的分配是不公平的，社会上只有少数人掌握着公共权力；公共政策往往由这些掌握权力资源的精英来制定，他们往往代表社会中经济地位较高的那些阶层；而绝大多数人则处于无权和被支配的地位，他们的要求往往在公共政策中得不到反映。而由非精英人物向精英人物的转变相对来说需要一个较长的时期，这就避免了社会秩序因此而受到破坏，并且非精英人物要成为精英人物往往必须接受精英人物的共同价值观，才能顺利进入精英集团，所以从这一点来说，精英人物的社会基本价值取向总体上是相同的，在维护符合他们利益的社会基本制度方面的意见也是一致的。在精英人物和人民群众的关系上，精英人物处于社会的统治地位，下层群众一般不能影响精英人物的观点和意志，却深受精英人物的影响。

上述各种模型虽然都有一定的局限性，但在一定意义上为我们理解决策过程提供了有效的方法。

第二节　公共政策运行过程

一、政策问题的确认

（一）政策问题的确认过程

公共政策问题与个体、集团、政府部门、政府行动、政府议程有关。它是通过个人与团体提出的、属于政府某些部门权限范围之内的、能列入政府议程的、必须采取行动的社会问题。

1. 问题察觉

问题察觉是问题的开始阶段，它是指某一问题被发现，值得政府给予更多的关注并且可能采取行动的过程。在问题的察觉过程中，人们要认识问题的情景，以便对问题进行明确的界定。

2. 问题界定

问题界定是对需要解决的政策问题所作的特定解释，把问题情境转变为实质问题。在选择界定问题的概念结构时，界定者会受到其自身的观念、意识形态的制约。因为一个问题之所以成为政策问题，与决策者所处的文化背景有密切关系。

3. 问题陈述

问题陈述是运用一些可操作性语言，如数学模型，把实质问题转化为一个详细和特殊的形式问题的过程。但运用数学模型进行问题陈述有时会存在一定的困难，如结构不良的政策问题，在实质问题与形式问题代表的模型之间的关系，可能非常模糊。

政策分析者在确认政策问题时，应该解决的重要问题是：如何使建构起的实质问题和形式问题能够符合最初的问题情境。政策分析的中心要点是：如何构建实质问题与形式问题，使其足以代表问题情境的复杂性。

（二）确定政策议程的策略

美国学者科布根据政策问题的提出者在议程中的不同作用，以及扩散其影响力的范围、方向，把政策议程分为三类：外在提出型、政治动员型、内在创始型。

1. 外在提出型

政策问题的察觉和提出者是执政党和政府系统以外的个人和社会团体，它表达或提出了某个要求，企图把问题扩散到社会上其他的团体之中，使该问题获得公众议程的地位，给决策以足够的影响力，使问题能够进入正式议程，以引起决策者的慎重考虑。依据这种模型建立的政策议程一般需要经历较长的时间。但是，政策问题列入正式议程的议事地位，并不意味着就是政府的最后决定，更不能说明实际执行的政策就是提出者最初要求的，它有可能被部分否定，或经过大幅度的修改。

2. 政治动员型

主要是政治领袖自己提出政策问题，并把它列入政策议程的过程。当政府宣布一个新政策时，就等于将这个问题列入了正式议程，而且它也可能是政府的最后决策。此时，政策已被决定，之所以还要建立政策议程，是为了寻求社会大众的理解和支持，以便使之较好地理解和贯彻政策。该模型旨在说明决策者为了执行行政命令，如何将问题从正式议程扩散到公众议程。

3. 内在创始型

内在创始型是指政府内部的一些官员试图将某一项政策主张列入政府议程的情形。主要内容是：政策建议或政策方案起源于执政党或政府内部的某个单位，或者起源于接近于执政党和政府的某个团体；问题扩散的对象是与这个团体或单位有关系的团体或单位，而不是一般公众；问题扩散的目的是形成足够的压力或影响，促使政策制定者将问题列入正式议程。在此过程中，社会大众的直接参与不多，是因为提出者不希望把问题列入公众议程中，而是希望凭借自身力量直接将问题纳入正式议程。

上述三种政策议程的模型是最典型的模型，在实际政策议程建立的过程中，它们往往会形成各种各样的组合。

二、政策规划

政策问题确认之后就转入政策规划阶段。政策规划是政策制定环节的核心。政策问题只有经过政策规划才能形成政策方案，并最终得以解决。

（一）政策规划过程

政策规划（Policy Plan）也称为政策构建（Policy Formulation），它有狭义与广义之分。狭义的政策规划是指在建立有关政策议程后，为了实现一定的政策目标，公共权力组织尤其是政府组织力量设计和评估政策方案与行动步骤的过程。从广义来看，它还包括政策问题界定、目标确定、政策抉择等步骤。这里是就其狭义概念而言的。

政策方案设计包括方案轮廓和细节设计两步：

1. 政策方案轮廓的构想

这是方案设计的第一步，也是政策规划中关键性的一步。政策方案轮廓的构想也就是运用创造性思维，设计出多种实现政策目标的思路和方案轮廓。政策方案的轮廓至少包括行动原则、指导方针、基本措施和政策发展阶段等主要内容。

它主要涉及两个方面的内容：一是为了达成既定目标，可设计方案的大致数量；二是各种方案轮廓的构想，避免出现包含与被包含的情况。

这时所应该遵循的原则主要有：首先是保证方案的多样性和全面性；其次是思维方式的综合应用，包括经验思维、理性思维和直觉思维等；再次是创新性。

2. 政策的细节设计

就是将政策方案具体化，确定实现政策目标的各种措施，如政策界限的规定和相关机构的设置、人员配备和物资经费的保证等。

轮廓设想需要的是勇于创新的精神和丰富的想象力，而细节设计需要的是冷静的头脑和求实的精神，要就方案的各个细节进行严格的论证、反复的计算和仔细的推敲。当然，不是对所有的备选方案都要进行细节设计，而是在初步筛选之后，淘汰掉那些明显不合实际的方案，然后进行细节设计。

对政策方案进行细节设计，应视政策的层次而定。如果设计的政策属于基本政策，就应考虑各地区的差别，只能作一种概括性较强的、抽象程度较高的政策规定。而对一些专业性较强的政策，则细节可设计得详细一些。在方案的细节设计中，应掌握好“细”或“具体”的尺度。

（二）政策抉择与政策合法化

在对各备选方案进行后果预测之后，要对各方案进行评选，以抉择出最佳方案或满意方案。这是政策制定的关键阶段。

公共政策的抉择，就是由公共政策的制定者根据政策规划建议和要考虑的相关事项，按照一定的决策制度和程序规定，对决策有关政策问题的行动方案作出选择的过程。这一过程是公共政策制定过程中最具有实质性意义的阶段。从实质上说，公共政策的抉择实际上就是将有关政策加以合法化的过程。

政策合法化是指法定主体为使政策方案获得合法地位，依照法定权限和程序所实施的一系列审查、通过、批准签署和颁布政策法规的行为过程。

政策合法化的程序是指政策方案获得合法地位的步骤、次序和方式。从理论上说，政策规划阶段结束后才进入合法化过程。实际上，不同的政策方案、不同的合法化主体，往往会导致不同的合法化程序。这主要表现在行政程序和立法程序两个方面。

三、政策执行

（一）政策执行的含义

政策执行是政策执行者通过建立组织机构，运用各种政策资源，采取各种执行手段，将政策规划的内容由观念转化为实际效果，从而实现既定政策目标的活动过程。

我们可以从以下几个具体方面来理解政策执行：

首先，政策执行是一系列的活动过程。公共政策执行本质上是遵循政策指令所进行的变革，是为了实现政策目标而重新调整行为模式的过程，是将一种政策付诸实施的各项活动。

其次，政策执行的指向是实现政策目标。公共政策执行是各个政策方案被采纳之后，把政策内容转变为现实的过程，也就是政策目标得以实现的过程。

再次，政策执行有特定的执行主体。

最后，政策执行要建立组织机构，利用政策资源，运用各种手段。

公共政策执行是政策过程的一个重要组成部分，是实现政策目标的最直接阶段。

（二）政策执行的环节

政策执行过程主要包括以下环节：

1. 政策宣传

政策宣传是政策执行过程的起始环节和一项重要的功能活动，政策执行活动往往是由许多组织、人员一起协作完成的。要使政策得到有效执行，就必须首先统一人们的思想认识。

执行者只有在对政策的意图和政策实施的具体措施有明确的认识和充分了解的情况下，才有可能积极主动地执行政策。政策对象只有在了解了政策的目的、措施和步骤之后，才有可能自觉地接受和服从政策。因此，政策执行机关要努力运用各种宣传工具，宣传政策的意义、目标，宣传实施政策的具体方法和步骤，为正确有效地执行政策奠定良好的基础。

2. 政策分解

政策分解就是制定政策执行的计划，它是实施政策的另一项功能性活动。政策往往只是指出政策目标的基本方向，比较抽象，要使政策顺利进行，就必须在这些基本原则的指导下，对总体目标进行分解，编制出执行活动的“线路图”，明确工作任务指向，使执行活动有条不紊地进行。

3. 物质与组织准备

物质准备就是作好必需的财力（经费）和必要的物力两方面的准备。组织准备是建立精干高效的组织机构、配备称职的领导者和政策执行人员，制定必要的规章制度，使人力、物力、财力得到最合理的运用。

4. 政策实验

政策实验既可以检验政策，发现政策偏差，及时修正和完善政策，又可以从中得到带有普遍意义的东西，如实施的方法、步骤、注意事项等，为政策的全面实施取得经验。尤其是那些涉及全局的重大政策、非常规政策、带有风险性的政策，受各种因素制约，难以进行精确定量分析的政策，结果难以预料、后果影响深远的政策，都一定要进行政策实验。政策实验一定要按照科学方法进行，其步骤一般包括选择实验对象、设计实验方案、总结实验结果三个阶段。

5. 全面实施

政策的全面实施是政策执行过程中操作性、程序性最强，涉及面最具体、最广泛的一个环节。全面实施政策要求严格遵循政策执行的基本原则，充分发挥政策执行的功能要素，以保证政策目标的圆满实现。

四、政策评估与监控

政策评估是特定组织为了判断政策结果，实现政策目标的程度，依据一定的标准和程序，对政策过程、政策结果及政策价值进行测评和判断的一种政治行为。

（一）政策评估的过程

政策评估是有计划、有步骤进行的一种活动，一般可分三个阶段，即评估的组织和准备、评估的实施以及总结和撰写评估报告。

1. 评估的组织和准备

周密的组织和准备工作，是政策评估的第一个环节。在组织准备阶段，主要任务有：第一，根据理论研究以及实际工作的需要，确定评估对象，也就是说要确定评估什么政策；第二，针对所要评估的政策，根据实际需要或有关部门的要求，明确评估目的；第三，根据评估目的，确定评估标准，选择适当的评估方法；第四，制定评估方案，明确评估的时间、进度，以及评估经费的来源和使用等情况；第五，确定和培训评估人员。

2. 评估的实施

利用各种调查手段全面收集有关政策制定和执行的第一手材料，并在此基础上进行系统的整理、分类、统计和分析，采用恰当的评估方法，根据评估标准，对政策的制定和执行情况作出客观、公正的评价。在实施过程中，评估者要始终坚持材料的完整性和分析的科学性，要力求避免各种主观因素的影响，以期全面反映政策的实际效果。

3. 总结和撰写评估报告

总结是通过对政策评估活动的全面回顾，评价政策制定和执行中的优点和缺点，以便总结经验、吸取教训，为以后的政策活动提供借鉴。

撰写评估报告是将评估结论以书面报告形式反映出来，提交有关政策参与者或实际部门，使其应用于以后的政策实践，为实现政策的科学化服务。除了对政策本身进行评判外，评估报告的内容还应包括对以后政策的建议以及对评估过程、评估方法和评估中的一些重要问题的必要说明等。

（二）政策监控

政策监控是政策监督与控制的总称，是为了实现政策的合法化与保证政策的贯彻实施而对政策的制定、执行和终结等活动进行监督与控制的过程，其目的在于保证政策系统的顺畅运行，提高政策制定与执行的质量，促进既定政策目标的实现和提高政策效率。

政策监控是政策过程的一个基本环节或功能活动，它贯穿于政策过程的始终，制约和影响着其他环节，起着重要的作用。在政策过程中，可能会出现政策方案不完善、滥用政策或执行不力等情况，直接影响到政策本身的质量及政策执行结果。因此，必须对政策过程的各个环节尤其是政策的制定和执行加以监督和控制，以保证制定出尽可能正确的政策，保证正确的政策能得到贯彻实施，及时发现并纠正政策偏差。

政策监督分三个步骤：首先，建立必要的制度、法规，明确职责。制度、法规是政策监督的依据和标准，政策监督的实施必须以制度、法规的订立为前提。

其次，监督政策系统的运行情况。各种监督机构应密切注意了解政策系统运行尤其是政策执行情况，掌握有关信息。

再次，对违背、践踏现行政策的行为予以惩处，纠正政策偏差。

政策控制的程序由三个步骤组成，即确立标准、衡量绩效和纠正偏差。标准是衡量政策的实际效果即绩效的尺度，政策控制的终极目的在于政策目标的实现，因而政策目标是政策控制的根本标准。绩效的衡量就是在政策的实际运行过程中，随时监控政策运行的情况，将实际结果与预定的目标或期望的结果加以比较，及时发现偏差。纠正偏差包括确定偏差的类型、程序，找出偏差产生的原因，采取救治的措施，再对政策加以调整。

五、政策终结与周期

（一）公共政策的终结

政策终结是政策运行过程的最后一个环节。通过政策评估，决策者就面临着对政策去向的判断和选择：有的政策任务没有完成，需要继续维持；有的政策目标已经实现、问题已经解决，因而已没有继续存在的必要；有的政策根本不能解决所面对的问题，就需要进行革新或用新的政策来代替。如果决定终止某项政策，那就意味着该项政策生命过程的终结。

政策终结在政策过程中具有重要的意义。一项多余的、不必要的或无效的政策若不能及时予以终结，则不但会浪费宝贵的资源，还会耽误解决政策问题的时间，并危及政府在公众中的形象。

从整个政策过程来看，政策终结发生于政策评估之后。一般而言，以下几种情况会导致政策终结：

（1）政策成功，即政策使命的结束。一项政策实施一段时间后，政策决策者发现政策目标已经实现，政策问题已获得解决，政策已经没有继续存在的必要。

（2）政策失败，即失误政策的废止。通过评估，政策决策者发现所执行的政策是无效的或失效的，无法解决所面临的问题，如继续执行，将会带来危害，必须终止原政策。

因此，所谓政策终结，就是政策决策者在对政策进行慎重的评估之后，采取必要的措施，以终止那些多余的、不必要的、无效的政策的一种行为。

（二）政策周期

政策本身是一个运动过程，旧的政策逐渐终结，新的政策不断产生，形成政策循环往复、生生不息的周期。政策周期的研究，将有助于防止政策僵化，促进新政策的产生。

所谓政策周期，指的是公共政策的主体与客体以及作为它们之间互动结果的政策过程所经过的一个循环。它以政策过程的完成阶段即政策的调整或终结为标志，往往是一个周而复始、连续不断的循环过程。

政策周期由于所涉及的范围不同，可以分为以下三种：

1. 阶段性政策周期

这是最常见的一种。有学者认为，一项政策经过制定、执行、评估、监控等阶段以后，必然有一个终止阶段。正是从对政策的这种阶段性分化的研究中，人们提出了政策周期的概念，其内涵是指：政策经过制定—执行—评估—监控—终结这几个阶段后形成了一个周期。同时，它还表明，新的政策往往不是凭空产生的，它常常是原有政策的延续，是为了适应新情况对原政策加以修改或调整的产物，从而形成政策的一个新周期，实现新老交替循环。

2. 功能性政策周期

功能性政策周期主要是针对政策的执行阶段而言的，因为政策执行是阶段性政策周期中最活跃、最丰富、最复杂，也是最关键的环节。任何一项政策的执行都有其功能性的生命周期。一般认为，这个周期有四个阶段：第一阶段，执行的政策起着积极促进作用；第二阶段，执行的政策的主流起着积极作用，但支流已经开始产生副作用；第三阶段，政策的主流开始发挥副作用，可能有部分支流起着积极作用；第四阶段，执行的整个政策都在发挥着副作用，说明这时的政策应该予以终结而代之以新的政策。一般认为，在第三阶段政策的失效不断增加时，应及时提出新措施，修正原方案，在必要时制定出新政策取而代之。

3. 反复性政策周期

反复性政策周期是就一系列政策循环而言的，它指的是在一定的时间范围内，同样或相似的政策过程有规律地反复出现，这是我们通常所理解的政策周期的含义。反复性政策周期的存在从客观上说是由于政策主体或客体的周期性更迭变化。

由于政策周期还意味着新旧政策的循环，因此，政策周期理论的研究还包括对新旧政策之间关系的研究。例如，旧政策成功或失败的原因是什么？导致失败或成功的具体因素有哪些？新政策应如何吸取旧政策提供的经验教训？通过对上述问题的研究，使政策在新一轮的周期中不致重蹈覆辙，更好地解决社会问题。通过对新旧政策更替中承上启下、周而复始、螺旋式上升等发展变化现象的研究，促进政策效率的提高。从这个意义上说，研究政策周期的目的，就是为了缩短政策周期，促进政策在相对较短的时间内实现政策目标，同时也为新一轮周期的开始奠定一个良好的基础。

第三节　公共政策与公共管理的关系

一、公共管理与公共政策的相关性

公共政策作为公共管理的重要组成部分，是公共组织管理公共事务，实现价值目标的主要方式。公共管理包括一系列的价值取向——公共性、公平、正义、法治、责任和效率等。而公共政策是这些价值的重要实现方式和途径。

（一）公共政策与公共管理的价值相关性

1. 学科渊源

在传统公共行政时期的欧美国家中，市场经济已有较充分的发展，对公共行政的研究偏向于将其作为一种管理手段；而公共政策则更多地作为传统政治学视角中的立法、司法、行政、政党等组织运行输出的产物，较多地体现其法律性、普遍性和强制性。换言之，公共政策研究比公共行政更多地偏向政治。随着政策科学的兴起，人们对公共政策的重要性的认识日渐清晰；政策分析更关注分析的方法与数字，更关注公共政策的构建及其对社会的实际影响。而自20世纪40年代起，公共行政学发展最为重要的变化是价值反思的出现。从赫伯特·西蒙和罗伯特·达尔对传统行政的批判，到20世纪60年代末新公共行政标树旗帜宣示其对政治与行政两分和效率至上的批判，强调对民主行政和公共行政价值伦理的关怀，公共行政与公共政策所关注的价值日益相近。进入20世纪80年代以来，新公共管理的发展使政策科学与行政学有了更为一致的发展趋势。公共政策的伦理和价值再次成为公共政策科学的主题之一。公共政策在公共管理中的作用以确认公共管理存在政治过程为基础，成为现代公共管理的重要组成部分。同时，公共政策与公共管理的关系已在更深层面上引起了人们的关注，人们需要更多地从理论和实践的结合中去探讨前者对于后者重要的支撑和实现作用，探讨如何实现这样的作用。

2. 公共政策在公共管理中的功能与地位

公共政策在现代公共管理中应主要发挥以下几方面功能。

（1）引导功能。公共政策的引导功能，是指政策能够引导社会公众和事物的发展方向，使其趋向于政策制定者的期望目标。从性质上看，引导功能主要包含制约性和激励性两方面的内容，并通过影响各种政策资源在时空上的布局和流向上的变化来达到优化资源配置的目的。从类型上看，引导功能可分为直接和间接功能、正向和负向功能等。公共政策可以通过两条途径发挥其引导功能：第一，确立恰当的社会价值观念，使公共政策得到公众的普遍认可，规范他们的行为，指引其发展的正确方向；第二，整合各种复杂多样、相互冲突的目标群体的利益，求同存异，确定合理有效的综合目标体系。

（2）调控功能。公共政策的调控功能，是指政策能够借助法律、经济、行政和道德规范等各种手段，调控社会公共事务中产生的种种利益矛盾。调控功能的特征主要表现为互动性和多样性，公共政策的调控行为实际上是一个调控—反馈—再调控—再反馈的循环往复的过程，同时，在该过程中使用的调控工具又是多种多样的。调控功能可分为对外调控、对内调控和互相调控功能，事前调控、现场调控和事后调控功能等。公共政策的调控功能必须由调控主体在明确目标、调控标准和原则的前提下，借助掌握的偏差信息和相应的政策工具和手段才能得以真正发挥。

（3）分配功能。公共政策的分配功能，是指政策能够通过政府的社会再分配职能，在一定历史时期的特定分配原则的指导下，对新创造的社会价值在不同社会成员之间进行重新分配以实现预期目标。总的来说，公共政策所要遵循的分配原则可以大致分为三类：第一类是效率优先而兼顾公平，第二类是公平优先而兼顾效率，最后一类是效率与公平同等视之。显然，对于每一个国家来说，在不同发展阶段其政策目标也不尽相同，选择的分配原则自然也会有所差异。公共政策发挥分配功能的两大根本途径是利益的集中和分散，从而在最大限度上满足相关利益各方的愿望，体现他们的意志。

（4）创新功能。公共政策的创新功能，是指政策能够在其自身活动过程中，通过不断引入新思想、新方法、新观念和新方案来完成对自己的更新和完善，以便能在协调社会政治经济关系和满足社会需求方面更加得心应手。如前所述，从本质上讲，动态性是公共政策的基本特征之一，而始终处于动态变化之中的公共政策必然会在合理利用原有政策资源的基础上，对自身能力寻求更高层次的突破。释放已有能量，充分挖掘潜能，创造新的能力，这就是公共政策在功能上的创新性。

（二）通过公共政策实现公共管理价值的途径

公共政策对实现公共管理的价值具有重要意义，具体而言，其实现途径主要体现在实现公共管理价值导向与建构公共管理运作平台两个层面。

1. 实现公共管理的价值导向

公共政策的价值是公共政策主体对公共政策价值关系、价值创造活动及结果的反映，并由此形成较稳定的心理取向、评判标准和行为定势。公共政策的价值应与公共管理的整体价值相一致。公共政策通过外化的形式，使公共管理的整体价值得以具体的体现和实现，因此，公共政策通过价值导向实现公共管理的价值。

公共管理的价值观具体来说就是人们认可的公共管理的方向、原则和标准，也就是在公共管理过程中人们对正义、公平、责任性与服务性等基本理念的认同和实践。对公共政策主体而言，通过公共政策的实施实现公共管理的价值需要对上述价值和理念有正确的认知、情感和态度，并把这些价值和理念体现于公共政策之中。共同的价值观是公共政策过程得以顺利推进的保障。对于公共政策对象——公众而言，公共管理的价值观体现在具体的政策实施过程中公众心理与行为对公共政策认可和支持的程度，并由此直接影响到他们对公共管理主体的认可、支持和信任的程度。公共管理的价值观在公共管理过程中居于核心地位，它必然会对政府公共政策规划的目标和方向产生基础性、规定性的影响。

在对具体政策的价值分析的基础之上，在现实公共管理过程中，公共政策的价值观导向作用还表现在对价值观的整合上。公共政策主体与公共管理主体在相当程度上是一致的。价值观整合的过程是公共政策主体通过决策这一公共管理的重要机制，为整体和具体的公共管理活动提供了指导性思路；公共政策过程通过制度性规范实现公共管理价值观的整合。通过这些方式的整合，公共政策及公共管理的价值得以实现。

2. 建构公共管理稳定的运行平台

公共政策是公共管理的重要的和主要的组成部分。公共管理系统性的运行活动包括计划、组织、指挥、控制、协调等多个功能环节，而所有这些都是决策和实施决策的过程。因此，从这一意义上，西蒙说："管理就是决策。"[①] 公共政策过程即公共政策制定、执行、反馈和评估的过程，以构建起能实现公共管理这些功能的稳定平台。

（1）公共决策是公共管理的起点。整个公共政策过程构成公共管理的重要路径。政策问题的产生、政策制定、政策沟通、政策执行、政策评估的过程是一项公共决策的系统工程。通过这个过程，公共组织与外部环境（政策对象与政策环境）之间进行信息交换与互动，不断地进行政策输入与输出、再输入、再输出的循环。依据这一路径，公共管理不同领域中的目标在公共政策过程中的不同阶段被分解为具体的管理目标，形成操作性的管理活动，以实现公共利益。

（2）公共决策贯穿公共管理过程的始终。公共决策不仅为公共管理的展开提供了起点，而且公共管理的其他环节也包含着决策活动，从而构成了行政决策。在现代社会，两者的边界已很难明确区分，公共决策和行政决策已经渗入公共管理的细节之中。如在公共管理过程中一旦由于实际环境的变化出现与预期相偏离的情况，某一方案的执行过程要及时进行纠正。这本身就是再决策的过程。从这个意义上说，公共管理与公共决策存在着互相渗透的密切关系，公共管理的实际运行是一系列公共决策的结果。

（3）公共决策是公共管理履行各项功能的基础。公共管理要为实现管理目标作出计划安排，要为实现目标动员、整合各种资源并组织相应的人员、机构，要建立统一有效的指挥与领导中心，要对管理过程的各种行为进行控制，要使相关的不同机构、人员间分工合作并协调它们的相互关系。这些功能的履行都要以公共决策为基础，都要形成系统的管理过程，以实现高效的管理。

从根本上说，实际上，在现代社会公共生活的生产和再生产的过程中，即人类的社会

---

① 赫伯特·A. 西蒙. 管理决策新科学. 北京：中国社会科学出版社，1982

性、生物性的生产和再生产的过程中，人们在对于所需资源的获取、生产、分配或交换的过程中，会在不同范围内和层面上产生冲突和矛盾，需要必要的、适当的公共政策对之进行规制和调节。而正是这种所有公共政策形成和实施的过程，构建了公共管理的运行平台。

本章小结

公共政策，是指政府、执政党、其他管理社会公共事务的社会团体所制定的用以规范机关、团体和个人的行为准则，它具体表现为一系列谋略、法律法规、指令、措施、办法、条例、方针、路线等，并通过一定的政治行为表现出来。公共政策的要素包括公共政策主体、公共政策客体、公共政策环境、公共政策过程、公共政策目标、公共政策方法等方面。公共政策的类型有：总政策、基本政策和具体政策；政治政策、经济政策、社会政策和文化政策；分配性政策、调节性政策、自我调节性政策和再分配性政策等。有五种典型的决策模型：理性决策模型（包括完全理性决策模型和有限理性决策模型）、渐进决策模型、系统决策模型、集团决策模型、精英决策模型等。

公共政策运行过程包括政策问题的确认、政策规划、政策执行、政策评估与监控等几个环节。公共政策在现代公共管理中主要发挥的功能是：引导功能；调控功能；分配功能；创新功能。通过公共政策实现公共管理价值的途径是：实现公共管理的价值导向；建构公共管理稳定的运行平台——其内涵包括：公共决策是公共管理的起点；公共决策贯穿公共管理过程的始终；公共决策是公共管理履行各项功能的基础；正是这种所有公共政策形成和实施的过程，构建了公共管理的运行平台。

重要概念

公共政策　总政策　基本政策　具体政策　分配性政策　调节性政策　理性决策模型　完全理性决策模型　有限理性决策模型　渐进决策模型　系统决策模型　集团决策模型　精英决策模型政策问题　政策议程　政策规划　政策评估　政策监控

案例分析

【案例】民间独立研究是国家决策科学化的保障

——对话印度政策研究中心主席西瓦教授

在印度公共政策制定中很有影响力的西瓦教授（Sivaramamakrishnan），参加了北京和上海的一系列学术交流活动。西瓦教授曾任印度中央政府的国务秘书及世界银行顾问，现任“印度政策研究中心”（Center for Policy Research，India）主席。以下是南方周末记者郭宇宽与西瓦教授的对话。

独立于政府的政策研究机构必不可少

听你的机构的名字，很多人会以为这是一个政府部门。

西瓦：当然不是，我们的影响力，恰恰因为我们不是政府的机构。政府里面也有一些研究性质的机构，但政府框架内的研究容易带有部门利益的色彩，无法保证中立，如果只有他们的声音，很难保障公共政策的制定过程能够符合公共利益。

你们的机构在创建之初就独立于政府么？

西瓦：是的。我们当初就是为了能在政府之外有不同声音，所以几个学者，其中既有政府部长级的退休官员，也有海归学者，一起发起了这样一个政策研究机构。

当时注册困难么？

西瓦：不困难，印度法律保障了民间结社和组织的自由，你只要凑上7个人，组织个什么政党也没关系，政府无权阻止你注册。

你们享受免税政策么？

西瓦：当然，我们是非营利机构，也就是说，我们筹集的资金都是用于研究的，包括研究人员津贴，并不给投资者带来盈利。而且因为我们从事的政策研究有利于公益事业，我们就说服政府减免税费，以在当时非常低廉的价格，卖给了我们一块小小的土地，盖了我们的办公楼。

能不能举一个例子，同样的研究如果独立于政府的部门，会起到什么不同的作用？

西瓦：这样的例子太多了，除了政府特殊利益以外，政府的角色也注定了它的很多研究很难作出成绩，比如印巴问题就比较棘手；印度和孟加拉经常为了水资源问题产生纠纷，政府也很难作客观的研究，它必须在选民面前作秀，因为在民主国家，如果一个政治家在国家利益上对邻国态度不够强硬，往往会被国内骂作卖国贼。但如果两国的政治人物都这样作秀，问题就永远没法解决，甚至可能发展出地区冲突。这时候我们这样的研究机构就能发挥政府起不到的作用，我们可以和别的国家的专家学者、研究机构心平气和地坐下来谈，我们没有面子的包袱，可以充分地讨论出大家都能接受的建设性方案，再回过头来影响各自的国会和政府，这样实现双赢。这种民间工作是政府替代不了的。

公信力是我们的生命

你们的运作资金有多少？来自何处？

西瓦：资金都来自于研究项目，我们的研究员自由规划自己的研究项目，然后向外面的基金会，包括政府和各种机构申请研究经费。这几年的经费大约每年有3 000万卢比左右。

我们都知道吃人家的嘴软，你们从政府拿钱，还怎么保证你前面说的中立呢？

西瓦：一是项目我们必须自己主导，如果资助有可能干扰我们的独立性，我们就不会接受。而且这些年来，我们获得的政府资助控制在10% ~20%之间。我们有一个共识，就是既要和政府保持接触，又不能让自己依赖乃至受制于政府。

能举个例子，你们是怎么和政府博弈的么？

西瓦：比如最近中央政府要搞一个知识经济委员会，由社会各界的精英组成，负责设计如何推动印度的知识经济政策。我们的一位资深研究员也是这个委员会的委员，但是最近一位部长跑出来指手画脚，于是尽管辛格总理都表示挽留，我们这位研究员还是坚持退出这个委员会。因为我们政策研究的独立性是不容干涉的。

那你们做的事情会不会引起政府反感，给你们穿小鞋？

西瓦：他们高兴不高兴，这不是我们考虑的问题，我们角色不一样。我们现在做的一个项目就是监督印度国会，定期出报告，跟踪国会议员的提案和进展情况。就是监督这些国会议员究竟在给老百姓做什么事。有些人可能会很紧张，害怕在选民面前暴露自己的无能。但我前一段时间听国会里几个议长级的领袖说，当然他们也不会公开支持，不过私下对我们的人说，你们的报告对于推进国会议员改善工作很有好处。

会不会有一些商业部门希望通过你们的政策研究来起到游说作用？

西瓦：当然有，印度从事政策游说的机构也很多，有一些是比较公开的，不过这和我们机构的宗旨不符，我们不会沾边。

但是你们的研究经费要向外部筹集，资助者难免带有自己的利益，他们会潜移默化地影响你们吗？

西瓦：要说绝对没有影响可能不现实，但资助我们研究的人或者机构都必须认同我们独立研究的理念，否则就不可能合作。如果我们破坏了这个游戏规则，我们这个机构存在的价值就会受到社会的质疑，如果失去了公信力，很难想象我们这样的机构还能生存下去。

用理性的声音来影响公共意见

作为一个中立独立的机构，你们靠什么途径来影响政策制定？是不是需要和政府保持非常密切的联系，包括和一些有实权的政府官员建立私人关系？

西瓦：早年这种情况比较普遍，研究机构往往靠自己与政府官员的私人关系才能影响到政府的决策。以至于很多研究机构积极地邀请退休官员加盟，主要是利用他们的人脉关系，过去曾经有人笑话一些研究所成了退休官员疗养院。

不过现在情况已经变了。代议制民主的深入，使得政治家不得不去聆听人民的声音，所以今天印度的政策研究机构并不特别需要去游说政府采纳自己的研究成果，我们的研究成果可以通过研究者个人的影响力和公信力辐射出去，大多数研究成果可以在媒体上发表，或者出版成书籍，我们有一些研究员还经常被电视台邀请作为嘉宾。只要你的研究扎实，公众觉得你的政策建议言之有理，那么公众意见就会受到影响，反过来就会作用于立法机构和政府部门。

（资料来源：郭宇宽．民间独立研究是国家决策科学化的保障．南方周末，2007 年 7 月 26 日。）

【问题】

公共政策民间研究机构有哪些特点？对我国公共决策的民主化、科学化有何启示？

【解析】

民间政策研究机构在西方叫智库（Think Tank），又称思想库，兴起并繁荣于 20 世纪 70 年代。美国智库最为发达，目前全美大约有两千多个，仅华盛顿特区就有一百多个。它们对政治和社会生活有着特殊的影响力，故被称为除立法、行政、司法和媒体以外的“第五权力中心”。从这篇对话中我们可以总结出这类政策研究机构的特点：第一，非政府性。这类机构不是政府部门，也标榜不代表任何地区、行业或社会集团的利益。第二，非营利性。研究机构的宗旨不是为了赚钱获利，研究产品也不直接转化为财富。第三，公信力。坚持独立研究的立场，并使自己的研究成果对公共政策适时产生影响。

就我国而言，现有公共政策研究机构多具有官方或半官方的身份，而民间研究力量还不够强大，仍有较大发展空间。随着政府职能的转变，科学化、民主化决策成为政府部门普遍遵循的原则，科学决策往往离不开独立、公正的决策咨询，因此，必须推动这类具有中立立场的民间政策研究机构的快速发展。

同步测练与参考答案

一、名词解释

1. 渐进决策模型
2. 分配性政策
3. 政策周期

二、单项选择题

1. 下列不属于政策议程类型的是：（　　）。

A. 外在提出型　　B. 政治动员型　　C. 内在创始型　　D. 外在创制型

2. 下列关于政策执行的含义陈述错误的是：（　　）。

A. 政策执行无须建立组织机构　　B. 政策执行是一系列的活动过程

C. 政策执行的指向是实现政策目标　　D. 政策执行有特定的执行主体

3. 西蒙提出有限理性决策模型，其对人性的假设前提是：人是（　　）。

A. 经济人　　B. 道德人　　C. 社会人　　D. 行政人

4. 关于渐进决策模型以下不正确的陈述是：（　　）。

A. 渐进方式是一种次优的决策模式

B. 渐进方式可以帮助人们检验所作的抉择是否正确

C. 渐进方式比较稳妥，容易控制

D. 渐进方案会以不断尝试的方式，找出一种满意的结果

5. “公共政策是对全社会的价值做权威性的分配”这一定义的提出者是：（　　）。

A. 托马斯·戴伊　　B. 詹姆斯·安德森

C. 哈罗德·拉斯韦尔　　D. 戴维·伊斯顿

三、多项选择题

1. 下列属于公共政策的要素的是：（　　）。

A. 公共政策环境　　B. 公共政策过程　　C. 公共政策目标　　D. 公共政策方法

2. 公共政策具有的共性特征是：（　　）。

A. 阶级性和公共性　　B. 合法性和权威性

C. 价值多元化和功能丰富性　　D. 动态性

3. 在构成决策环境的诸多因素中，下列哪些因素最为重要：（　　）。

A. 社会经济状况　　B. 政治文化条件　　C. 体制条件　　D. 国际环境

4. 从政策层次的角度，可以将公共政策划分为以下几种基本类型：（　　）。

A. 元政策　　B. 总政策　　C. 基本政策　　D. 具体政策

5. 下列属于公共政策典型决策模型的有：（　　）。

A. 理性决策模型　　B. 渐进决策模型　　C. 系统决策模型　　D. 集团决策模型

四、简答题

1. 简述公共政策的特征。

2. 简述公共政策的模型。

3. 简述公共政策的类型。

五、论述题

1. 试述公共政策在现代公共管理中应能发挥的功能。

2. 试述通过公共政策实现公共管理价值的途径。

参考答案

一、名词解释（略）

二、单项选择题

1. D；2. A；3. D；4. A；5. D

三、多项选择题

1. ABCD；2. ABCD；3. ABCD；4. BCD；5. ABCD

四、简答题（略）

五、论述题（略）

第八章

CHAPTER EIGHT

公共部门人力资源管理

学习目标

通过本章的学习掌握公共部门人力资源管理的内涵、特征及其基本内容和地位；把握西方现代公务员制度与我国公务员制度的特点和内容并加以区别；了解公共部门人力资源管理的发展趋势并深入探索我国公共部门人力资源管理的主要问题及改革措施。

重点难点提示

- 公共部门人力资源管理的内涵
- 人力资源管理与传统人事行政管理的区别
- 公共部门人力资源管理的主要内容
- 我国国家公务员制度的基本原则
- 公共部门人力资源管理的发展趋势
- 我国公共部门人力资源管理的主要问题
- 我国公共部门人力资源管理的探索与改革

第一节　公共部门人力资源管理概述

人力资源是第一资源，是一种可持续性的最宝贵的资源。人力资源管理是组织管理的核心。公共部门人力资源管理是公共管理的重要组成部分，是国家行政管理的核心内容之一，是公共部门实施管理活动的前提和基础，它直接影响公共管理活动的正常开展。公共部门人力资源管理正在经历一场深刻的变革。如何更为科学、有效、合理的建立和完善科学化、制度化、民主化的公共管理体制，应对经济、技术、信息、贸易全球化发展，促进经济社会全面、健康、可持续发展，是公共部门人力资源管理研究的重要问题。

一、公共部门人力资源管理相关概念

（一）人力资源与人力资源管理的含义

1. 人力资源

人力资源的含义有广义和狭义之分。广义的人力资源是指在一定区域内（通常指一个国家或一个地区）能够作为生产要素投入社会经济活动的全部劳动人口的总和，分为实际的人力资源和潜在的人力资源两部分。狭义的人力资源则是指一定的组织（部门、企业）中现有的投入生产和经济活动中的劳动力的总和。

“人力资源”这一概念最早是由美国学者德鲁克于1954年在其所著的《管理实践》中首次提出并加以明确界定。他指出：与其他资源相比，唯一的区别是“人力资源”是人，并且是经理们必须考虑的具有“特殊资产”的资源。德鲁克认为人力资源拥有当前其他资源所没有的素质，即员工所自然拥有的并可自主支配的“协调力、融合力、判断力和想象力”。在组织的有效性中，至关重要的人力资源通常包括员工所拥有的经验、技能、知识、判断力以及创造力等。而人力资源与组织所需的其他资源相比更具潜在的竞争优势。如何通过有效的激励机制开发和利用这一资源，并为组织带来可见的经济价值显得尤为重要。从不同的人力资源划分角度来分析，人力资源既是一种天然的资源，又是一种物质资源。

2. 人力资源管理

人力资源管理是国家或者各种组织为实现组织目标，运用现代化的科学方法，对本国或本组织的人力资源的现状和未来发展趋势进行统计、规划、投资，并通过人力资源的招聘、任用、培训、激励、绩效评估等活动，努力为国家或组织选配合适的人员并保持员工的高效率水平的过程。人力资源管理一般可分为宏观人力资源管理和微观人力资源管理两个方面。所谓宏观人力资源管理是指一个国家或地区对其人力资源整体的管理，市政府的一项重要管理职能，基于社会经济发展总体规划，有计划的投资于人力资源领域，对人力资源进行有计划的开发和培养，以保证人力资源整体结构的合理性和适应性。微观人力资源管理则是指各个组织对其内部人力资源的管理，即对组织内部人力资源实行规划、获取、培训、评估、薪酬、安全与健康等，使人力资源得到充分有效的利用。其中，家庭作为人力资源培养和投资的重要来源之一，也是微观人力资源管理和成本—收益核算的一个方面，它们共同构成了国家人力资源管理的体系。

人力资源管理既包括对人力资源外在因素——量的管理，也包括对人力资源内在因素——质的管理，就是既要根据实际情况对人员进行适当的组织和协调，使人员的数量能保持发挥最佳效益的比例，也要对人员的思想、心理和行为进行有效地协调和控制，充分发挥人的主观能动性，以实现组织目标。

（二）公共部门人力资源管理的内涵

1. 定义和特征

公共部门人力资源管理是指公共部门为实现其组织目标，通过一定的管理机构及相关的法规、制度、方法，对其人员进行规划、选拔、任用、培训、考核等管理活动的总和。这里的公共部门是泛指拥有公共权力、为实现公共利益服务的国家行政组织及国家所有的企事业单位。宏观的公共部门人力资源管理是指整个国家公共部门人力资源的整体规划、管理活动；微观的公共部门人力资源管理是指国家行政机关及其相关组织依照一定的法规对组织内部人员进行组织、指挥、协调和监督等管理活动的过程。

公共部门人力资源管理具有一般人力资源管理的特点，但由于公共部门自身的特殊性，公共部门人力资源管理也具有自己的特征：

（1）复杂性。公共部门是一个横向多部门、纵向多层级的庞大的组织结构体系，体系中各部门之间相互影响，相互制约，任何一个部门的变动都会影响到整个组织体系，因此公共部门人力资源管理不可避免地待遇一定的政治色彩，导致公共部门人力资源管理的复杂程度和难度是其他组织形态无法企及的。

（2）公共性。由于公共部门的任务是根据公共利益的要求行使公共权力，为公众提供财务，其人力资源的管理过程和结果会影响政府的地位和形象，所以公布部门在人力资源管理过程中必须注重对人员的职业道德和政策水平的培养和考核，树立全心全意为公众服务的职业价值观。

（3）规范性。公共部门的人力资源管理不仅关系到部门利益，还会影响整个社会利益，因此公共部门人力资源管理行为是在国家相关放入法律和法规下进行的，要求规范行使人事管理的权力，确保社会和公众的合法利益。另外，公共部门运用的是公共资源，觉得了公共部门的人力资源管理不仅受组织内部监督，还必须接受公众监督，保持公开性和透明度。

2. 基本任务

为了获取与开发政府管理所需要的各类人才、建立政府组织与公务员之间良好的合作关系、促进人力资源与组织资源的优化配置、实现政府组织目标的达成和公务员的个人发展的“双赢”局面，公共部门的人力资源管理承担着下列基本任务：

（1）为公共部门人力资源管理提供环境和秩序方面的保障。良好的人力资源环境是人力资源成长和发展的保证，是人力资源各项管理措施顺利实施的基础，建立和优化公共部门人力资源管理的环境和秩序是公共部门提高人力资源管理水平的基本条件。

（2）选拔优秀人才。人力资源的获取是人力资源管理的第一步，涉及人才的规划、招聘录用。任何组织想要成功的实现自己的目标，完成这三项工作是十分重要的。为了获取有价值的优秀人才，公共部门必须拓宽人才的来源渠道，采取公开考试、公平竞争、择优录取的人才选拔机制，确立任人唯贤的人才发展思路。

（3）合理使用人才。公共部门对选用的人才要本着“岗适其能，人尽其才”的原则，通过任用、考核及奖惩管理环节，实现人力、物力的合理配置，充分发掘公务员的潜能，实现公共部门工作业绩最大化。

（4）人才培训和教育。当今世界科技发展迅速，知识更新周期缩短，组织的内外部环境不断发生变化，公共管理的内容日益丰富，因此对公共部门人力资源进行培训尤为重要。

（5）留住人才。在人力资源竞争十分激烈的现代社会，留住人才同样不容忽视。公共部门应该建立完善的人才激励、保障制度，运用适当的绩效考核手段，创造良好的发展空间，提升员工的工作满足感，挽留并激励优秀人才为组织的发展做贡献。

二、人力资源管理与传统人事行政管理的区别

现代公共部门人力资源管理从传统人事行政管理那里吸取了很多经验和技术。但是两者之间存在着重要的区别，尤其是在管理理念和价值观上，两者具有明显的不同，由此使得人事行政和人力资源管理在关注的视野、工作的重心和采用的方法上都具有差异。

（1）传统的人事行政管理将组织员工只视为一种成本或生产、技术要素，是对组织资本、资源的消耗，而人力资源管理则将人本身看作是组织的财富和资源，是组织重要的投资。而且，与其他资源的一次性开发、使用不同的是，人力资源可以被持续不断地开发利用，本身就给组织带来巨大的投资回报率和效益。

（2）传统人事行政管理一般将组织的工作人员看成是被动的工具，与组织工作相比，人的地位是附属性的，因此，在人事行政管理过程中，组织比较强调管制、监控方面的功能。而人力资源管理将组织中的人作为组织发展的主体，认为他们具有广泛的能动性，能够主动的适应不同工作种类与性质的需要，完成组织的工作任务。因此，人力资源管理注重的是促进人力资源战略发展的能力，塑造组织人才成长的环境，尊重员工主体地位的态度、发展、激励、保障、服务、培训等引导性、开发性的管理功能。

（3）传统人事行政管理内容比较简单，主要从事录用、考核、奖惩、工资等管理活

动；人力资源管理的内容则大大丰富了，不仅包含传统人事行政管理的基本内容，而且为适应现代社会发展和人力资源发展的需求，增加了一些全新的管理内容，如公共部门人力资源的预测与规划、员工职业生涯发展管理、人员测评与甄选、人力资源的开发培养、人力资源投资与收益分析等等，这些开发性的管理措施使人力资源管理与组织目标紧密地结合在一起。

（4）传统人事行政管理的着眼点是组织成员的现状，它比较注重现有人员的现在使用，而不重视其素质的进一步开发；人力资源管理的着眼点则是战略发展的需要和战略框架。因此，人力资源管理强调的是人力资源使用与开发并重，即一方面要发挥现有人员的智慧才能，达成人与事的协调配备；另一方面，提倡组织人力资源的使用与开发并重，讲求充分挖掘人员的潜能，使其在未来发展中具有较大的发展空间和能力，这就是现代人力资源管理“全方位拓潜”的功能。

三、公共部门人力资源管理的主要内容

（一）公共部门人力资源管理的规划

公共部门人力资源规划是指国家各级各类公共部门组织根据一定时期的发展目标，运用适当的科学方法和技术，了解并预测公共部门对人才的总体需求，并确定组织人才需求结构的管理活动过程。公共部门人力资源规划在人力资源管理中居于重要地位，是政府改革与组织重塑的必要配套措施。随着公共部门的发展，其作用也日益显现出来。

（二）公共部门的职位分类

职位分类是指在工作分析的基础上，依据工作的性质、难易程度、责任大小和所需的资格条件，将组织中的职位加以分类，并制出职位说明书，以此作为公共部门人力资源管理各项活动的基础和标准。制定职位分类的程序分为四步，即职位调查、职位归类、职位评价、制定职位说明书。职位分类制度的主要特征是：“事”在人先，以“事”为中心；注重“专才”；实行严格的业绩考核制。职位分类管理体系有利于贯彻专业化的原则，进一步强化了职位权利义务相平衡的原则，有利于人力资源的岗位培训和人才的才干发挥。因此，许多国家都建立了职位分类制度，作为公共部门人力资源管理的一项主要制度。

（三）公共部门人力资源的新陈代谢

1. 人员的甄选与招聘

人员的甄选与招聘是公共部门人力资源管理中的一项基本任务，是在人力资源规划的基础上进行的。人员招聘的方式有很多种，包括刊登广告、学校招聘、人才交流中心和转业军人安置等。招聘的程序是：确定招聘的数量和职位，确定招聘的负责部门，确定招聘方式、考试面试、培训、试用、正式录用。人员甄选的方法有：笔试、面试、心理测试、工作抽样等等。

2. 人员的任免

职务任免是公务员任职和免职的总称。任职是享有任免权的组织根据任免的有关法规和个人资格条件，依照法定的程序，任用某个人员担任某一行政职务的有关法规和个人资格条件。免职则是享有任免权的组织根据任免的有关法规和个人资格条件，依据法定的程序，免除有关人员担任某一行政职务的管理活动。它是国家确认公务员法律地位必不可少的法定程序，是公共部门人力资源管理系统中的重要环节，是人力资源得到合理利用的关键。

（四）公共部门人力资源管理的激励约束机制

公共部门人力源管理的激励约束机制包括公共部门人力资源的考核、奖励、处分等内容。考核是公共部门人力资源管理的重要环节，主要是对公务员在工作中的政治表现、业务能力、工作成果等进行系统的、全面的考察，并以此作为奖惩的依据。奖励是国家行政机关对在工作中表现突出的国家公务员给与的物质或精神鼓励；处分是对违纪的公务员依照有关的规定给与惩戒。奖励能从正面激发人员的荣誉感和积极性、创造性，是促进人员进步的重大动力；处分则能通过行政的强制方式，从反面强化人员改正的决心，促使人员变压力为动力，积极向上，还能防止公务人员违背公共部门目标和有损公共利益的行为。

（五）公共部门人力资源管理的职业发展与保障

公共部门人力资源管理的职业发展与保障包括培训、工资、保险、福利等内容。培训是指国家行政机关和其他公共部门为提高人员的政治和业务素质，按照职位的要求，通过各种形式对人员采取的有组织、有计划的教育活动。国家公务员制度中的培训制度，是不断开发人力资源，提高公务员组织和技能的手段，也是政府人事系统更新机制和发展机制的重要组成部分。工资是国家依据按劳付酬的原则，以货币形式对公共部门的工作人员付出的报酬。保险是国家依法对疾病等原因失去劳动能力的人员给与相应的物质帮助的社会保障制度，包括养老保险、医疗保险等。福利是公共部门工作人员满足生存和发展需要的主要途径，是激励和开发人力资源的基础，是公共部门人力资源管理的重要环节。

此外，公共部门人力资源管理还包括协调工作人员之间以及工作人员与组织之间关系、开展人事记录等活动。

四、公共部门人力资源管理的地位和作用

（1）公共部门人力资源管理是维护国家政权，保证国家机器正常运转的条件。统治阶级在夺取政权、建立国家之后，首要的任务就是选用能管理国家事务的人员。用什么样的人，怎样用人来管理国家，才能保证国家的稳定和促进经济社会的发展，是国家行政管理的关键问题。

（2）公共部门人力资源管理是推动社会生产力发展的重要手段。人是生产力中最基本、最活跃的因素，合理利用人力资源是提高生产力水平的重要手段。公共部门通过对人

才的规划、培训、考核等管理行为，能更好地开发人的潜能，提高生产效率，从而为推动社会发展提供了重要的保证。

(3) 公共部门人力资源管理是提高政府生产力的首要因素。政府生产力是反映政府综合管理能力和绩效的重要指标，是指政府基于一定的政治目标，通过各项生产力要素的投入，在管理活动中对社会生产的各种效能或效益等的积极效果。公共部门人力资源的素质、能力是政府生产力水平提高的基础和条件。

(4) 公共部门人力资源管理是充分开发和利用国家人才资源的重要保证。当今世界各国的竞争归根到底是人才的竞争。公共部门科学的人力资源管理能够培养出适应全球竞争的高素质的人才，是增强一锅综合国力和竞争优势的重要途径。

第二节　公共部门人力资源管理的基本制度

一、西方现代公务员制度概述

现代国家公务员制度又称现代文官制度，最早确立于19世纪中叶的英国，当时的官吏制度主要是“恩赐官职制”和“政党分赃制”。公务员即那部分通过公开考试被择优录取的，区别于选举或政治任命的官员；他们长期任职，属于职业官员的范畴，而非任期官员；他们是在政府行政部门任职的官员或工作人员，而非立法部门和司法部门的工作人员；他们是职业文官，而非军事部门的人员。这部分人员属于公务员法适用的范围，也是一般意义上的公务员。

西方各国文官制度在形成和发展的百余年里，一直处于不断的改革和调整中，并不断得以完善。尽管各国国情不同，文官制度的内容也不尽相同，但就其性质和整体内容架构来看，仍具有一些共同特点：

(1) 职业化与职务常任。西方公务员将政府工作视为一种劳动职业，一旦任用取得法定身份，成为终身职业，受国家法律保护，与政党政治的选举活动没有连带关系，无重大过失即可长期任职，直到退休为止。

(2) 职权、职责和职利与职位相一致。公务员权利的大小，职责的轻重、利益的多少都与其所处的职位有密切的关系。一旦离开相应的职位，就应该放弃与职位相一致的职权、职利和职责。这一规定限制了权利的滥用，也取消了没有职位、职权和职责基础上所产生的职利问题，真正做到职位与职权、职责、职利四位一体，不可分离。

(3) 任人唯贤，业绩奖惩。录用、考核、奖惩等环节都贯穿着用人唯贤原则，以人员的才能为衡量录用与否和工作好坏的唯一标准，不受人员的家庭背景与人际关系的影响，使每一位社会公民都有均等的机会参与竞争。

(4) 注重人才。尽管每一个国家都非常注重人才的发现和使用，但对人才的理解存在着一定的分歧。英国公务员管理中比较重视人才的专业知识，美国公务员管理中比较注重人才的专业技能，两者各有侧重，这与两国社会经济与传统观念有关。

(5) 崇尚职业道德。通过颁布公务员法，配备优厚的物质福利保障，强调官风官纪，培养公务员的协作精神和责任感、事业心，做到廉洁勤政、忠于职守、遵守纪律、严守秘密，对国家负责，对公民负责，约束自我，不进行任何方式的经商活动。

(6) 政治中立。要求公务员在政治上保持“中立”，不得参与政治活动，不得兼任议员，不得接受政治捐款，对政党采取公正超然的态度。

(7) 依法管理。西方各国对公务员制度实行法制化管理，国家设置统一的公务员管理机构，根据公务员法，对各类公务员进行直接或间接、综合或分散的管理，保证公务员队伍管理的有效性和系统性。

二、中国国家公务员制度

（一）中国公务员制度的探索和建立

中国的国家公务员制度，继承和发扬了中国共产党和国家干部人事工作的优良传统，总结和吸收了十几年来干部人事制度改革的经验，同时也借鉴了外国公务员制度中一些有益的科学管理方法。它的建立，经历了较长而曲折的历程，大体可以分为三个阶段：

(1) 创立和初步发展阶段，从 1949 年 10 月至 1966 年“文化大革命”前。这段时间，从上到下建立了管理机构，制定了一些管理制度，如干部的录用、任免、调配、奖惩、工资、福利、退休退职制度等。尽管各方面制度还不够健全，但初步适应了实际需要，取得了很大成绩。

(2) 挫折倒退阶段，从 1966 年 6 月至 1976 年 10 月。在这期间，各级人事机构相继被撤销，人事干部被遣散，有效的管理制度被否定，人事工作遭到了严重的破坏。

(3) 法制化建设阶段，从 1976 年 10 月至 1993 年 10 月。粉碎“四人帮”以后，党中央、国务院采取了拨乱反正的一系列重要措施，果断地恢复了人事管理机构和一些行之有效的规章制度。特别是 1984 年以后，随着经济体制改革的全面展开和政治体制改革的不断发展，干部人事制度改革也进入了深入发展的新阶段。1993 年 8 月 14 日，国务院发布《国家公务员暂行条例》，该条例自 1993 年 10 月 1 日起施行，标志着公务员制度初步建立，开始进入全面实施阶段。

此后，全国各地按照中央统一部署，结合机构改革，积极推进，各项管理制度逐步落实，新的机制开始运行。到 2000 年，经过 7 年的艰苦努力，一个有中国特色的公务员制度已经基本建立。这是对传统干部人事制度的一次全面改革，是依法管理干部人事工作的重要开端，在干部人事工作历史上具有重大的意义。

2005 年 4 月 27 日《中华人民共和国公务员法》草案于十届全国人大常委会第十五次会议顺利通过，并从 2006 年 1 月 1 日起施行，这是建国 50 多年来我国第一部干部人事管理的综合性法律，里程碑意义不言而喻。《公务员法》在吸收西方文官制度与当代先进管理理念的基础上，结合中国社会的政治经济现状，第一次以法律形式规范了行使我国主要和核心公共权力的七大组织的人事管理制度，也为其他公共部门人事管理制度的进一步改革指明了方向，标志着我国干部人事制度开始走上科学化、民主化、法制化轨道，表明我国干部人事制度进入了全面深化改革的新阶段，必将进一步推动现代公共部门人力资源管理制度的建立、改革和完善。

（二）我国国家公务员制度的主要内容

在很大程度上，2006 年 10 月 1 日起施行的《公务员法》的主要内容构成了我国国家公务员制度的基本框架，具体内容参见表 8－1

表 8－1

制度安排	内容和创新	运行机制	相关章节
任用制度 职务升降制度 辞职辞退制度 退休制度	考任制、选任制、委任制和聘任制；德才兼备和任人唯贤；因事择人和适时任免；竞争上岗和公开选拔；个人辞职和组织辞退；引咎辞职和责令辞职；自愿退休和强制退休	选才机制 竞争—择优机制 更新—交替机制	第四章　录用 第六章　职务任免 第七章　职务升降 第十三章　辞职辞退 第十四章　退休 第十六章　职位聘任
考核制度 奖惩制度 回避制度	全面考核“德、能、勤、绩、廉”与重点考核“绩”；科学考核与考用结合；精神与物质奖励、奖励与惩戒、惩戒与教育相结合；奖从严惩从重；依法回避与主动回避；任职回避、公务回避与地域回避	用才机制 激励—约束机制	第五章　考核 第八章　奖励 第九章　惩戒 第十一章　交流与回避
职位分类制度 培训制度 交流制度	综合管理类、专业技术类和行政执法类；领导职务与非领导职务序列；职务与级别相对应；全员培训与分局分类培训，学用一致和按需施教；培训与使用相结合；内部流动与外部交流相结合；适才适用于科学配置；职业发展与提高素质；调任、转任和挂职锻炼	育才机制 更新－开发机制	第三章　职务与级别 第十章　培训 第十一章　交流与培训

续表

制度安排	内容和创新	运行机制	相关章节
工资制度 福利制度 保险制度	职务级别工资制与津贴、补贴和奖金；按劳分配与合理差距；正常增资机制；福利保险制度的规范、改革和完善	留才机制 激励—保障机制	第十二章　工资福利保险
义务与权利 申诉控告制度 法律责任	义务与权利的具体化、规范化；权利救济与权力监督的制度化；违反法律的责任追究机制；行政责任和刑事责任	监督—保障机制	第二章　公务员的条件、义务与权利 第十五章　申诉与控告 第十七章　法律责任

总之，我国在建设以《公务员法》为主体的公务员制度中充分体现了中国特色政治文明的要求，在制度原则上基本符合中国当代社会经济发展需要，但是由于缺乏相应的配套体制和运行环境，我国国家公务员制度在目前指数初具雏形，处于起步阶段，还有待进一步完善。

（三）我国国家公务员制度的基本原则

我国国家公务员制度的基本原则是整个制度的总体精神和总的要求，建立和实行国家公务员制度，必须坚持贯彻和体现以下原则。

1. 竞争原则

竞争在国家公务员制度中是公开、平等的。所有考试、考核、录用等程序都是公开进行的，并且所有参加报考的人员不受性别、家庭出身、民族、宗教等限制，并逐步打破地域、身份的限制。任何人都可以通过竞争进入到公务员队伍中来。

2. 功绩原则

功绩是国家公务员在贯彻执行党的基本路线中的工作实绩。公务员的职务升降、考核、任免、奖励等，都以其在工作中的功绩为主要依据。它不仅可以鼓励公务员发扬创造精神、努力工作，还可以避免偏听偏信、主观武断的评价干部，有利于清楚选拔干部中的任人唯亲、嫉贤妒能、论资排辈等不正之风。

3. 法制原则

法制原则就是制定法律规范依照法规对国家公务员进行管理，国家公务员依照法律、法规行政，并受法律保护。有关国家公务员考试、录用、任免、升降等都必须按照国家公务员法律规定。

4. 党管干部原则

党管干部原则是社会主义国家人事制度坚持的根本原则，建立国家公务员制度不是削弱党对干部的领导，而是加强和完善党对政府机关工作人员管理工作的领导。通过把党的组织路线、方针、政策按一定程序转化为行政机关人事管理的法规，依此对政府机关工作人员进行管理。

以上四个原则是相互联系、不可分割的。竞争鼓励、注重实效都必须是在完善的法律法规框架下进行。而党管干部原则是我国区别于西方国家公务员制度的显著特征。

第三节　我国公共部门人力资源管理的改革和创新

一、公共部门人力资源管理的发展趋势

（一）从“人事管理”转向追求“以人为本”的人本管理理念

“以人为本”的人力资本管理理念要求把人的因素当作管理的首要因素和本质因素，其出发点和着眼点是人，强调把人作为管理活动的核心和组织最重要的资源，重视人的作用，尊重人的需要，注重个人发展，把组织目标与员工的个人目标结合起来，通过发挥员工的主动性、积极性和创造性，更好地实现组织目标。“以人为本”，首先体现在对员工的尊重和信任，尊重个人的劳动，尊重个人的一切权益，如知情权、参与权、平等竞争权、取酬权、利益共享权等方面。其次，以人为本需要管理者突出服务意识，强化服务功能，实现由控制为主的管理职能向服务为主的管理职能转变。员工不是“管束”、“控制”或者“限制”的对象，而是应当平等对待、受到尊重的服务的对象。员工不是成本，而是需要进行开发、充分发挥其创造力和潜能的一种关键性的资源和能高效增值的资本。对于公共部门来说，只有把以人为本的管理理念贯穿于公共部门人力资源管理的始终，才能为公务人员创设一个良好的环境，保障其合法权利，关注其工作生活质量，才能充分调动公务人员的工作积极性、创造性，才能从根本上提高公共部门的效率和效能。

（二）人力资源管理的网络化

随着计算机和网络技术的飞速发展，人力资源管理的网络化成为组织人力资源管理的一大趋势，公共部门人力资源管理引入了信息技术，大大提高了组织的效率，促进了组织人力资源管理领域乃至整个组织的革新。例如，公共部门通过网上招聘，大大简化了招聘流程，简化了工作时间，提高了招聘效率，同时网上招聘使得组织招聘的形式更为公开化，招聘的范围也大大地扩大了，这客观上有利于组织招聘到更为优秀的人才。总而言之，几乎人力资源管理的每个领域都可以不同程度地引入网络技术，提高管理技术和效

率，全方位地革新人力资源管理。

（三）强化公共伦理责任，重视解决人力资源管理中的道德问题

公共部门职能不断膨胀、扩张，显示出社会中存在着部分公职人员玩忽职守、贪污腐化、道德败坏的问题，严重影响了公共部门和公职人员在民众心目中的形象，导致政府的公信力下降，出现了政府的信任危机，威胁着政府的合法性基础。强化公共伦理责任，加强公职人员的道德建设是公共部门人力资源管理的重要任务，也是公共部门人力资源管理的大势所趋。

（四）强调战略性的人力资源管理

所谓战略性的人力资源管理，就是将公共部门的人力资源管理与公共部门的战略性目标结合起来，以此促进人力资源管理部门的管理方式，发展组织文化，提高管理绩效。战略性的人力资源管理是统一性与适应性相结合的人力资源管理，它要求组织的人力资源管理一定要和组织的战略和战略需求相统一；人力资源政策在组织的各个层面要完全一致；组织内各个部门的负责人和其他工作人员要把人力资源管理政策的调整、接受和应用作为他们日常工作的一部分。

（五）人力资源的知识化和专家化

知识经济和知识管理时代的到来使组织的人力资源管理发生重大变化，知识化与专家化的人力资源已成为组织人力资源的一个重要组成部分。对专家化人力资源的管理必须有别于传统的人力资源管理。如何进行有效的管理，主要表现在：公平、有吸引力的薪酬与福利；公开、高效的信息沟通；公正平等的招聘政策；跨文化培训与管理；开放的知识分享与民主决策以及持续有效的系统激励模式。

（六）重视激励、沟通与绩效管理

重视建立新的激励机制来适应组织所面临的新的挑战。新的激励机制需要提高柔性战略下员工对组织的忠诚度，这需要报酬制度的创新。同时我们需要重新设计新的激励机制来鼓励知识的分享，培养更大范围内有效的沟通。有效的沟通是组织的一种资源。信息和知识系统帮助组织在不同的业务单位之间整合和分享有价值的消息与知识，并且能够有效促进知识库的建构。人力资源管理也需要不断更新组织的绩效评价系统。

（七）人力资源管理外包

人力资源管理活动的外包已经逐渐发展起来，即将组织的人力资源管理活动委托组织外部承担。人力资源管理外包的工作包括：工资、福利、招聘和培训等方面。

当然，公共部门人力资源管理还具有其他趋势，比如人力资源管理将更加具有弹性和适应性；经济全球化所带来的组织人员的跨文化管理；组织的扁平化、开放化、学习化等等。公共部门人力资源管理应当把握全球人力资源管理的趋势，不断革新人力资源管理的管理理论、管理实践和管理方式，使组织时刻充满活力，保持持续、健康的发展，更好地

为国家和社会服务。

二、我国公共部门人力资源管理的主要问题

《公务员法》的正式实施，从某种意义上讲，开启了我国公共部门人力资源管理的新阶段，是新时期干部人事制度改革的重大成果，但在现实中仍然存在着诸多亟待解决的问题，主要表现在以下四个方面：

（一）人力资源管理观念更新滞后

目前，我国公共部门人力资源管理的主要理念仍然沿袭传统的人事管理观念，仍习惯把人事管理的过程归纳为“进”“管”“出”三个环节，把人看作是完成组织目标的工具，强化对人的控制，视人力为成本；采用经验管理方法，注重对现有人才的利用，实施以事为中心的考评，是例行的、规范的事务性管理。这些都与现代先进的人力资源思想背道而驰。同时，公共部门工作人员的“单位人”、“官本位”观念根深蒂固。“单位作为个人安身立命的依托”、公共部门的管理人员和专业技术人员享有“国家干部”身份、其他工作人员一律享受“国家职工”的身份等观念仍在延续；现代人事管理中的岗位管理、聘用管理和“社会人”的制度难以实施，造成工作人员的因循守旧，缺乏创新理念和竞争意识，公共部门的活力、效率得不到有效提高。

（二）人力资源管理体制和运行机构不够科学、健全

我国公共部门人力资源管理机构主要包括人力资源和社会保障部、国务院各部委内设的人事司（局），地方人民政府的人事厅（局）及其工作部门设立的人事科（处），它们之间是一种指导与被指导、监督与被监督的关系。但由于我国实行政党双轨管理体制，党的领导权、干部管理权与政府人事管理难以完全划分清楚，各级党委及其组织部门、纪委监察部门也都不同程度地承担着部分人事管理职能，彼此之间的分工协作关系不够明确，因而造成现行的公共部门人力资源管理体制和运行机构不够科学、健全。

（三）人力资源开发创新不足

我国公共部门人力资源管理中存在着重管理、轻开发的现象，缺乏人力资源开发的理念，以业绩为取向的人才价值观、以人力资本为核心的人才开发观，以市场需要为方向的社会化服务观并没有真正竖立起来，缺乏较长期人力资源开发规范，缺乏改革和创新意识；同时，开发模式陈旧，很多先进的人力资源管理手段和方式没有得到广泛的推广和应用，开发效果不佳。

（四）配套改革步伐迟缓

公共部门社会保障体制的改革成为关系公共部门人力资源管理与开发的“瓶颈”之一，并远远超出经济的范畴。一方面，公共部门人力资源的失业保险、养老病死和医疗保险制度改革和建设尽管取得了一定进展，但仅限于对原有制度的修补，并未从根本上产生

变革，消除诸如覆盖面狭窄、社会化程度地、经费来源不足、管理机构和管理制度不健全等弊端，极大地制约了公共部门人力资源辞职、辞退制度的推行。另一方面，我国的人才市场发育不全，调配功能乏力，僵化的户籍制度、住房制度，亦使人力资源的有效配置、合理流动成为空话，从而影响公共部门人力资源的素质和活力。

三、我国公共部门人力资源管理的探索与改革

（一）更新人力资源管理理念

首先，树立科学的人才观念，树立人才是第一资源、人人都可以成才的观念，但人才是需要进行开发、充分发挥其创造力和潜能的一种关键性的资源和能高效增殖的资本，充分注重对人才的引进和培养，以能力来决定人才的选拔，以客观需要来决定人才的任用，为人才创造一个公平竞争、自由发展的平台。

其次，肃清公共部门中的各种传统保守思想，坚决摒除人力资源管理中的因循守旧的思想和做法，鼓励独立思考和创新，坚决反对权力至上的“官本位”思想，用“以人为本”的思想引导和规范公共部门人力资源管理。

最后，尊重人才的主体地位，发展激励、保障、服务和培训等具有引导性质的管理功能，努力营造鼓励人才干事业、支持人才干事业、帮助人才干事业的社会环境，努力创造凝聚人才、造就人才、人尽其才的政策环境和尊重知识、尊重人才的人文生活环境，千方百计促进人力资源向人力资本转化。

（二）创新人力资源管理机制

公共部门必须尽快建立和创建一套与市场机制相适应的人才管理机制：

1. 实现人才资源的最佳配置根据公共部门的不同属性，对公务员、国有企业经营管理人员、事业单位专业技术人员和管理人员进行不同的制度安排，切实完善党政部门公务员制度、企业事业单位聘用制，对人才资源实行多层次、多角度的开发和管理，从而实现人才资源的最佳配置。

2. 完善人才资源的整体开发机制

从传统的人事管理向现代人力资源管理方向发展，做好人才规划、人员招募、职位设置、薪酬与福利、绩效考核、生涯设计、培训与发展等人力资源开发 7 个环节。

3. 建立不拘一格的人才激励与竞争机制

建立和完善公共部门的人员录用制度、考核使用制度、竞争上岗制度；建立和完善企事业单位分配激励机制度和关键技术职位和管理职务聘任制；打破论资排辈的陋习，实行能上能下的机制，实行评聘分开，自主聘任的职称制度；建立竞争型的报酬体系，完善科技人员的要素、股权、期权分配制度。

4. 逐步实行能进能出的淘汰机制

目前，我国公共部门人力资源大范围的、事实上的工作终身制使相当一部分人的危机

感和责任感不强。只有打破这种格局，引入优胜劣汰的选择机制，才能激发他们的危机意识，提高他们的工作激情，使他们更加敬业，以实现竞争激励的目的。

5. 建立强有力的监督约束机制

公共部门的公职人员掌握着人民赋予的公共权力，在法律规定的范围内对社会公共资源进行管理和尽可能合理地配置，以实现公共资源的效益最大化。因此，必须建立相适应的监督机制，健全监督体系，充分发挥党政监督、立法监督、司法监督、行政监督、社会监督和人民监督的作用，才能确保他们依法管理、科学行政、廉洁奉公。

(三) 改革人力资源管理制度

公共部门要建立与经济和社会发展相适应的现代人力资源管理制度，必须进一步深化人事制度改革，形成适应公共部门自身特点的人力资源管理模式。

1. 探索职位管理制度

科学设立职位分类标准，突出职位性质和工作要求的区别，分别建立适合各自特点的录用、考核、晋升、培训标准，以利于公职人员队伍的管理和结构优化。

2. 完善考试录用制度

在党政部门录用科级以下非领导职务的工作人员时，要严格实行“凡进必考”；在国有事业单位选拔专业技术人员和管理人员时，也要逐步实现考试录用，即用统一的标准，在公开、平等、竞争的原则下，面向社会，采取公开招考，择优录取的办法，把好公共部门人力资源队伍的“进口关”，从而确保人员具有良好的素质。

3. 深化选拔任用制度

进一步推行公共部门内部的竞争上岗和面向社会的公开选拔，并完善民主推荐、民主测评制度，推行任前公示制和人前选拔制度，实行职务任期制、试用期制和引咎辞职等制度。

4. 建立科学合理的绩效考核制度

要改革传统的绩效评估手段，建立科学的绩效评估指标体系，提高考核的公正性、真实性，并将考核的结果与奖惩、教育培训、薪酬激励、职务升降、辞退等切实挂钩，使绩效考核制度化、规范化、做到于人激励，于法严格，于事简便。

5. 建立公平而富有竞争性的薪酬制度

要想使薪酬发挥激励作用，必须在组织内部构建具备内部公平性的薪酬制度，打破平均主义；同时关注组织外部的薪酬变化，保证组织薪酬的外部竞争力，既要使公共部门工作人员的待遇与经济社会发展水平相适应，又要体现出世纪的工作成绩、工龄等因素对待遇的影响，发挥薪酬制度应有的激励作用。

(四) 重视人力资源开发创新

1. 注重人力资源规划

公共部门必须适应新形势，有效地预测组织的人才需求状况与结构，科学制定人力资源规划，并将其与地区经济发展、产业结构调整联系起来。一方面，依据本地区人力资源现状及发展预测，制定前瞻性的、系统的地区人力资源规划，有计划有选择地开发、引进所需人才；另一方面，针对公共部门的目标需要，从制度上促进公共部门内部的人才流动与更替，规划组织人员的职业发展，为个人的成长提供条件，为组织目标选择更优秀的人才，让公共部门更好地适应外部环境的变化。

2. 重视人力资源的开发

公共部门必须重视人力资源的开发工作，以部门的实际需要为基础，结合工作人员的个人条件和特点，通过提供各种职业培训和鼓励工作人员自学，全面提高工作人员的综合素质，使人力资源转变成人力资本，并营造出良好的学习氛围，培育学习型组织，以进一步增加部门的知识存量，增强单位的知识整合能力，适应现代公共部门发展的需要。

3. 健全科学的人力资源培训开发体系

一是要加强培训主题放入自身建设，提高培训质量。从中央到地方的各级党校、行政院校、到各个高等院校、科研所，逐步建构分工明确、优势互补、布局合理、优势互补、合理布局的、竞争有序的教育培训机构体系。二是积极的推进培训模式的创新，切实提高培训的针对性和吸引力。完善和坚持组织培训、在职自学等制度，大力推行自主学习、在线学习法等方式，为教育培训提供多样化的途径，提高公共部门人力资源的综合素质。三是培训管理要科学、全面，并引入培训评估。培训不应该只注重结果，更应该注重培训过程和培训后的及时反馈，了解培训目标达成情况，提高培训的有效性。四是培训结果应与待遇、职务任免与升降等适当挂钩，以促进公共部门人力资源培训从“要我学”到“我要学”的根本转变。

（五）引入科学的人力资源管理手段

在西方国家，人力资源管理往往借助数学经济方法、模拟方法、科研管理仿生方法、预测方法、社会学方法、统计方法、定量分析方法和心理测验方法来提高管理的科学性和精确性。同时，大家都建立有一整套完整人力资源管理信息系统，以协助人力资源管理的项目规划、控制和评估，实现了人力资源管理的电子化和网络化，不仅能够缩减成本、提高工作效率，而且能够加强从业人员之间的交流，改善管理。

（六）实现人力资源管理法制化

随着市场经济的发展，法制化已经深入到经济生活的每个角落。在公共部门人力资源管理所特有的特殊背景下，法制化的重要性已经不言而喻。立法的目的是为了使解决公共部门在人力资源管理过程中出现的问题有法可依，为了最大限度的开发人力资源，以提高行政效率。因此，我国应尽快建立健全相关的法律法规体系，使公共部门人力资源管理有法可依，并巩固公共部门人力资源管理功罪中已经取得的阶段性成果。

总之，我们必须树立人力资源管理新观念，深入研究公共部门人力资源管理现状，充分重视公共部门的人力资源管理，吸收借鉴企业人力资源管理的理论和实践经验，认真学习国外公共部门人力资源管理的有益经验，努力完善我国公共部门人力资源管理，进一步提高公共部门的工作效率。

本章小结

公共部门人力资源管理是指公共部门为实现其组织目标，通过一定的管理机构及相关的法规、制度、方法，对其人员进行规划、选拔、任用、培训、考核等管理活动的总和；它具有复杂性、公共性及规范性等区别于一般人力资源管理的特点。公共部门人力资源管理的主要内容包括公共部门人力资源管理的规划、公共部门的职位分类、公共部门人力资源的新陈代谢、公共部门人力资源管理的激励约束机制和公共部门人力资源管理的职业发展与保障。

公务员制度已经成为了公共部门人力资源管理的基本制度。我国公共部门人力资源管理存在人力资源管理观念更新滞后、人力资源管理体制和运行机构不够科学健全、人力资源开发创新不足、配套改革步伐迟缓等主要问题。因此，要对我国公共部门人力资源管理进行改革，要更新人力资源管理理念、创新人力资源管理机制、改革人力资源管理制度、重视人力资源开发创新、引入科学的人力资源管理手段以及实现人资源管理法制化。

重要概念

人力资源　　公共部门人力资源　　公共部门人力资源管理　　公务员制度　　政治中立　　人事管理　　人力资源管理外包

案例分析

案例　聚焦 2011 干部人事制度改革

从 2011 年起到 2012 年上半年，全国省市县乡四级党委将自上而下集中进行换届。

一、干部公选直选：打破身份限制

2010 年，各地干部公选如火如荼地展开，许多地方打破身份限制定向公选正成为一种常态，一批基层和生产一线的优秀人才成为定向公选对象。不仅在公选对象上，打破各种身份限制，不断扩大选拔范围；更在公选环节上，大胆加大透明度，更有地方采用了电视直播的手段，将选拔过程公之于众；此外，在评选环节，提高群众投票权重，实现群众与常委同场票决。随着这一年实践的积累，未来干部公推直选制度还将不断深入，向更高级别探索。

二、干部问责制：能上也能下

《2010－2020 年深化干部人事制度改革规划纲要》中指出要建立起能上能下、能进能出、有效激励、严格监督、竞争择优、充满活力的用人机制。2010年当中许多悄无声息复出的问责官员都再次被舆论热炒，未来如何完善干部问责制度，健全干部退出机制将是一块重要的改革领域。

国务院新闻办公室于2010年12月29日发表的《中国的反腐败和廉政建设》白皮书说，2009年，中国共对7036名领导干部进行了问责。白皮书说，中国政府逐步加大以行政首长为重点的行政问责力度，纠正执法不公、违法行政和有令不行、有禁不止、行政不作为乱作为等行为，对给国家利益、公共利益和公民合法权益造成严重损害的，依法依纪严肃追究责任。

推进干部“能上能下”、“能进能出”，是新时期干部人事制度改革的一个重点难点。为进一步规范干部岗位管理，着力破解“下”和“出”难题，2010年期间，很多地方政府都进行了有效的尝试。

三、干部考评制度：既要看“显绩”又要看“潜绩”

在中央“转变经济增长方式”的大政方针指引下，未来地方领导干部的政绩考评指标与体系必将以科学发展观为指导，更加注重民生民意，做到全面、客观、准确，既要看到“显绩”，又要看到“潜绩”。

科学考评干部的“显绩”与“潜绩”是新形势下完善干部考评实践发展的需要。长期以来，一些地方少数官员为了追求“显绩”，心态浮躁，急功近利，好大喜功，表现在考核上往往以GDP多少“论英雄”，每每以项目个数“比高低”，常常以速度快慢“定成败”，而事关一个地方发展长远大计，则很少有人问津，殊不知，如此畸形的重“显”轻“潜”势利心态，极容易偏离科学发展的轨道，不可能处理好当前发展和长远发展的关系，更谈不上体现以人为本、全面、协调、可持续的科学发展观。

干部政绩考评体系是基层干部工作的方向标，因此，要把科学发展观真正落到实处，真正最有效的途径就是把科学发展观的要求化作干部政绩考评的“行动指南”，坚持在“显绩”与“潜绩”上“两手抓”、“两手硬”，既有“显”的硬要求，又有“潜”的硬目标，并把用人评官的权力交给广大人民群众，才能确保各级领导干部沿着科学发展的轨道前进。（资料来源：人民论坛网）

【简要分析和问题】

近年来，我国传统的干部人事制度弊端日益凸显出来，人事制度的改革也被提上议事日程。就如何更为科学、有效、合理的建立和完善我国公共部门人力资源管理体系，我国政府作出了不断地努力和尝试，并在实践中逐步推进我国干部人事制度的改革与完善。

1. 请结合材料和实际，说明现阶段我国干部人事制度存在的问题。

2. 结合材料总结出我国深化干部人事制度改革的具体措施。

同步测练与参考答案

一、单项选择题

1. “人力资源”这一概念最早是在《管理实践》一书中首次提出并加以明确界定的，这本书的作者是：(　　)。

A. 贝克尔　　B. 沃尔什　　C. 舒尔茨　　D. 德鲁克

2. 现代国家公务员制度又称现代文官制度，最早确立于（　　)。

A. 英国　　B. 德国　　C. 美国　　D. 法国

3.《中华人民共和国公务员法》施行的日期是：(　　)。

A. 2005 年 10 月 1 日　　B. 2006 年 1 月 1 日

C. 2005 年 4 月 27 日　　D. 2005 年 1 月 1 日

4. 下列哪项不是制定职位分类的程序（　　)。

A. 绩效评估　　B. 职位归类

C. 制定职位说明书　　D. 职位调查

5. 下列选项不属于公共部门人力资源管理主要内容的是：(　　)。

A. 公共部门人力资源管理的规划

B. 公共部门人力资源管理立法

C. 公共部门的职位分类

D. 公共部门人力资源管理的职业发展与保障

6. 将组织的人力资源管理活动委托组织外部承担叫做（　　)。

A. 人力资源管理的流动　　B. 人力资源管理外放

C. 人力资源管理外包　　D. 人力资源管理代理

二、多项选择题

1. 公共部门人力资源管理自身的特征有：(　　)。

A. 规范性　　B. 公共性　　C. 复杂性　　D. 再生性

2. 我国国家公务员制度的基本原则是：(　　)。

A. 党管干部原则　　B. 竞争原则　　C. 效率原则　　D. 法制原则

3. 公共部门人力资源管理的发展趋势有（　　)。

A. 人力资源管理的网络化　　B. 人力资源的知识化和专家化

C. 强调战略性的人力资源管理　　D. 人力资源管理外包

4. 公共部门人力资源管理与传统人事管理的不同之处有：(　　)。

A. 管理理念上的不同　　B. 知识结构的不同

C. 管理内容的不同　　D. 管理目标的不同

5. 我国公共部门人力资源管理的探索与改革内容有：(　　)。

A. 更新人力资源管理理念　　B. 改革人力资源管理制度

C. 重视人力资源开发创新　　D. 实现人资源管理法制化

三、判断题（正确的标A，错误的标B）

1. 人力资源管理将人本身看作是组织的财富和资源，是组织重要的投资。

2. 英国的“文职人员”，泛指政府行政部门中的所有官员，将政务官与事务官以及任期官员和常任官员统称为公务员。

3. 西方国家文官制度要求公务员在政治上保持“中立”，不得参与政治活动，不得兼任议员，不得接受政治捐款，对政党采取公正超然的态度。

4. 公共部门人力资源管理的发展趋势从“人事管理”转向追求“以人为本”的人本管理理念。

5.《公务员法》的出台和实施标志着我国公务员制度初步建立。

6. 强化公共伦理责任，加强公职人员的道德建设是公共部门人力资源管理的重要任务，也是公共部门人力资源管理的大势所趋。

四、简答题

1. 公共部门人力资源管理的含义与特征是什么?

2. 简述人力资源管理与传统人事行政管理的区别。

3. 对比叙述西方现代公务员制度和我国公务员制度的特点。

4. 简述我国公务员制度的基本原则。

五、论述题

1. 论述公共部门人力资源管理的发展趋势。

2. 论述我国公共部门人力资源管理所面临的问题以及对策分析。

参考答案

一、单项选择题

1. D; 2. A; 3. B; 4. A; 5. D; 6. C

二、多项选择题

1. ABCD; 2. ABD; 3. ABCD; 4. AC; 5. ABCD

三、判断题

1. A; 2. B; 3. A; 4. A; 5. B; 6. A

四、简答题（略）

五、论述题（略）

第九章

CHAPTER NINE

公共预算管理

学习目标

通过本章的学习，应该掌握公共预算管理的含义、特征和目标，了解预算制度的发展历程。学完本章后，应该理解和掌握公共预算的方法、程序、技术和工具；公共预算管理的改革与发展的历史和现状；我国公共部门预算管理现状和改革思路。

重点难点提示

- 列项预算、项目预算、零基预算和绩效预算
- 公共预算管理的目标和原则
- 公共预算的方法、程序、技术和工具
- 公共预算管理的改革与发展
- 我国公共部门预算管理的现状和改革方向

第一节　公共预算管理概述

一、公共预算管理的含义

公共预算管理与公共财政管理相互联系但也有明显的区别，公共财政管理关心资金是如何流入各个机构、如何在机构内流动以及如何流出的；而公共预算管理则侧重于与资源的取得和使用有关的政策制定问题。也就是说，公共预算管理重点解决的是要“干什么”的问题，而公共财政管理则是遵循和执行预算决策的具体工作。

（一）预算是促进政府实现决策的工具

预算具有三大职能，即资金配置、经济稳定和收入再分配。在配置功能中，政府预算将财政资金在相互竞争的各项需求之间进行分配，并根据目标的重要性确定资金分配的优先顺序。经由预算的资金配置功能，政府得以向公众提供诸如国防、法律、教育和其他各种形式的公共服务。在再分配功能中，政府预算的实施可以使不同人群之间的利益分配更为合理，更符合社会大多数人的意愿。鉴于所得政府公共决策必须通过预算来体现，政府预算代表了公共政策的实质意义，对政府实施的绩效有深远影响。

（二）预算是管理的工具

好的政策依赖好的预算管理。在旨在促进政策目标实现的整个资金流动过程中，预算管理起着关键性的作用。早期的预算管理更多地强调合规性，对公共资金的使用所产生的效果（如效率）没有给与充分关注。第二次世界大战以后，预算管理从“合规”转向“明智”，后者要求经批准的预算得到有效而经济的执行，用较少的成本完成满意的工作。20世纪50年代，美国率先采用的绩效预算（又称规划预算）强调成本计量，从注重投入转向注重产出，并试图计量政府机构的生产率。到了20世纪80年代，人们对公共资金的使用效率更加关注，认为政府必须如同一个公司那样行事，确定财政资源使用的效率与产生的结果。现代预算管理方法认为，片面地强调“忠于预算”的传统理念已经不能适应环境变化的要求，而应赋予支出机构以“管理灵活性”，从而有效地利用资源，达成既定目标。

二、预算管理制度的产生

英国是资本主义生产方式和议会制度形成最早的国家。早在13－14世纪，英伦三岛随着手工业和商业的发展，城市经济繁荣起来，基尔特制度（即行会制度）在英国十分盛行。行会中的大商人和手工业者逐渐成为新的富有阶层，并且其中的一部分进入了国会。此时的国会成员掌握着全国大部分财富，经济权利加大的同时政治权利也日益扩大。

另一方面，皇室统治者挥霍无度、频繁战争，这使得皇室贵族财政变得相当困难，国王滥用征税权力、扩大税收规模引起了新兴资产阶级和平民的不满。他们经过长期的斗争，迫使当时的英王约翰在1215年签订了《大宪章》。该宪章中规定，除王室政府的正常收入以外，一切额外的邑捐，无论是租税还是力役，不经过权力机构——“大议事会”的批准，国王不得擅自征收。这样通过法律的形式对国王的财政集权进行了一定的限制。一般认为《大宪章》的问世，标志着预算制度的萌芽。

随着英国新兴资产阶级力量的壮大，其政治经济权力进一步扩大，他们开始充分利用议会来限制王室的权力，封建贵族王朝展开了激烈的斗争。到了15世纪中期，英国国会对国王课税权的限制，进一步扩大到一切租税的征收都必须经过国会批准，从而大大限制了封建君主的财政权。

1640年，英国资产阶级革命的爆发使得英国的财政发生了一系列的变化：1678年确定了王室政府为执行其职能所需要的财政支出，必须由代表资产阶级利益的下议院批准。1688年确定了皇室年俸由议会决定，国王的私人支出与政府的财政支出不得混淆。1689年通过了《权力法案》，确定国会为最高权力机构，重申不经国会批准王室政府不得强迫任何人纳税或作其他缴纳；纳税收入和财政支出要按年度分配收支，在年前作出收支计划，提请议会审批和监督；国家机关和官吏在处理财政收支上必须遵循一定的法令和规章，规定了他们的权限和责任。至此，英国预算制度的基本框架就形成了。

此后，英国议会进一步取消了国王自行征税的权力，剥夺了英国皇室的财政权。1760年英王乔治三世交出王室的世袭财产收入，放弃财政征收，以换取由国会下院批准的年度财政拨款；1787年英国首相威廉·彼特要求议会通过一项综合基金法案，其中规定取消英国财政上的专收专用制度，建立起唯一的“联合国综合基金”；1789年英国议会通过了《联合王国综合基金法案》，把全部的财政收支统一在一个文件中，规定除特殊情况外，所有的财政收入都要纳入这一综合基金之中。1816年联合王国基金的形成，使得英国出现了世界上第一个完整的预算。1832年，英国国会又通过了一项法律，规定财政大臣每年必须向国会提出“财政收支计划书”，并由国会批准，至此，具有现代意义的预算制度才真正建立起来。

英国历经几百年的时间，经历了无数的曲折反复，18世纪末才发展成为典型的资本主义国家预算，19世纪初期预算制度才真正地建立起来。欧美其他国家的预算制度确立较晚，一般是在18世纪或19世纪建立了资产阶级政权后才形成。到20世纪初，几乎所有的西方资本主义国家都建立了预算制度。

三、公共预算的特征

（一）公共预算涉及众多利益相关者

公共预算有许多对于预算结果有不同的优先偏好和权力的预算行动者。而在家庭和商业预算中，或许只有一个或几个关键的行动者，而且通过预算所要达到的目的，他们或许有着共同的观点。

（二）公共的预算过程也是利益协调的过程

在政府预算中，官员花费选民的金钱，他们的支出一定程度上可以违背选民的意愿，但是选民会因此把他们赶下台。因此，公共官员努力避免过分偏离他们认为的公民的需要。不过预算行动者的多元化和需求的多样化使得政府官员不可能找到一个统一的需求，在这种情况下，公共部门的预算过程必然要在各利益团体和个人之间进行协调。

（三）公共预算要求可靠性

预算文件有助于民选官员向民众展示财政收入和财政支出的情况。如果公民不能理解预算文件或者不支持这样的预算，那么预算文件可能成为公众争议的中心问题。

（四）公共预算具有较强的稳定性

公共预算在财政年度开始之前就已经计划好了，并准备延续一年甚至两年。在这一时期，政治、经济、文化等内外环境是不断变化的，但是公共预算要求不能进行重大的政策改变。

（五）与私人预算相比，公共预算面对很多约束

与私人部门只有一个底线不同，政府机构可能有多个底线，而且每个都必须平衡。许多公共预算的因素都是在预算制定者的控制之外的。

四、公共预算管理的目标

（一）从经济政策目标到预算管理目标

一般来说，经济政策的三个关键性目标是经济增长、平等和稳定。经济增长意味着把蛋糕做大，平等意味着蛋糕的分配更多地照顾到弱势群体（穷人），稳定则意味着这两件事情都应该是可持续的。这样，良好的预算管理的三个关键性目标及与之相对应的预算系统所要解决的三大问题如表 9－1 所示：

表 9－1　　预算关键目标与相应需要解决的问题

预算管理的关键目标	所要解决的三大问题
财政纪律与总量控制	建立总额财政（预算限额）制度以约束财政总量
资源分配与配置效率	在政府核心层（例如内阁、立法机构和财政部）上基于政策优先性的资源分配
营运管理与运作效率	部门/机构层次上确保公共资源的有效营运

（二）预算管理的其他目标

除了预算管理的三个关键性目标外，关注适当程序（Due Progress）以确保合规性

(Compliance) 以及管理财政风险，也是预算管理的基本要求，因为风险和合规存在于预算过程的每个环节，严重的违规和高风险可能对一个公共组织的预算造成重大的负面影响。合规性意味着预算管理过程的所有参与者，包括行政部门、财政部门、支出部门和支出机构中的决策者与管理者，必须严格遵从政府预算相关的法律和法规。

所有的公共组织都在不同程度和范围上参与与风险相关的财政交易，例如政府提供贷款担保。当政府面临严重的财政风险时，唯一有效的方法就是对财政风险进行及时而全面的管理。总之，预算管理的目标可以概括为如表 9－2 所示的内容：

表 9－2　　公共预算管理目标

目　　标	相应的收入功能	相应的支出功能	相应的组织层次
财政纪律与总量控制	可靠的预测	支出控制	核心部门
资源分配与配置效率	税收公平与归宿	支出规划	部门之间
营运管理与运作效率	收入管理	支出管理	部门内部
适当程序（合规性）	收入管理	支出管理	部门内部
控制财政风险损失	风险管理	风险管理	各个层次

（三）公共预算目标的评价

（1）上述公共预算目标之间存在密切的联系，它们在短期内可能相互冲突，但长期是互补的。

（2）在不同国家，每个目标的重要性并不完全相同，传统的预算管理强调遵循法定程序性原则，但是遵循这些原则是否会产生有效率的预算结果，并不是一个值得关注的重要问题。进一步讲，按照预算管理的传统理念，只要公共资源的分配和营运按照正式的程序规则进行，即使没有取得效率，那也是可以被认可和容许的。

五、公共预算管理的原则

（一）全面性

理想的情况下，预算应全面反映政府活动的范围和方向。作为一般原则，年度预算的范围应该是全面性的，其标准就是能够确保预算能够充分反映本级和次级政府合并的财务状况。为此，在预算文件中，除了提供本级政府的直接收支和预算外活动收支信息外，还应尽可能包括次级（本级以下）政府的相应信息，并合并这些信息。

（二）完整性

政府预算必须是完整的，包括政府所从事的所有的财政收入和支出的内容，以便全面反映政府的财政活动和政府的职能范围。所有法律准许的财政活动，都要在预算中清楚地列出，而不属于政府的交易活动则必须排除在预算之外。同时，不应在预算之外另设其他的财政收支账目，也就是说，政府所有的财政活动都不能脱离预算的管理。对于经立法机构批准的非预算资金的收支活动，也应在预算内有所反映，并接受预算管理。

（三）统一性

在分级财政体制中，预算必须统一，各级政府编制统一的预算，其中所包含的所有的财政收入和政府支出，应该按照统一的科目、统一的口径和统一的程序加以计算和全额编列，不允许只列收支相抵后的余额。也不应另立临时的预算。预算收支的分类应该详尽和准确，以便于对其进行分类管理，同时便于对支出的控制和审查其效率水平。

（四）年度性

该原则是指按照财政年度编制预算，不得间断。预算年度又称财政年度，是指政府财政收支的有效起讫期限。在期限之内，政府财政收支才被认为具有合法性。如果某个财政年度已经开始但预算尚未得到立法机关批准，许多国家规定，在此期间政府的财政支出需要经过特别的法律程序，才能获得合法性。

虽然有些国家在编制一年期预算的同时也在编制多年期预算，但只是一年期预算才需要提交立法机关审批。从世界范围内看，各国的预算年度有两种类型：一种是公历年制，即从公历1月1日到公历12月31日（我国预算属于公历年制）；另一种为跨历年制，即一个预算年度跨越了从上年到次年的两个日历年度。跨历年制年度大致可以分为三种：

（1）从当年的4月1日至次年的3月31日止，英国、加拿大和日本等采用这一财政年度；

（2）从当年的7月1日至次年的6月30日止，瑞典、澳大利亚等国采取这一财政年度；

（3）从当年的10月1日起至次年的9月30日止，这种财政年度以美国为代表。

（五）合法性

预算的合法性原则要求政府预算管理的每个环节都必须遵循法定程序，经立法机关批准，受立法机关约束，立法机关也只有依据预算才能调动资金。经法定程序审批后的政府预算，即成为具有法律效力的文件，行政部门必须无条件执行，不得随意更改。如遇特殊情况需要调整原定预算，同样必须遵循法定程序，不得在法律之外调整或变更预算。

（六）透明性和真实性

透明度原则是指预算应该成为对全社会的公开性文件，其内容能够为全社会所了解。该原则要求预算易于为公众及其代表所理解和审查其内容。

（七）效率性

从效率的角度看，预算作为政策工具，首先要有可操作性，这样才能满足财政管理中提高效率的要求。同时，为适应经济中不断变化的形势，要求预算编制前的预测要尽可能准确。由于预算与所有的经济实体及公民的利益相关，所以，预算提交审查通过后，要以一定的形式向社会公布，以便经济单位和公众知晓预算的详细内容，同时也便于公众对预算进行详细监督。

（八）导向性

公共预算的导向性包括未来导向性和绩效导向性。预算从定义上看就是与未来相关的，现代预算管理理论认为，年度预算将关注的问题放在较短的时间内，限制了政府的长远考虑。相比之下，多年期预算能够把注意力导向当前政策的长期可持续性，使人们在早期阶段就能够鉴别和暴露那些不利的支出趋势，便于早做打算，及时阻止、减缓这些支出或为其筹资。

第二节　公共预算的方法、程序、技术和工具

一、公共预算的方法

公共预算有多种分类方法，从其具体的编制方法来看，可以分成：

（一）列项预算

列项预算也称为分项排列预算，或线性预算。它是一种传统的预算模式，通常以一年为限，将行政过程中的投入用设立成本项目的方法记录下来，以保证所有的开支都是合法的，并方便预算的编制者和执行者能系统地追踪收入和支出情况。分项预算的主要特点是：

（1）列出特殊项目或类型的资金配置，如政府经费一项，它按照会计的分类科目又列为雇员津贴、设备费、差旅费、杂项支出、意外支出、文印支出、卡片支出等项，因此可以非常清晰地看到预算资金的分配情况。

（2）由于在不同项目之间转移支出相当困难，因而列项预算对于立法机构而言是实施监督可控制的一个较好的预算机制。

（3）便于预算执行机关对预算分配到的拨款数额和实际运用的资金数额进行比较，以便对下一年度项目所花费的资金作出合理的估计。

（4）列项预算是一种渐进性的预算编制，它有利于进行全面的预算削减。

（二）项目预算

项目预算也称为规划－计划－预算制度（Programming-Planning-Budgeting System，PPBS）。它最早是由美国肯尼迪政府时期的国防部长罗伯特·麦克纳马拉在美国国防部引入的，随后由约翰逊总统在1965年将这一预算模式扩展到了其他联邦机构。项目预算是

一种将政府目标的设计、规划与预算编制为一体的模式，它以项目为中心，试图把政府的所有收支都纳入项目方式管理，按照项目成本来确定预算的模式。

1. 项目预算可以分为三个步骤

（1）项目设计阶段，即由部门提出项目的名称和项目的收支计划，以及项目实施所需要达到的绩效目标。

（2）计划阶段，即政府通过项目的成本－收益考核，确定项目的排序。对于社会急需而成本－收益评价较高的项目，财政优先安排。

（3）计划的安排既要考虑过去计划的执行情况，更要考虑现在正在设计的未来计划。对于那些已经通过立法机构审查，纳入当年拨款计划的项目，政府进行拨款并进行跟踪管理。

2. 项目预算的优缺点

（1）项目预算的优点

① 可以把预算中安排的项目和政府的中长期计划结合起来，做到长计划短安排，有利于政府活动的开展。

② 在选择和安排项目的过程中，由于要依据各项数据资料进行经济分析、评估以及项目间的比较，因此有利于降低各个项目的费用和提高财政资金的使用效率，并为政府决策提供依据和参考。

③ 许多项目是跨年度的，按照项目安排预算，可以根据实际情况，对计划和预算进行调整。

（2）项目预算的缺点

① 并非所有的政府支出都可以采用项目化管理。例如，政府的经常性预算支出就难以实现项目化管理，因而存在潜在的管理漏洞。

② 项目计划预算属于投入预算，虽然在评估过程中强调项目效率，但是事实上项目执行效果却难以考核。而且，重成本、轻效果是“投入预算”的固有缺点。

（三）零基预算

零基预算（Zero-Based Budgeting）是一切预算从头开始，重新考虑而不是在原有的预算基础上进行增减，它比 PPBS 模式更为彻底。零基预算是在 1962 年首次由美国农业部采用的。它的基本理念是未来的支出和过去的支出没有必然的联系，因此每个部门必须重新证明其项目的正当性和合理性。

1. 零基预算的步骤

（1）由高层管理者提出预算的原则和决策框架，以帮助人们对项目的目的、结果、措施、替代项目、成本和收益等情况作出估计。

（2）对所有现行或提议的项目在上述决策框架的文件中加以描述和分析。

（3）根据成本－收益分析方法对项目进行排序，排序的结果确定为终止、保持最低限度、缩减、维持、扩充。

（4）将财政资金按照上述顺序进行分配。

2. 零基预算的优缺点

（1）零基预算的优点

① 零基预算不受现行预算执行情况的约束，对编制预算的各级单位赋予一定的权力，从而能够充分发挥各级管理人员的积极性和创造性。

② 按照轻重缓急确定优先项目，使预算盈余管理工作更符合节约和效率原则，也有利于对社会的资源进行合理配置，提高宏观经济效益。

③ 零基预算也大大加强了主管部门和执行单位的责任感和成本意识。

（2）零基预算的缺点

它只适合规模较小的预算，而对规模较大的预算，由于要制造大量的资料来证明其合理性，其工作量之大令人响咋舌，而削减计划导致的政治斗争也令高层决策者不胜其扰。零基预算模式最终于 1981 年被里根政府废弃。

（四）绩效预算

在胡佛委员会（Hoover Commission）的建议下，美国于 1949 年首次大范围内采用了正式绩效预算模式，其重点是计量完全成本、评估工作量（Workload）和单位成本，尽管这一模式于 20 世纪 50 年代就招致失败，其带来的某些教训（尤其是成本收益分析的思想以及要求确定支出的目的）在后来被证明是有用的，并被吸收到 90 年代的预算改革中。绩效预算的优点是：

（1）以成本的观念来衡量工作成果，对每个项目都必须经过科学的论证和评估，这对监督和控制财政支出、防止浪费都有积极作用。

（2）重视对预算支出效益的考察，使预算可以反映支出所产生的预计效益。

二、公共预算的程序

完整的预算过程大致包括四个阶段，如图 9－1 所示：

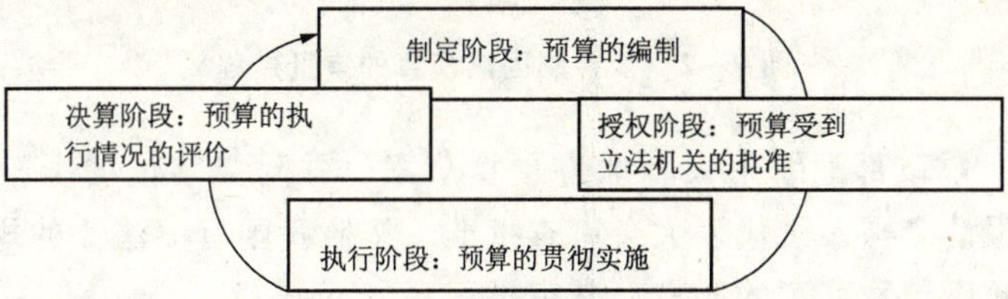

图 9－1　完整的预算过程

（一）预算的编制

政府预算的编制一般由政府行政机关负责。预算编制的程序可以分为两步：一是预算草案的编制，二是预算草案的核定。

1. 预算草案的编制

预算草案是未经法定程序审查和批准的政府年度财政支出计划。各国主持编制预算草案的机构各不相同，一般来说分为以下两种情况：

（1）财政部门主持预算收入和支出的编制工作，由财政部门负责指导政府各部门编制出预算草案并审核和协调这些预算草案，同时根据各种经济统计资料和预计，编制收入预算草案，最后综合收入和支出两个部分，把预算草案交给有法定预算提案权或咨请国会审议权的个人和机构核定。这种类型的国家有中国、日本等。

（2）由政府特设机关主持预算编制工作，而财政部门只负责预算收入的编制。把收入和支出编制工作分开，是为了加强预算编制的效率，避免财政部门统编支出和收入的问题。

2. 预算草案的核定

财政部门或特设机构编制的草案要交给有法定预算提案权或咨请国会审议权的个人和机构核定，在下一预算年度开始将预算法律提案交于国家权力机关审批。预算提案权或咨请审议权在不同的国家也不相同。在美国，总统有预算咨请审议权，由总统核定预算草案。而我国则由国务院行使预算提案权。

（二）预算的审批

这一步是授权立法机关批准预算的阶段，由政府主管部门将预算草案递交给立法机构，立法机构进行预算审查并最终就预算作出决策。

（1）在实行议会制的国家，预算草案的具体审核是由议员中的各种常设委员会与其所属的各种小组委员会进行的。其一般程序如图 9－2 所示：

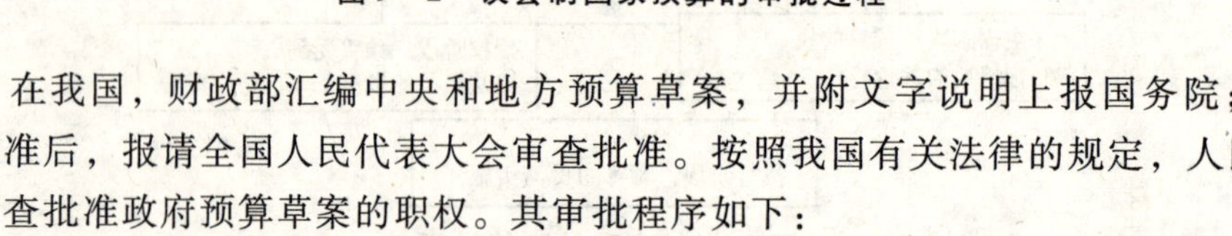

图 9－2　议会制国家预算的审批过程

（2）在我国，财政部汇编中央和地方预算草案，并附文字说明上报国务院；经国务院审查核准后，报请全国人民代表大会审查批准。按照我国有关法律的规定，人民代表大会具有审查批准政府预算草案的职权。其审批程序如下：

① 各级政府部门的行政负责人受各级政府的委托向各级人民代表大会作关于本级预算草案的报告；中央财政部要向全国人民代表大会作关于中央和地方草案的报告。

② 各级人民代表大会财经委员会和其他的相关委员会对政府预算作全面审查，并向

人民代表大会报告审查结果，提交大会讨论和审议。

③ 人民代表大会对预算草案进行审议。在审议过程中，人民代表有权就预算草案中的问题向财政部门提出质询，财政部门必须就问题作出答复。预算草案由人民代表大会审议通过后作出批准或者修改决议。对需要修改的预算草案，各级政府要按照人民代表大会的修改决议对预算草案进行修改调整。

④ 经人民代表大会批准的政府预算要及时向社会公布。同时，预算被批准后，本级政府财政部门要及时向本级预算部门批复预算，各预算部门也要及时向所属各单位批复预算。政府预算经各级人民代表大会审议批准后即成为有法律效力的文件，各预算主体应该严格执行，不得任意改变预算收支指标。在预算执行过程中，有特殊情况需要调整预算时，也要按照法律程序调整。

（三）预算的执行

这是预算的实施贯彻阶段。这一阶段是在当前年度发生，其重要工作就是进行实质性的资源收集和分配。其中，资源分配和支付的速度是关系到预算执行情况的重要因素，由于分配权不可能全部掌握在中央政府各部门手中，而是需层层分离到下一层甚至基层组织，在这一过程中可能会发生分配权的滥用。正常情况下，预算调整要尽可能小，而且应该受到严格的审查。

我国的预算执行机构包含三个层次：

（1）国务院和各级地方人民政府及其所属的财政部门。国务院负责执行中央预算，各级地方人民政府负责执行本级地方预算，各级政府的财政部门负责组织具体的预算执行。

（2）中央和地方各级主管部门及其所属的各预算单位。它们负责执行本部门的、本单位的单位预算和财务收支计划。

（3）政府专门设立的预算管理机构。是指除财政部门以外的预算管理机构，如参与组织预算收入的税务机关、海关机构，参与执行预算支出的各大银行等。

（四）预算的决算阶段

这一阶段是预算的审计和评价阶段，通常在当前年度结束后开始。对预算进行决算的目的一方面是为了检查预算的执行情况以及存在的问题，从而全面地反映政府绩效；另一方面，也为以后年度预算的展开提供良好的基础。

我国预算决算是在财政部的主导下进行的，其决算流程如图 9－3 所示：

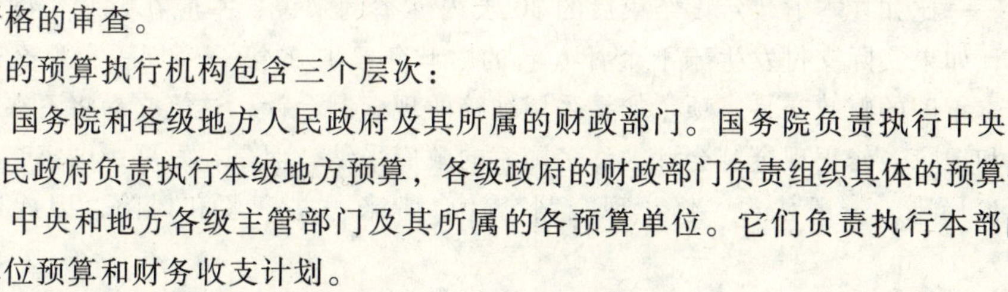

图 9－3　中国公共预算决算流程

三、公共预算的技术与工具

良好的预算执行依赖于一系列技术和工具的支持。公共预算的技术和工具主要包括：政府会计、政府报告、财政审计以及预算评估。

（一）政府会计

政府会计是预算管理的基础性工具，良好的会计和报告系统对于预算管理、受托责任和制定政策极为重要。

1. 政府会计系统的类别

（1）现金制会计。也称“现收现付制”会计，是以现金的实际收付时间作为确认、记录和报告交易的基础。迄今为止，传统的现金制会计仍然是使用最为普遍的会计模式，它适用于处理实际发生现金流量的交易。如果现金流量仍未实际发生，则不予记录。由于非付现支出在许多国家应用普遍并且具有宏观经济影响，在采用现金制政府会计的预算管理系统中，需要一个适当的辅助系统来记录承诺和报告欠款以及其他形式的非现金交易。如果有这样一个辅助系统，现金制会计就能更好满足支出控制的需要。

（2）修正现金制会计。修正现金制会计是在会计基础上，追加一个确认年末付款的额外期间——比如在本财政年度结束后的30天内。举例来说，本应在财政年度末发生的一笔支付，如果实际支付发生于下个月（新的财政年度）的第一个周一，那么这笔交易仍确认为本年度的财政交易事项。如果采用纯粹的现金制会计，这笔交易将不在本财政年度内确认和记录。修正现金制会计被许多国家的政府采纳，但是在发展中国家，这种会计制度有不少局限，一般认为，修正现金制会计会带来一些麻烦和风险，因此通常予以避免。

（3）修正应计制会计。应计制亦称权责制，是以取得收入的权利、承担支付义务所发生的时间作为确认、记录和报告交易的基础。修正制会计是在发生时确认交易和事项，而不论现金是否收到或支付。但是，在未来期间才会发生的成本不会推迟其确认时间，也就是说，在未来提供服务的实物资产将被当作本期的“费用”加以一次性确认。

（4）完全应计制会计。完全应计制会计是在财务交易或经济事项发生时就进行记录和计量，而不考虑收到和付出现金的时间。收入反映的是年度中到期的收入，而不考虑这些收入是否已经被征收上来。支出反映的是年度中被“消耗掉”的商品与服务的数量，而不考虑款项何时支付。完全应计制会计与企业中使用的会计制度（商业会计）相似，可记录所有的资产和负债，尤其是可以提供关于政府财政活动的完整信息。

目前，大多数国家仍然采用传统的现金制（或修正现金制）政府会计，但也有越来越多的国家自20世纪80年代以来在预算管理系统中引入应计制会计，有些国家——例如新西兰、英国、澳大利亚——则走得更远：不仅提供应计制基础上的政府报告——包括财政报告和财务报告，而且一举将现金制预算/拨款转变为应计制预算/拨款。当然，政府预算管理系统中的现金制与应计制各有利弊，它们的相对优劣仍是一个广受争议的问题。

2. 政府会计系统应具备的特征

（1）确保适当的程序以系统地记录交易、足够的安全及与银行报表的充分可对比性；

（2）所有的收入和支出在会计账户中都应该根据相同的方法记录，包括作为专项资金的收入、国内外贷款等；

（3）支出按照功能和性质分类；

（4）清晰而良好的会计程序；

（5）定期编制报表；

（6）在支出周期的每个阶段追踪拨款使用的会计系统——通常称为预算会计；

（7）良好的透明度；

（8）便于对会计数据的保留、存取并确保安全。

（二）政府报告

报告系统必须设计成能够满足不同用户的需要，包括立法机关、公众、预算管理者、政策制定者等等。作为最低要求，政府报告应该：

（1）所有的政府拨款情况和线性项目（Line-Items）（例如津贴）的管理情况进行报告；

（2）报告受托责任，即对立法机关就预算资源的使用及其结果进行报告；

（3）财务报告，包括报告合并的一般政府财务状况、欠款、债务、或有负债以及贷款的报告；

（4）对预算政策的评估报告。

（三）审计

1. 审计的范围

审计的范围一般可以分为财务审计、合规性审计和绩效审计。

（1）财务审计的范围包括审计财务报告书（核心是财务报表）及其所依据的会计准则；

（2）合规性审计是对法律方面的合规性进行的审计，核心是管理系统、财务系统以及管理控制系统的诚实与适当性；

（3）绩效审计对使用资源已达到特定目标的公共规划、部门和机构的管理与营运绩效进行审计，所使用的核心概念是经济性、效率性和有效性。

2. 审计的分类

（1）内部审计。如果审计的目的在于满足一个组织内部管理的要求，则为内部审计（Internal Audit），它通常由组织内部的机构实施。在内部控制系统中，内部审计的任务是对管理控制系统进行监督，并向高层管理者报告这一系统的弱点以及提出改进建议。内部审计者是一个组织内部控制系统的一部分，并且向组织的高层管理者负责。管理者首先通过内部审计单元对其管理控制系统进行评估，并据以改进控制。

（2）外部审计。政府的外部审计通常由某个独立的组织——通常称为高级审计机构（SAI）——实施，该机构一般向立法机关和（或）公众，以及被审计实体报告审计结果。在发达国家中，SAI 会实施好几类审计，包括事前审计、合规性审计、财务审计和效率审计。各国的审计重点也不同，这取决于审计的环境。

（四）预算评估

预算评估是现代预算管理中的一个重要步骤，评估结果会产生大量有价值的信息，尤其是关于特定规划的成本与效益信息，这些信息可以帮助决策者作出更好的资源分配决策，考虑废止那些没有起码资格的规划，减少或终止那些低效益支出机构的开支，重新界定政策目标或规划目标的优先顺序，以便把预算资源转移到更有价值的用途上。

通过公布评估结果并将评估结果与预先规定基准的绩效与产出指标进行比较，公众可以更好地判断公共部门的运作效率，从而激励公共部门努力提高运作效率，或者对公共部门施加增进效率的压力。此外，评估结果还可以作为立法机关和审计机关的重要参考资料，进而促使支出管理者更好地达到立法机关和审计机关的要求，从而间接地帮助提高预算过程的配置效率和营运效率。

预算评估通常采用规划评估（Program Evaluation）的形式，目的在于确认和计量政府政策和规划所产生的效应。规划评估需要大量的数据和专业技能。如同效率审计一样，规划评估所采用的方法和技巧也必须具有成本有效性——以最可能低的成本实施评估。

第三节　公共预算管理的改革与发展

一、世界范围内的公共预算管理的改革与发展

（一）公共预算管理改革与发展的历史

公共预算改革可以说是当前世界范围内公共管理领域最热门的话题之一。西方发达国家预算管理改革的历史可以追溯到 19 世纪前期，当时改革的主要目的是加强预算的功能，使预算在社会经济生活中发挥更大的作用，由此催生了侧重加强中央政府对预算监控力量的英国模式，以及侧重加强立法机关对预算监控力量的美国模式。

20 世纪 20 年代，两国模式出现了新的问题。英国模式的问题是中央对预算执行实施了过多的干预，支出机构的管理权限过小；美国模式的问题是立法机关主导预算制定，难以完成预算的任务。因此，在整个 20 世纪 40 年代，英国加强了支出机构管理自主性的改革，而美国加强了对行政部门在预算决策中的作用的改革。

20 世纪 50 至 70 年代，许多发达国家和发展中国家对预算管理系统进行了重大改革，其突出特点是：对传统投入预算模式的局限性进行了反思，寻找补救办法，其核心就是将绩效概念引入预算管理中。美国的规划预算是政府预算改革的首次重大尝试。事实上，美国已于 1949 年采纳了胡佛委员会的绩效预算（规划预算）建议，但是这一改革最终失败了，在 20 世纪 60 至 70 年又分别进行了名为“规划计划预算”、“零基预算”的改革。

近 20 多年的改革并不是对以往改革的抛弃，在许多方面可视为对以往改革的继续和改进。其成效在很多方面也归结于早期改革的实践提供的经验和教训。

（二）OECD 国家公共预算改革的核心理念和重点

当今世界，由于政府组织对改革本身的良好理解，主要在 OECD 成员国中进行的预算改革比早期改革取得了更为明显的成效。与采纳规划预算时的情形不同的是：在近期的预算改革中，作为一种控制机制的产出控制已经代替了投入控制，信息技术的发展也降低了改革的成本。OECD 国家公共预算改革的核心理念和改革重点如表 9－3 所示：

表 9－3　　OECD 国家公共预算改革的核心理念和重点

预算改革的核心理念	预算改革的重点
促进良好的公共治理	为确保财政责任和政策承诺的可信度创造制度条件
提高财政透明度	转向多年度预算
重新分配预算资金	采纳新型的自上而下的预算程序
未来导向性	放松投入控制
中心从投入转向结果	建立基于结果的受托责任体制
需要有应计制政府会计	实施应计制会计和应计制预算

二、我国公共部门的预算管理改革

（一）我国公共部门预算管理现状

新中国建立以来，我国在很长一段时期内实行的是单式预算的编制方式。单式预算将收入和支出分列在一张表的两边。单式预算虽然简明、直观，但是随着我国市场经济的发展和经济活动复杂性的增加，它已难以准确地反映出政府对经济活动的投入规模，也难以对预算实行有效的监督管理。鉴于此，我国中央预算和部分省市预算从 1992 年起开始采用复式预算的方法进行编制。所谓复式预算，就是将全部的财政收入和财政支出按照性质划分，根据不同的性质汇编成两个或两个以上的收支对照表，将特定的预算收入和特定的预算支出相联系，从而使两者形成稳定的对应关系。

尽管我国的预算管理不断地进行着改革，并取得了一定的成效，但是依然存在着很多缺陷，具体表现在：

（1）我国预算仍带有不少的计划性色彩，与市场经济条件下的公共财政预算尚存在较大差距。

（2）一些公共部门活动没有在现在的复式预算中得到全面的反映。如土地出让收入。

（3）预算编制是粗放型的，多数地区采用简单的基数法编制预算，下一年的支出根据上一年的基数确定一定的增长比例，这既不符合现实，也导致了支出的刚性和预算的软约束。

（4）编制过程不透明，时间太短，对于预算的审批也不严格，一方面资金使用的随意性较大，另一方面不利于对预算的监督。

（5）我国预算管理的责权不明晰、执行不严格，预算缺乏应有的严肃性。

（二）我国预算管理的改革方向

1. 合理设置预算科目

我国预算科目大都带有计划经济的色彩，为了适应我国市场经济的发展必须重新设置科目，更好地体现我国的改革成就和进一步发展的方向。

2. 完善我国的复式预算编制

鉴于我国近年来在财税体制上的重大改革，必须相应对预算收入和支出进行分类改革。对一些公共活动的预算，如土地出让收入要加入到复式预算之中。

3. 细化预算编制，推行部门预算

多年来，我国提交人大审议的预算都是一种粗线条的“功能”预算，只有财政支出的大体类别，人大代表很难了解预算收支的具体安排，审议和监督都难符其实。而推行每个部门都编制预算、并交立法机关审批，是国际通用的做法，应该成为我国预算管理改革的核心内容。

4. 强化预算执行，使预算更为透明，更易监督

《预算法》规定，我国预算实行公历年制，即财政年度周期为公历 1 月 1 日到公历 12 月 31 日，而每年人民代表大会都是在 3 月份召开，这就造成在立法机关批准新的财政年度的预算之前，各级预算就已经执行了，这极大地损害了预算的权威性和严肃性。总体说来，我国预算的执行情况不太理想，随意性较大，各种做法不太规范，这就需要有关部门强化预算执行。在这一过程中，发挥社会公众、媒体等对预算执行的监督非常重要，当然，这需要预算编制更加透明、规范。

本章小结

公共预算管理重点解决的是要“干什么的问题”，而公共财政管理则是遵循和执行预算决策的具体工作。公共预算的三个关键性目标是财政纪律与总量控制、资源分配与配置

效率和营运管理与运作效率，此外，公共预算管理的其他目标还有关注适当程序以确保合规性以及管理财政风险。公共预算管理要求的原则有全面性、完整性、统一性、年度性、合法性、透明性和真实性、效率性以及导向性。

公共预算改革可以说是当前世界范围内公共管理领域最热门的话题之一，改革的路程也曲曲折折。现代国家近20多年的改革都是在吸取以往改革的经验教训的基础上，在许多方面进行的改进。合理设置预算科目，完善我国的复式预算编制，推行部门预算，强化预算执行和预算透明性成为我国预算管理改革的方向。

重要概念

公共预算管理　　列项预算　　项目预算　　零基预算　　绩效预算　　现金制会计　　修正现金制会计修正应计制会计　　完全应计制会计　　政府报告　　内部审计　　外部审计　　预算评估

案例分析

【案例】看好13亿人的“钱袋子”

预算审查，就是对政府如何花钱的监督，用形象的话说，就是要为13亿中国人看好“钱袋子”。这是宪法赋予最高国家权力机关——全国人民代表大会的重要监督职权之一。

根据国务院提出的2005年中央和地方预算草案，全国财政收入29 255亿元，全国财政支出32 255亿元。如何管好这么大的一个“钱袋子”，让老百姓放心？如何确保老百姓的每一分钱用到刀刃上，用出效果来？

（一）预算要“闯六关”

2005年3月10日下午，十届全国人大三次会议主席团举行第三次会议，表决通过了2005年预算草案的审查结果报告和决议草案，决定将这个决议草案提交大会审议，提请大会表决。

决议草案一旦在14日举行的大会上表决通过，就意味着2005年中国政府对财政资金的“花法”得到最高国家权力机关的批准。

实际上，在此之前，2005年的预算报告和预算草案已在全国人大及其常委会经过多次审查。

按法律规定在人代会召开的1个半月之前，2004年12月底，全国人大常委会预算工作委员会就听取了财政部关于2004年预算执行情况和2005年预算草案初步方案的汇报，并向财政部书面提出了对预算草案的意见和建议。财政部据此对草案进行第一次修改，大会召开的一个月前，全国人大财经委和有关专门委员会又听取了财政部关于2004年预算执行情况和2005年预算草案的初步方案的汇报，并对预算草案进行初步审查。每年全国人代会的一项重要议程，就是审查和批准国家预算。今年大会期间，代表每人都拿到了一份预算草案。而且，由于改为书面报告形式，预算报告内容更加翔实，增加了诸多名词解释和图表。大会的这一改进，有利于人大代表更好地行使职权，审查预算草案。

在代表们进行审查的同时，全国人大财经委也在对预算草案进行又一轮的审查，并根据各代表团和有关专门委员会的审查意见，向大会主席团提交了审查结果报告。大会主席团的表决结果，使国家年度财政预算迎来了最后、也是最重要的一关——大会表决。从会前两次初审，到大会期间代表审阅、财经委审查，从主席团会议通过审查结果报告，到大会最终表决，国家预算要在全国人大“连闯”大大小小六道“关口”，才能最后得到批准。

（二）代表意见“尽可能吸收”

部分地区的县乡财政保障能力薄弱，基层政府运转经费捉襟见肘。为此，赵新良代表建议：“财政预算的有关安排不明显，建议作出调整，确保中央财政转移支付及时到位。”

列席会议的财政部官员认真听取代表们的意见，逐条研究，消化吸收。在短短3天内，国务院就对预算报告进行了修改，代表意见凡是能吸收的都吸收了。预算报告据此作出了6条重要的修改：在“厉行节约，坚决反对铺张浪费”一节，增加了“追踪问效”的内容，回应要关注财政资金使用效益的建议。新增加了关于农业科技投入的内容——“大幅度增加农业科技投入，加强农业科技创新能力建设，进一步完善农业技术推广体系。增加重大农业技术推广专项补贴”，以回应代表们强化科技兴农的建议。在“认真依法理财和为民理财”之后，增加了“加强对财政资金使用全过程的监督管理，完善内控机制”；将“努力从机制上预防各类违反财经法规问题的产生”改为“努力从机制上、制度上预防各类违反财经法规问题的产生”；在转移支付资金监管方面，增加了“进一步规范转移支付制度，加强对地方转移支付资金管理”。这些都是为了从制度上、源头上加强监管，防止财政资金被违法违规使用……

（根据刘山鸣载于2005年3月15日《南方都市报》的《看好13亿人的“钱袋子”》一文改编。）

【问题】

为什么说“国家预算举足轻重”？我国的预算外资金应如何进行规范管理？

【解析】

按法律规定，国家预算必须经过人大批准，预算的调整，也必须经财政部门提出，人大常委会审批，政府无权任意改变财政预算。但是事实上，一些地方会出现擅自调整预算的现象。未经法定程序频繁追加支出预算的有之；随意增减收支口子、以言代法的现象有之；擅自扩大开支范围，提高开支标准，改变支出用途，不按规定严格执行预算和财政制度等情况也屡见不鲜。

预算外收支和制度外收支现仍未被纳入国家预算。“预算外收支”的资金数额之巨，在有些部门甚至超过了预算内资金本身。此外，近几年来，各地都各显神通，挖空心思到中央各部委要钱，形成了“跑部钱进”的怪现象。这些原本是中央财政转移支付的款项，通过各种渠道，流入了地方财政的盘子。

各级人大应当树立起“预算在民”的监督理念，使名义审查变为实质审查，真正成为人民管好政府的“钱袋子”的最佳代理人，各级政协在政府花钱问题上，也应切实履行好民主监督的职能。

同步测练与参考答案

一、单项选择题

1. 20 世纪 50 年代，率先采用绩效预算（又称规划预算）强调成本计量的国家是：（　　）。

A. 美国　　B. 英国　　C. 德国　　D. 法国

2. 历史上最早建立预算制度的国家是：（　　）。

A. 美国　　B. 法国　　C. 日本　　D. 英国

3. 下列哪一项不是公共预算管理的原则：（　　）。

A. 全面性　　B. 统一性　　C. 内部性　　D. 年度性

4. 通常以一年为限，将行政过程中的投入用设立成本项目的方法记录下来的公共预算的方法是：（　　）。

A. 列项预算　　B. 项目预算　　C. 零基预算　　D. 绩效预算

5. 我国行使预算提案权的机构是：（　　）。

A. 全国人大常委会　　B. 最高人民法院

C. 国务院　　D. 全国人民代表大会

6. 以现金的实际收付时间作为确认、记录和报告交易的基础，在此基础上，追加一个确认年末付款的额外期间的政府会计类别为：（　　）。

A. 现金制会计　　B. 修正现金制会计

C. 修正应计制会计　　D. 完全应计制会计

7. SAI 是下列哪项的简称：（　　）。

A. 审计局　　B. 高级审计机构

C. 审计委员会　　D. 中共中央政治局

8. 目前，大多数国家仍然采用最多的政府会计是：(　　)。

A. 现金制会计　　B. 修正现金制会计

C. 修正应计制会计　　D. 完全应计制会计

二、多项选择题

1. 公共预算与私人预算相比较，公共预算具有哪些特征：(　　)。

A. 更多利益相关者　　B. 更为准确

C. 更加严格　　D. 面临更多约束

2. 公共预算管理的三个关键性目标是：(　　)。

A. 财政纪律与总量控制　　B. 资源分配与配置效率

C. 管理财政风险　　D. 营运管理与运作效率

3. 我国的预算执行机构包含哪三个层次：(　　)。

A. 国务院和各级地方人民政府及其所属的财政部门

B. 中央和地方各级主管部门及其所属的各预算单位

C. 政府专门设立的预算管理机构

D. 银行和金融机构

4. 公共预算的技术与工具有哪些：(　　)。

A. 政府会计　　B. 政府报告　　C. 财政审计　　D. 预算评估

5. 政府报告应该包括的内容有：(　　)。

A. 所有的政府拨款情况和线性项目

B. 报告受托责任，即对立法机关就预算资源的使用及其结果进行报告

C. 财务报告，包括报告合并的一般政府财务状况、欠款、债务、或有负债以及贷款的报告

D. 对预算政策的评估报告

6. 公共预算审计的范围一般可以分为：(　　)。

A. 预算编制的合法性和合理性

B. 财务报告书及其所依据的会计准则

C. 合规性审计，核心是管理系统、财务系统以及管理控制系统的诚实与适当性

D. 对使用资源已达到特定目标的公共规划、部门和机构的管理与营运绩效进行审计，所使用的核心概念是经济性、效率性和有效性

7. 根据审计主体的不同，审计可以分为：(　　)。

A. 财务审计　　B. 内部审计　　C. 外部审计　　D. 合规性审计

8. 对我国公共部门的预算管理描述正确的选项是：(　　)。

A. 新中国成立以来，我国在很长一段时期内实行的是单式预算的编制方式

B. 我国预算仍带有不少的计划性色彩，与市场经济条件下的公共财政预算尚存在

较大差距

C. 我国预算编制过程不透明，时间太短，对于预算的审批也不严格

D. 我国立法机关批准新的财政年度的预算之后，各级政府才能按照批准预算严格执行

三、判断题（正确标A，错误标B）

1. 好的政策依赖好的预算管理。

2. 公共的预算过程也是利益协调的过程。

3. 公共预算可以随环境的变化随时调整。

4. 各级政府编制统一的预算，应该按照统一的科目、统一的口径和统一的程序加以计算和全额编列。

5. 预算财政年度的公历年制，是从公历1月1日到公历12月31日，我国预算不属于公历年制。

6. 项目预算也称为规划－计划－预算制度（PPBS）。它最早中由美国肯尼迪政府时期的国防部长罗伯特．麦克纳马拉在美国国防部引入的。

7. 新中国成立以来，我国在很长一段时期内实行的是复式预算的编制方式。

四、讨论题

1. 公共预算管理的含义什么？

2. 公共预算的特征是什么？

3. 公共预算管理有哪些目标？

4. 简述公共预算管理的原则和方法。

5. 简述公共预算的程序。

6. 政府会计特征和政府会计的类型是什么？

7. OECD国家公共预算改革的核心理念和重点是什么？

8. 试述我国公共部门的预算管理现状和改革方向。

参考答案

一、单项选择题

1. A；2. D；3. C；4. A；5. C；6. B；7. B；8. A

二、多项选择题

1. AD；2. ABD；3. ABC；4. ABCD；5. ABCD；6. BCD；7. BC；8. ABC

三、判断题

1. A；2. A；3. B；4. A；5. B；6. A；7. B

四、讨论题（略）

第十章
CHAPTER TEN

公共部门绩效管理

学习目标

通过本章的学习，了解公共部门绩效管理的基本含义和功能、国外公共部门绩效管理的发展趋势和难点、当代公共部门绩效管理的特点和发展趋势。理解公共部门绩效管理的评价指标、衡量指标体系。明确公共部门绩效管理存在的问题及对策。

重点难点提示

- 公共部门绩效管理的基本含义和功能
- 公共部门绩效管理的特点和发展趋势
- 公共部门绩效管理的评价指标体系
- 公共部门绩效管理存在的问题及对策

第一节　公共部门绩效管理概述

一、公共部门绩效管理的基本含义和功能

（一）公共部门绩效管理的基本含义

所谓公共部门绩效管理是在设定的公共服务绩效目标的基础上，对公共部门提供公共服务的全过程进行追踪监测，并作出系统的绩效评估的过程。可以说，绩效管理是公共管理者的主要职责。

公共部门绩效管理过程一般包括三个最基本的功能活动：

1. 绩效指标化

为了进行绩效评估，管理者必须设计一套足以衡量组织目标实现的指标系统，也就是衡量组织绩效的标尺，这样才能在不同机关与不同时期之间进行比较。

2. 绩效监控

绩效监控是指对组织的绩效进行持续性的监测、记录与考核，以作为绩效评估和改进组织绩效的基本依据。

3. 绩效评估

绩效评估是依据绩效指标，对公共部门管理过程中投入、产出、中期成果和最终成果所反映的绩效进行评定和划分等级。绩效评估包括组织绩效评估和个人绩效评估。对公共管理而言，组织绩效评估具有更重要的地位；在人力资源管理中，则重视个人绩效评估，以作为工资、奖惩、晋升的依据。

总之，公共部门的绩效管理是由收集绩效信息、确定评估目标、划分评估项目、进行绩效测定、使用评估结果构成的行为体系，是持续提高管理绩效、不断促进有效管理的过程。

（二）公共部门绩效管理的功能

在现在公共管理中，绩效管理的重要性主要体现在以下几个方面：

1. 使公共管理的责任落到实处

从公共管理的角度看，公共部门对公民至少在以下三个方面负有不可推卸的主要责任：一是其支出必须获得公民的认可并按合法程序进行；二是资源必须被有效率地利用；三是资源必须被用于实现预期的目标。人们期待公共部门能够负起责任，但是，如果没有对各种责任的评估机制，如果不能对公共部门的各种活动进行测评，就很难知道公共部门是否负起了责任。因此，从落实责任的角度看，绩效管理是十分重要的。

2. 能较好地满足服务对象的不同要求

公共服务所面对的是具有各种各样要求的顾客，他们对公共部门提供的同一类服务的评价往往差异甚大。公共管理者经常面临的困境之一，就是在满足了一部分民众要求时，往往令另一部分民众感到不满。由于绩效管理具有合理、精细的指标设计，因此能较好地满足不同民众的多方面要求。

3. 体现了公共管理的结果导向的精神

公共行政学强调的是过程、投入，而不大重视结果，这样往往导致浪费、形式主义和官僚主义。公共管理的一个重要特点是“结果导向”而非程序、规则导向。由于绩效管理不是将程序和规则放在第一位，而是将是否产生好的结果，是否满足公民需求放在第一位，它便顺理成章地成为公共管理的重要工具，并有效地促进了公共管理品质的提升。

4. 满足了评估组织绩效和个人绩效的双重要求

过去公共部门通常进行的是公务员的个人绩效评估，但在个人与组织互动日益密切的情况下，仅仅进行个人绩效评估是不够的。个人绩效的提高并不必然导致组织绩效同步的提高，只有将二者有机结合起来，才能促进组织整体绩效的提高。

二、当代公共部门绩效管理的特点和发展趋势

从发达国家的实践情况看，当代公共部门绩效管理体现出以下主要特点和发展趋势：

（一）绩效管理的制度化

绩效管理成为对公共部门机构的法定要求。美国、荷兰、日本等国家都制定了相关法律（日本为《公共部门政策评价法》）。英国和澳大利亚等国家主要以管理规范的形式，使部门绩效管理成为重大改革方案的组成部分，凭借最高行政首长的政治支持和主管部门的预算配置权来推进部门绩效管理。为了有效实施法律和制度，多数国家还确定了独立机构，负责对绩效管理工作进行指导、督促和协调，并有选择地独立对一些部门的绩效进行管理，避免部门自我管理可能产生的“报喜不报忧”和评价失准现象。比如，英国的审计办公室负责中央公共部门机构的绩效管理，审计委员会负责地方公共部门的绩效管理。在美国，联邦公共部门的管理与预算局审批各部的年度绩效计划，总审计署自主选择项目或活动，独立对公共部门机构进行绩效管理，并向国会和公众公布管理结果。

（二）绩效管理的规范化

公共部门的职责和工作性质千差万别，为了进行科学的绩效管理，必须提炼出基本规范。国外大多用 4E 作为总要求来建立公共部门绩效管理规范和标准体系，即经济（Economic）、效率（Efficiency）、效益（Effectiveness）、公正（Equity）。在此基础上，各国制定了相对比较具体的管理指标体系。如美国总统管理和预算办公室提出的行政部门的“通用衡量标准”，制定了相关绩效基准和等级管理标准。

（三）绩效管理中的公民导向

绩效管理是一种推动公共部门承担责任的有效机制，因此，坚持公民导向成为公共部门绩效管理实践中的重要发展趋势。公共部门绩效管理强调以人为本，以公民为中心，以满意为尺度。公民是公共部门所进行的公共管理和公共服务的最终承接者，对公共部门绩效最有发言权，公民参与原则是绩效管理的基本原则。具体做法有：在绩效示标设计上体现外向特征和多样化的满意度调查，民间部门对公共部门进行独立评价和审视等。

绩效管理在很多国家公共部门改革中已经发挥了重要的作用，但是由于绩效管理是世界公认难题之一，在实践中，遇到的困惑和问题也不少。首先，绩效是一个内涵十分丰富的概念，它包括了效率、效益、产出、行为、表现、成就、责任、回应、公平、顾客满意度等，对如此丰富的内涵进行管理是一项十分复杂和艰难的工作；其次，由于公共部门职能在不同层次、不同地区和不同部门差异较大，而且政策目标具有多元性，或与政治相关、或与管理效率相关、或与公共部门责任相关，是极其复杂、模糊、甚至是相互冲突的，要把这些法定的职能和目标转化成具体的、清晰的、量化的、广为接受的、可考核的目标难度不小；最后，由于公共部门主要是通过公共财政资源的支持，向社会提供公共物品和公共服务的部门，而公共物品和公共服务的非竞争性、非排他性、非营利性、公共垄断性、效益的滞后性以及信息的非对称性，使得获取准确的公共部门绩效信息难度不小。

第二节　公共部门绩效管理的指标和方法

一、公共部门绩效管理的评价标准

西方学者认为公共部门服务的绩效可以以 4E 作为衡量指标：

经济（Economic）/成本标准。这种衡量只是说明花去了多少钱，或是否按程序花钱。当然，成本衡量能很好地体现出预算和成本之间的差距。然而，成本本身并不能衡量服务的效率和效果，因而单一使用成本衡量不能满足绩效评估的要求。

效益（Effectiveness）/质量标准。效益衡量是看情况是否得到改善，即用来衡量提供服务的影响和质量，看服务是否达到预期目的。它关心的是目标和结果。效益可分为两类：一是改变现状的程度；二是行为改变的幅度。每一项服务都有明确或含糊的指向顾客的目标。这些目标可作为界定效益衡量的基础。

效率（Efficiency）/生产力标准。效率指为产生特定水平的效益所付出努力的数量。简单地说就是投入与产出的关系。产出与投入的比率被称为生产力。反过来，投入与产出的比率被称为效率或单位成本，其实它们是同一概念。效率与经济理性同义，它关心的是手段问题，而且这种手段是以货币方式加以表达与比较的。

公平（Equity）。公平标准指的是效果（如服务的数量或货币化的收益）和努力（如货币成本）在社会群体中的不同分配，它与法律和社会理性密切联系。公平作为衡量指标时，关心的是“接受服务的团体和个人是否受到公平的待遇，需要特别照顾的弱势群体是否能够享受更多的服务”。公平无法在时常机制中加以界定，因而其很难衡量。

二、公共部门绩效评估的衡量指标体系

（一）指标体系在公共部门绩效评估中的重要地位和作用

绩效评估是依据一定的标准进行的价值判断的活动。评估指标的选择是绩效评估的基本前提和有效评估的特征。指标体系决定着评价结果的信度和效度。在公共部门绩效评估中，指标是评估目标的具体化，因此，指标体系是公共部门绩效评估的核心。没有一套必要的指标体系，就无法进行公共部门绩效评估。指标体系的合理化、科学化在很大程度上影响着公共部门绩效评估的水平和质量，因此，建立一套优化的指标体系就十分必要。

公共部门绩效评估中，指标体系的作用有三方面。首先，指标体系是公共部门绩效评估的基础，没有指标体系就无法进行评估，建立指标体系是评估的必备条件。其次，指标体系是公共部门改进管理工作的依据。同样，一套完整的指标体系也是一套具体的管理目标。按照指标体系还可以评鉴管理工作的优劣，找到相应的改进措施，明确规划或计划的方向。再次，科学合理的指标体系反映了公共部门改革的方向，可以引导公共部门改革健康地进行。

（二）公共部门绩效评估指标体系的设计原则

设计指标体系除了要考虑到上文所述的4E标准外还应遵循如下基本原则：

1. 一致性原则

在制定绩效指标时，公共部门各部门、上下级之间在指标的数量、范围和权重方面必须协调一致，充分沟通，要使指标与目标一致，决不能相反和矛盾，而且指标要能充分地反映目标。违背这一原则的指标就会使公共部门绩效评估偏离目标，从而产生不良的后果。因此，指标体系对公共部门工作的导向作用是十分明显的。

2. 客观性原则

即指标体系的设计要求应从公共部门管理工作的实际情况出发，实事求是，客观可行，使每一指标都具有实际意义。指标定得过高或过低、过繁或过难都会脱离实际，达不到预定的目标。

3. 整体性原则

社会发展和人民生活的改善应是全面的、可持续的。公共部门作为某一区域内法定权威组织，是唯一能够在宏观上引导本地产业在系统、可持续发展的框架内运行的组织。这要求公共部门在制定各项指标时，要综合反映社会发展的全面性与协调性，而不是只侧重

某一方面。

4. 可测性原则

即指标体系的每一个指标都可以实际测量或观察，以获得明确的结论。根据可测性原则，指标可分为两类，一类是可以量化的定量化指标，另一类是难以量化的定性指标。从现实情况考虑，这两类指标都是必要的，难以相互取代。

（三）公共部门绩效评估的衡量指标体系

从公共部门提供服务的模式来看，公共部门工作绩效的衡量必须涵盖效益与效率两个方面，因为效益与效率贯穿于公共部门提供服务的各个阶段。在日常的工作中，人们会发现公共部门的工作常常陷入一个效益与效率此消彼长的境地。改变某种提供服务的方法可能会使产出的成本水平提高，但却会带来较好的结果；而降低了提供某种服务的成本，结果却不如从前。有鉴于此，我们要从两方面进行衡量，并找出最佳的结合点，这样的绩效评估才能成为全面的评估，缺少任何一个方面都不能真实反映公共部门工作的真实业绩。

效益是集中关注公共部门完成了什么工作，这些工作产生了什么样的作用。具体包括产出的质量、产出是否导致了所期望的社会效果、公民或顾客的满意程度等。在以结果为本和顾客为本的绩效评估体系中，效益测量无疑是绩效评估指标体系中最重要的内容。

（1）投入指标是衡量为实现某一目标而消耗的人力、物力、财力等指标。投入包括劳动、材料、设备、供给、资金。投入指标对于展示提供服务的总成本、提供服务的各种资源、服务的需求是非常重要的。如：对困难职工进行帮困补助所花费的资金。

（2）产出指标报告包括的服务单位或产品数量，反映了为提供服务或生产产品所作出的努力。如：垃圾清理、处理的吨数、绿地的面积。

（3）效果指标是指公共服务供给之后产生的效果，反映出一段时间后（工作计划完成后）条件或环境的改进。效果包括短期效果和长期效果。效果指标可以反映出公共部门工作是否达到原定的目标，如参加再就业培训人员在参加培训后就业的人数。

（4）合适度指标包括公共部门提供的服务与群众需要的契合度。例如，需要进行再就业培训的人数及比率，如果需要进行再就业培训的人很少，那么公共部门就没有必要进行大范围的培训。这涉及公共部门与公众的沟通有效性问题。

（5）质量指标反映公众（“顾客”）期待的有效性。测定质量包括确定性、准确度、竞争性、敏捷性。它表明公共部门提供公共服务的态度、使用的方法与手段、管理能力等。质量测定主要包括两个方面：一是对合目的性的测定，二是对公众（顾客）满意度的测定。所谓合目的性，指的是公共部门工作的效果是否符合开展这项工作的目的。合目的性通过对产出的质量和工作程序来衡量。所谓公众满意度是指公众尤其是公共部门服务的对象对公共部门工作的效果是否满意。实际上质量与投入、产出、结果、合适度的区别并不是绝对的，因为投入、产出、结果、合适度等方面都暗含着质量指标的某些要素。人们将质量与效益中的其他方面区分开来是因为要强调质量的观念，凸现质量在绩效评估中的重要地位，这也是现代公共行政学发展的一个重要变化。

效率是关于公共部门工作是如何完成的反映，具体来说，就是公共部门如何运用其资源来产出单位服务。效率评估测定的是产出和投入的比率。效率测定对效率的描述是定量而非定性的，反映的是整体而非个别情况。效率指标通常是通过成本—效益比率来反映的。

成本—效益指标表示服务的程度与提供服务所需资金与人力资源的成本之比，它们将投入与产出结合起来。它通常有单位成本、个案处理的平均时间、反应速度等具体的表现，如每建造一个公园的成本、收集每吨垃圾的成本。

最后一个是综合性指标。上述的单个衡量方法似乎都有些不足，在实际生活中，人们趋向于使用综合性的绩效衡量。其中，有一种衡量方法叫做全面绩效衡量（TMP），它是将以上各种衡量指标结合起来，全面考量整个公共部门的绩效水平。

三、公共部门绩效管理的方法

（一）“3E”评价法

随着行政权力的不断膨胀，政府财政支出逐渐增加，政府面临日益加剧的财政危机。为了更好地控制政府财政支出，节约成本，在20世纪60年代，美国会计总署率先把对政府工作的审计重心从经济性审计转向经济性（Economy）、效率性（Efficiency）、效果性（Effectiveness）并重的审计，从单一指标扩展到多重指标，这就是政府施政绩效评估的雏形，俗称“3E”评价法。所谓经济是指投入成本的降低程度；效率指标反映所获得的工作成果与工作过程中的资源消耗之间的对比关系；效果性指标通常用来描述政府所进行的工作或提供的服务在多大程度上达到了政府的目标，并满足了公众的需求。由于政府在社会中所追求的价值理念如平等、公益、民主等和“3E”评价法单纯强调经济性之间存在矛盾与冲突，“3E”评价法暴露出一系列的不足，因此后来又加入了公平（Equity）指标，发展为“4E”。

（二）标杆管理法

标杆管理法的关键在于指标体系的设计要科学、合理、全面。“3E”评价法的指标仅限于经济、效率和效益，比较片面和单一，在评估内容上侧重于对历史事件既定结果的审计，以对下一年度的财政拨款作出预测。这种评估方法相对于政府行为的复杂性来说过于笼统；而标杆管理的指标体系比较全面，除了经济层面的指标外，还包括政府提供的公共产品如教育质量的比较评估、政府在公益性活动中所作努力的指标等，指标体系的内容在一定程度上引导着政府努力的方向。因此，标杆管理可以使政府全面考虑自身在社会中应承担的责任，从而对社会的全面发展起到领导作用。

（三）平衡记分卡法

1992年，哈佛商学院教授卡普兰和诺顿开发出了一种新型的侧重于企业的绩效评估方法——平衡记分卡法。该方法从四个角度来管理组织的绩效：顾客、财务、内部业务和内部创新与学习，并要求彼此之间保持适度的平衡。平衡记分卡在公共部门同样存在适用的可能性。从平衡记分卡本身的思想精髓及其具体内容来看，该方法在公共部门应用的关键在于：政府部门对自身战略、使命的准确分析和把握并对该战略在政府内部各部门的分解；政府部门对服务对象即顾客的正确认识；政府部门内部的不断学习、变革和创新氛围的形成，建立学习型政府。

（四）层次分析法

层次分析法是由美国匹兹堡大学教授撒提（Saaty）在20世纪70年代中期提出的。它是将复杂问题分解为多个组成因素，并将这些因素按支配关系进一步分解，按目标层、准则层、指标层排列起来，形成一个多目标、多层次的模型，形成有序的梯阶层次结构。通过两两比较的方式确定层次中诸因素的相对重要性，然后综合评估主体的判断，确定诸因素相对重要性的总顺序。层次分析法的基本思想就是将组成复杂问题的多个元素权重的整体判断转变为对这些元素进行“两两比较”，然后再转为对这些元素的整体权重进行排序判断，最后确立各元素的权重。政府绩效评估指标体系是一个具有多层次、多指标的复合体系，层次分析法通过构造判断矩阵，先对单层指标进行权重计算，然后再进行层次间的指标总排序，来确定所有指标因素相对于总指标的相对权重，为确定类似指标体系权重提供了一种很好的解决途径。

第三节　公共部门绩效管理的问题和对策

一、公共部门绩效管理的障碍

政府绩效衡量在实际中常常存在多种限制，如公共部门内部缺乏具有分析背景的专业人才、政府绩效的因果关系难以确认、公共部门组织很少能控制环境因素等。

（一）非市场产出的公共部门的产出大多难以量化

公共部门（指的是非市场产出的公共部门，下同）的产出难以量化，首先，它一般并不直接从事生产活动，而是提供公共服务，这种服务是无形的，不像有形物质产品一样看得见摸得着，而且由于公共服务的非竞争性和非排他性特征，因而也就缺乏来自市场的反馈信息和可比较的成本效益方面的数据。同时，公共产品具有中间性质，“非市场产出通常是一些中间产品，也即充其量是最终产出的‘代理’……间接的非市场产品对最终产品贡献的程度都是难以捉摸和难以度量的。”其次，由于公共部门具有垄断性和非营利性，其产品和服务并不进入市场的交易体系，不可能形成一个反映其生产机会成本的货币价格，这样要对其进行准确测量在技术上无疑存在着相当大的难度。再次，即便是公共组织的绩效可以量化，但以量化形式表现非市场产出的公共部门的绩效是否适宜也值得考虑。

（二）公共部门目标的多元性，且大多抽象笼统

公共部门的目标经常是多元的，不仅要追求效率，而且更要追求诸如自由、平等、公平、民主等多方面的价值目标。这些目标一般都较为抽象笼统，难以清晰准确地界定，经常是定性而模糊地加以描述，如公平、民主。因为能够清晰表达和衡量的往往是有形和客观的东西，而价值很难具体地表达出来。有些时候是公共管理者故意不愿把目标表达明确。而目标的多样性又往往会在公共部门内部造成目标的冲突和矛盾，如效率与公平的矛盾、民主与效率的矛盾，等等。总之，目标的多元性会带来绩效评估的困难，而目标的模糊以及目标之间的矛盾、冲突、价值排序则会进一步加剧这一困难。

（三）公共部门难以用统一的绩效指标体系来衡量绩效

各国在实践中基本上倾向于以“3E”或“4E”作为标准，但如何将这些标准进一步细化为绩效指标体系则是各国目前在绩效管理中面临着的一大难题。首先，公共部门是由多个承担着不同功能的机构来构成的。因此，难以用统一的绩效指标体系来衡量功能不同的机构或组织的绩效。其次，即使是功能相同的公共组织也有地区性的差异，其规模、大小也不一样，以同样的绩效指标来衡量它们之间的绩效并不公平，也不适宜。再次，由于公众价值偏好的多样性，对公共部门的绩效有不同的解释，因此很难制定一套社会全体成员都认同的绩效指标体系。最后，由于公共部门的绩效（尤其是服务的质量或品质）大多难以用客观具体的数据来衡量，因而“绩效指标很容易受到批判，因为它试图详细说明模糊的问题”。因此，如何制定科学准确的绩效指标体系就成为绩效衡量的主要限制。

（四）组织的障碍

公共部门历来缺少绩效管理，因而也就缺乏从事绩效管理能力的专家或人才，由此也就导致政府机构中缺乏项目评估能力，进而又导致了政府机构通常不能很好地找出它们提供的产品和服务、现有的资源水平和预算的资源水平与它们所希望取得的结果之间的关系。而如果一个组织不知道自己的所作所为导致了当前的绩效水平，那么它就不能提高自己的绩效。另外，由于管理改革过程中没有提前做好严格的规划和安排：哪些人员该减，哪些人员不该减，导致了许多优秀、出色的公务员离开了政府，从而进一步削弱了政府的能力。

（五）绩效管理信息系统的不完善

绩效管理过程实际上是一个信息的收集、整理、输出、反馈的过程，绩效管理必须依靠充足和完备的信息系统的支持。各国在推进绩效管理时，都把加强信息系统建设摆在极为重要的位置。但目前公共部门的绩效管理系统尚不完善，这主要表现在两个方面：首

先，信息收集困难。要准确地衡量组织的绩效就需要全面系统地收集有关组织的多方面绩效信息，这本身就是一个庞杂的工作，需要耗费大量的人力、财力、物力和时间，成本很大。其次，信息沟通的障碍。在政府与公众的沟通方面，政府往往是最大的信息垄断者，而社会公众则显得微不足道。这就给公众客观公正地评估政府造成困难。在上下级组织的沟通方面，管理层级的存在会造成信息传递失真的可能，管理层级越多，信息失真的可能性越大。如果收集的信息不够全面，或是错误，就无法真正反映机关的绩效。

二、公共部门绩效管理障碍的克服

改善和优化政府公共部门的运行效率，提高政府的服务水平和质量，朝着绩效管理的这一方向努力是不可逆转的趋势。

（一）尽量使绩效目标明确化，具体化

公共部门的目标很多时候无法量化，但并不意味着公共部门的目标就只能模糊不清。公共部门应在绩效改进方面将目标尽可能表述得明确、具体、详细。目标表述应清晰，易于理解；目标应是可测量的，而不是难以测量；目标应是以结果导向，而不是以过程导向。同时公共部门应尽可能消除多元目标之间的矛盾与冲突，在绩效与需求、公正、民主等因素之间求得平衡。

（二）因地制宜地设计绩效指标体系

制定统一的绩效指标体系十分困难，但绩效指标体系本身又是非常必要的。必须根据各个公共部门绩效的具体体现方式，设计适应各个公共部门绩效衡量的有效可行的具体绩效指标体系。一般而言，绩效指标可分为可量化指标和不可量化指标。对于公共部门的可量化的产出应设计量化指标体系。对于公共部门难以量化的产出，可遵循如下原则来设计指标：绩效指标应是具体的、明确的、切中目标的，而不是模棱两可的、抽象的；绩效指标最终是可衡量的、可评价的，而不是笼统的、主观的；绩效指标是能够实现的，而不是过高或过低，或不切实际的；绩效指标是现实的，而不是凭空想象的假设的；绩效指标具有时限性，而不是仅仅存在模糊的时间概念或根本不考虑完成期限。

（三）加强绩效管理的制度化、法制化建设

绩效管理改进绩效的过程是一个缓慢的持续改进的过程，通常需要一段相对漫长的时间，往往不是一两届政府的努力就能立竿见影的，而且在推行的过程中会遇到许多阻力。虽然高层领导人对绩效管理改革所显示的支持与承诺对排除阻力、推进改革起了重要的作用。但由于与制度相比，高层领导人的承诺（指令）有着很大的随意性和不稳定性，而且高层领导人的更换较为频繁，这就更加剧了绩效管理改革的不稳定性。因此要保证绩效管理改革能不断深入发展，不至于中途夭折或停顿，就必须把绩效管理改革纳入制度化、法制化的轨道，以确保改革的连续性和延续性。

（四）建立民主参与机制

成功绩效管理需要整个组织管理者和职员的共同努力，这就需要中层管理者和职员支持那些实现结果所需活动的举措，或者至少不反对，并让他们参与到制定与执行绩效管理的过程中来。在公共部门改进自身绩效的努力中，缺乏全体职员的积极参与，就意味着改革将面临更大的困难，更容易被拖延。美国会计署（GAO）的工作已经表明，高绩效组织通过大量战略和技术来有效地鼓励雇员参与；培育以绩效为导向的文化；力争与工会在目标和战略方面形成同感；提供必要工作效益的培训；在注重对结果负责的同时下放操作权。既然公共部门的本质是为公众服务，那么政府绩效的最终评判权在于公众，尽管公众的评判有种种缺陷。因此，改进公共部门绩效必须取得公众的关注与参与，取得公众的认同与支持，否则，政府绩效管理改革就缺乏合法性和有效性。

（五）发展和优化组织能力

绩效管理的有效实施要求机构发展战略计划、运作计划、业绩测评以及项目评价的能力；创新、试验以及对最佳实践方法研究的能力；以及实施业绩信息运用之管理方法的能力。为此需要对组织进行变革，以使组织形成基于绩效的相应能力；大量引进绩效管理方面的专家或人才；加强对组织管理者和职员的培训。培训被美国国内税收署看作是其提高质量、顾客服务诸措施中的一项关键因素。更进一步说，考虑到机构面临的动态环境，雇员就必须要有激励培训和其他技术支持来帮助他们不断学习和适应环境。

（六）要能持续不断地发现问题和创造改进绩效的机会

改善和优化政府工作的绩效评估是一个持续不断的过程。政府机构应每季度一次或更频繁分析或考量绩效数据。要通过开展合适的绩效测评来发现绩效管理存在的问题，并寻找机会加以改进。在开展绩效测评时，应有部门机构内部和外部的关键的利益相关者参与，听取他们的评议，这对于改进绩效至关重要。

（七）建立健全绩效管理信息系统

信息是绩效管理的基石，因此必须建构有效的政府活动状况和公众意愿的信息反馈的渠道、方式，保障信息能在不同层面和不同系统的迅捷顺畅地流动和获取。公共部门应建立专门的机构负责收集社会政治、经济、文化等各方面的信息，并进行统计、归纳、整理、加工。所收集的信息必须足够完整、全面、准确，确保信息的质量。信息收集之后，更为重要的是，公共部门要能依据信息了解怎样使日常活动对关系到使命的结果和已提高了的顾客满意度作出贡献。

本章小结

本章以公共部门绩效管理的概念和理论为切入点，讨论了国内外公共部门绩效管理的现状和发展趋势，并在结合了公共部门绩效管理方法和技术的介绍的基础上对公共部门绩效管理形成的困境和对策作出了具有一定程度和深度的探讨。

重要概念

绩效管理　经济效率　效益公正　指标体系　标杆管理法　平衡计分卡法　层次分析法 3E 评价法

案例分析

【案例】洛阳万民评议市直党政机关

2002 年，洛阳市委市政府组织开展了“万民评议市直党政机关”的活动，评议的对象是市直党政机关、司法机关、金融机构和具有行政职能的事业单位，共 94 个。洛阳市的此次“万民评议市直党政机关”的活动受到社会的广泛关注和普遍欢迎，在改善机关绩效方面发挥了积极作用，效果主要有以下三点：

第一，机关绩效意识普遍增强，服务水平和服务质量有了较大改观。活动中反映的 12 380 条意见建议合并为 1 294 条，经过整改已落实 1 243 条，占 96.1%，解决了大量涉及群众切身利益，很多是长期悬而未决、议而不决的问题。

第二，行政管理方式更为科学合理，工作流程得以优化。经过万民评议，使党政机关的管理理念发生了转变，从往常的以控制为主转向以服务为主，更加注意发挥市场的资源配置作用。同时从方便群众、提高效率的角度精简工作流程，行政审批及收费项目从 1 900 多项减为 752 项，精简幅度达 60%。

第三，维护了机关的威信与形象，增强了区域经济的竞争力。机关各部门加大对违法事件的查处力度，评议期间共处理违纪违规人员 115 人次，其中撤职 40 人，开除 6 人，“四乱”、“四难”现象基本消除，执法机关形象得到改善。认真清理违规涉企审批及收费，共清退资金 621 万元，使洛阳的经济环境有了较大改观，增强了广大投资者投资发展的信心。

由于我国党政机关特有的地位、公共部门的产品和服务所具有的独特性以及行政体制自身的一些特点，导致对党政机关的工作绩效进行评价比较困难，因此长期以来我们一直缺乏对党政机关的工作成效进行评价的行之有效的手段和方法。首先，党政机关不像企业组织那样存在市场竞争，公民面对公共物品基本上没有自由选择的权力，不管是否满意，都得无条件接受出钱（交税）购买，因此弱化了价格的信号机制。这种公共物品提供的天然垄断性，导致对公共产品和服务的质量很难作出客观的市场评价。其次，党政机关的工作特点决定了对其工作绩效进行定量的评价非常困难，在很多时候都只能作出定性的评价。最后，党政部门的工作目标具有多样性和抽象性的特点。公共部门与企业不同，它不仅具有一定的经济目标，而且还有政治目标、社会目标等等，而且公共部门的目标往往还难以用具体的指标来表达，比如提高人的素质和道德水平，保障社会公正等等。这些目标的表述往往非常笼统和抽象，难以用量化的硬性指标来进行考核，这都为党政机关绩效的测定带来了难度。由于上述情况的存在，再加上长期以来党政机关庞大臃肿、人浮于事、工作效率较低等状况的存在，不仅对我国的经济和社会发展带来了极为不利的影响，而且有损党政机关在人民群众中的形象，因此，引导党政机关关注自己的关键“客户”——人民群众——就成为我国各级党政机关需要迫切解决的一个问题。在目前情况下，一个最简单有效的做法无疑就是让老百姓来评议党政机关的工作作风和工作效率。从这一点上来看，“万民评议党政机关”活动是将绩效评价中的客户评价引入到党政机关绩效评价之中的一种有益尝试。

（根据杨中田载于2002年12月28日《中州时报》的《洛阳万民评议市直党政机关》一文改编。）

【问题】

谈谈你对“万人评议党政机关”活动的看法。

【解析】

本案例存在的问题集中在：第一，绩效评价的出发点问题。在实践中，很多地方的党政主管机构在进行这种大范围的民主评议时，往往都是为了解决某一方面的棘手问题，或者是为了造声势、出政绩、追随其他地方的做法。第二，评价主体的选择问题。由于党政机关部门有着不同的工作对象和工作内容，要求特定部门的绩效应由其特定的顾客来评定。然而，在很多“万民评议党政机关”的活动中，出于统一开展评议活动的需要，主要按社会阶层来抽取评价主体，而对不同部门面向不同顾客群体这一事实关注不够，很多评议主体对所要评议的机关通常在并不了解的情况下进行评价。第三，评价的内容过于笼统，无法准确反映被评价机构的工作差异性。由于不同的党政机构有着不同的工作目标和组织职能，这就要求对它们的绩效评价，应依据不同部门的职能，特别是重要职能来设计不同的绩效评价指标。而在“万民评议”活动中，由于过分强调指标的统一性和评估的同步性，往往牺牲不同部门绩效目标的差别，代之以一致的指标。

同步测练与参考答案

一、单项选择题

1. 英国公共部门绩效管理的“雷纳评审”开始于：（　　）。

A. 1977 年　B. 1987 年　C. 1973 年　D. 1983 年

2. 下列哪一项不是4E 公共部门绩效管理标准之一：（　　）。

A. 经济　B. 效益　C. 效率　D. 效果

3. 下列哪一项不是当代公共部门绩效管理的特点和发展趋势：（　　）。

A. 绩效管理的规范化　B. 绩效管理的制度化

C. 绩效管理中的公民导向　D. 绩效管理的法制化

4. 下列哪一项不是公共部门绩效评估指标体系的设计原则：（　　）。

A. 反馈原则　B. 一致性原则　C. 客观性原则　D. 整体性原则

5. 下列哪一项不属于公共部门绩效评估的衡量指标体系：（　　）。

A. 产出指标　B. 合理性指标　C. 合适度指标　D. 质量指标

6. 下列哪一项不属于公共部门绩效管理的方法：（　　）。

A. 标杆管理法　B. 平衡记分卡法　C. 层次分析法　D. 双向法

二、多项选择题

1. 当代公共部门绩效管理的特点和发展趋势是：（　　）。

A. 绩效管理的制度化　B. 绩效管理的规范化

C. 绩效管理中的公民导向　D. 绩效管理的伦理化

2. 公共部门绩效管理的4E 评价标准包括：（　　）。

A. 经济（Economic）　B. 效益（Effectiveness）

C. 公平（Equity）　D. 效率（Efficiency）

3. 公共部门绩效评估指标体系的设计原则是：（　　）。

A. 一致性原则　B. 客观性原则　C. 整体性原则　D. 可测性原则

4. 下列属于公共部门绩效评估的衡量指标体系的是：（　　）。

A. 质量指标　B. 合适度指标

C. 效果指标　D. 成本—效益指标

5. 下列属于公共部门绩效管理方法的是：（　　）。

A. "3E" 评价法　B. 标杆管理法　C. 平衡记分卡法　D. 层次分析法

6. 公共部门绩效管理的障碍有：（　　）。

A. 非市场产出的公共部门的产出大多难以量化

B. 公共部门目标的多元性，且大多抽象笼统

C. 公共部门难以用统一的绩效指标体系

D. 组织的障碍和绩效管理信息系统的不完善

7. 公共部门绩效管理障碍的克服途径有：（　　）。

A. 尽量使绩效目标明确化、具体化，发展和优化组织能力

B. 因地制宜地设计绩效指标体系和持续不断地发现问题和改进绩效的机会

C. 加强绩效管理的制度化、法制化建设

D. 建立民主参与机制和建立健全绩效管理信息系统

三、简答题

1. 什么是公共部门的绩效管理？它是如何产生的？

2. 公共部门管理的基本绩效评估标准是什么？各自的基本内涵是什么？

3. 简述当代公共部门绩效管理的特点和发展趋势。

4. 简述公共部门绩效评估指标体系的设计原则。

5. 简述公共部门绩效管理的方法。

四、论述题

1. 论述公共部门绩效管理的障碍及其克服。

2. 论述我国公共部门绩效管理存在的问题及其对策。

参考答案

一、单项选择题

1. C；2. D；3. D；4. A；5. B；6. D

二、多项选择题

1. ABC；2. ABCD；3. ABCD；4. ABCD；5. ABCD；6. ABCD；7. ABCD

三、简答题（略）

四、论述题（略）

第十一章

CHAPTER ELEVEN

公共部门信息资源管理

学习目标

通过本章的学习，掌握公共部门信息资源管理的相关概念以及对公共部门信息资源进行管理的具体内容、措施和重要性；明确公共部门信息资源的开发与利用是推进信息化进程，加强信息资源管理的重要环节，了解公共部门信息资源开发与利用的现状、目前存在的问题及对策分析；把握电子政务的几种基本模式和我国开展电子政务的主要任务、原则。

重点难点提示

- 信息资源的概念
- 公共部门信息资源管理的内容
- 公共部门信息资源开发、利用的概念和关系
- 公共部门信息资源开发利用的方法
- 电子政务的概念、基本模式
- 我国开展电子政务的主要任务和坚持的基本原则

第一节　公共部门信息资源管理概述

一、公共部门信息资源管理的基本概念

信息资源与物质资源、能源资源共同构成了推动社会进步发展的基础，尤其在今天这个信息化的时代，信息资源的战略地位更是凸显出来。信息资源广泛存在于经济、社会各个领域和部门，是各种事物形态、内在规律、和其他事物联系等各种条件、关系的反映。随着社会的不断发展，信息资源对国家和民族的发展，对人们工作、生活越来越重要，日益成为国民经济和社会发展的重要战略资源。

（一）信息资源

所谓资源是指在人类社会生产和生活中，用以创造物质财富和精神财富，并达到一定数量积累的原始资料。广义的信息资源，是指人类社会信息活动中积累起来的信息、信息生产者、信息技术等信息活动要素的集合，既包括信息内容本身，又包括有关提供信息的设施、设备、组织、人员和资金等。狭义的信息资源是指文献资源或者数据资源，或者各种媒介和形式的信息的集合，包括文字、声像、印刷品、电子信息、数据库等。

信息资源既是一种巨大的智力资源又是一种巨大的经济财富，它的主要特征包括：大量存在性，即信息资源存在于任何空间和任何时间；有用性，即许多信息对人类来说都是有用的；成本性，有用信息的获取和使用要付出金钱或其他方面的代价。

（二）信息资源管理

信息资源管理是指对广义的信息资源进行的管理，是对信息资源的一种全面管理，即把信息、信息生产者和信息技术三要素按一定的原则进行配置，构成一个信息系统，显示出其价值以便其被加以利用的过程。

信息资源与能源、物质资源一样也具有基本的价值，通过对其开发利用、规划等管理活动能增加价值。大致来说，信息资源管理的发展经过数据管理、信息管理和知识管理三个阶段。在早期，由于信息技术能力和水平的限制，信息资源管理侧重于对于数据的管理，即通过系统的组织数据和处理数据更好地了解和掌握其他资源及其相关活动。信息管理阶段突出了加工数据和产生信息，用以指导和控制相关领域的活动，这时对如何收集和利用信息系统以外的各种信息也重视起来，信息资源管理的内涵和信息资源价值的得到较充分的体现。现在的知识管理阶段则发展到从数据或信息中提炼知识、给与计算机智能和提高人类智慧，在基于知识解决实际问题，使信息资源产生更大的价值。

（三）公共部门信息资源管理

公共部门信息资源管理是对公共部门信息资源的一种全面管理，是对公共信息系统的一种构建，其内容包括公共部门的信息收集、整理、优化配置、合理利用，信息资源管理所需基础设施的建设和维护，信息技术的发展，信息系统的开发和建设，信息资源的安全以及信息管理人员的培训等。

公共部门尤其政府部门是国家最重要的信息机构，其信息资源是国家的战略性资源。这些信息资源常常比一般的信息资源更价值，质量和可信度较高，并直接关系到国民经济与社会发展的状况和水平。所以，加强管理、综合开发和有效利用公共部门的信息资源已经成为社会发展必然趋势和当务之急，它直接关系到社会的稳定和可持续发展。

二、公共部门信息资源管理的内容

公共部门信息资源管理的内容主要包括信息资源的开发利用、信息基础设施建设、信息技术及产品的开发和生产、管理信息系统的建设、信息安全的防护等。

（一）信息资源的开发和建设是信息资源管理的核心任务

信息资源的开发和建设包括对信息的收集、整理和优化。目前，各国政府对信息的开发和建设都比较重视，发达国家的信息开发和建设已经达到了比较高的水平。相比较而言，我国的信息资源开发和建设起步晚，现有的信息工程项目建设的还远远不够，存在着信息需求与供给的不平衡现象。因此，我们必须加大信息资源的开发力度，促进信息资源的开发建设。

（二）信息基础设施的建设是信息资源管理的首要组成部分

对于现代政府来讲，信息基础设施是最主要的一部分信息资源，包括计算机　现代化办公设备等，政府每年在信息基础设施建设方面的投入都在逐渐加大，尤其是在各种办公软件等方面的投资在不断增加，这意味着，政府开始重视对信息基础设施的投入。具体来说，信息基础设施建设内容庞杂，包括利用现有的网络资源建设先进的、适用的、规范的、安全的、综合性的公共信息基础网络；建立区域内共享及跨地区的信息资源库，把静态的、孤立的信息资源变为网络化、可共享的信息资源等等。

（三）信息技术及其产品的开发和生产是信息资源管理的重点任务

信息技术是最基本以及最普遍的技术手段，应用于现代生活的每个方面，公共管理也不例外。以信息技术改造传统技术，实现管理的信息化和现代化是各国公共管理现代化的重要手段。政府信息化不仅需要先进的一时和管理思想，还需要技术和投资。目前，我国信息化正处于一个重要的发展时期，信息技术的发展及相关产品的开发为公共部门信息资源管理提供了广阔的发展空间。

（四）管理信息系统的应用是信息资源管理的主要应用部分

管理信息系统建设是公共管理信息化最基本的主体和支撑力量。没有管理信息系统的建设就谈不上公共管理的信息化，管理信息系统可以简化繁琐的工作手续、加快办公程序，并且有利于提高管理效率。管理信息系统建设在我国还处于初始阶段，在软硬件设施、应用条件等方面还要完善，需要积极稳妥地推进其发展。

（五）信息安全与防护是信息资源管理的战略任务

网络信息的安全问题随着互联网以及信息技术的发展也日益受到关注。对于公共部门来说，其军用的自动化指挥网络、银行等传输敏感的计算机网络系统安全问题尤为重要，关系到国家的机密和社会的安全与稳定。因此，要确保网络信息的保密性、完整性和可用性，就必须要求建立起信息安全防护网络系统，对信息技术进行安全保护，使之不因偶然的或恶意的原因受到破坏、更改和泄漏。

三、公共部门加强对信息资源管理的措施

为了加强公共部门的信息资源管理，提高信息资源建设和管理的水平，要采取的措施主要有：

（1）加强组织建设，多渠道筹集信息资源建设经费。加大对信息资源建设的投入，重点加强国家级和地区级信息资源中心的建设，使其最大限度地占有信息资源。

（2）突出信息资源开发利用的中心地位，发展公用电子资料库，推进其增值利用。加强数据库建设和开发，在数据库建设和开发的基础上，要逐步实现数据库生产和数据库检索服务的分家，来提高信息的价值。

（3）培养高素质人才，加强公务员现代信息和通讯技术的教育和培训，提高其信息技术水平。现代信息技术发展水平给信息从业人员提出了更高的要求，除了应加强对在职人员的继续培训和教育外还要逐步加强对在校学生的信息素养、现代信息技术、信息相关学科知识的培养，不断地完善和发展信息学学位建设和课程设置，高起点培养信息管理实用人才。

（4）建设世界一流的网络基础设施。加快宽带和多媒体基础传输网络和宽带接入网络，加快网络广播电视节目制作和传输的数字化、网络化进程，加快建设第三代数字移动通信网络。

（5）广泛运用网上应用系统搞好便民服务，通过电子媒体创新政府的服务。电子政府利用政府内建立的网络、信息和应用，为公众社会提供优质的多元化服务；同时利用统一的信息资源，通过语音、互联网等现代化手段为公众提供简便的多元化服务。

（6）加强政府信息的安全管理工作。各个政府要制定政策和分派任务，以确保开发信息技术应用和相应的应急计划，保证用户在信息技术支持中断的情况下也能继续执行其基本职责。和政府机构要制定和执行人员安全政策和规章，保证政府信息系统具有一定的安全水准。

当然，随着现代信息技术的不断发展，以这些技术为重要基础的公共部门信息资源管

理，无论是管理方式方法还是管理措施，都会随着信息技术的发展而发展。因此，它永远是个动态的过程。

四、公共部门加强对信息资源管理的必要性和意义

随着世界信息技术的加速发展，围绕信息化及其深化、延伸、发展，全球信息化出现了许多新的发展态势，信息资源管理对公共部门的影响也日益显著。

（一）信息对公共部门的影响

1. 信息对公共管理者的影响

首先，信息资源的全球化流动开拓了公共管理者的视野。信息技术的开发使得信息资源得以打破时空限制，在全球范围内流动，这就使得公共管理者获得的信息量大增，有利于提高公共决策的准确性和科学性。

其次，信息化使得公共管理者更加注重自我的全面发展。公共管理者为了适应信息时代的要求必须更新传统观念，树立竞争、法治、创新、民主等现代观念。而信息技术的应用为公共管理者不断学习和培训提供了可能和机会。

2. 信息技术对公共组织的影响

首先，信息技术的发展会引起传统公共部决策组织结构的变革。传统的科层制结构的弊端在于其对外界环境的适应能力较差，不能及时的把握外界环境的变革改进自身，而且会压抑组织成员自身的全面发展。

其次，信息技术的采用有助于公共管理部门工作绩效的提高。一方面现代信息技术的采用降低了信息传输和加工的处理的时间成本、人力成本，使公共部门的工作效率得以极大的提高。另一方面，现代信息技术的采用和有效的信息管理可以提高公共部门决策的科学性和准确性、管理的针对性和灵活性，从而全面提高公共部门的工作质量。

3. 信息对公共决策的影响

政府是公共产品和服务的提供者，一切决策的出发点是为了满足公共产品消费者的需求，因而决策过程的民主公开就成为一种必要。然而由于信息的不完备、不对称以及不均衡的存在直接影响到公共决策的民主性、公开性和科学性，使得在公共决策的设计、制定、执行、评估、反馈等阶段中存在着一定的问题。信息技术的发展可以扩大信息的来源和增大信息的获得量，使得公共决策者可以在广泛了解决策所需信息的前提下进行决策，这样就避免了靠经验决策和信息不完备导致的盲目决策现象，从而改善了决策者的有限理性，提高了公共决策的科学性和合理性。

4. 信息对公共管理方法的影响

随着信息社会的不断发展，信息的多样化以及信息量不断增加，传统的公共管理方法日益显得陈旧落后，亟待变革。先进的信息技术则大大提高了公共管理的效能，加快了公共管理方法的创新，如决策支持系统（DSS）、电子会议系统（EMS）、动态网络计划等先

进的信息技术都可以大大提高公共管理的效率，同时降低公共部门的行政成本。

（二）加强公共部门信息资源管理的意义

信息对于公共部门来说有着多方面的深远影响。从积极的角度来看，加强公共部门信息资源管理有着深刻的意义。

（1）有利于构建“透明型政府”，促进政府的工作效率。各级政府的信息数据库建设和政府上网工程，提高了政府工作的透明度，降低了办公费用，提高了办事效率，有利于勤政廉政的建设，同时也提高了政府工作人员的信息化水平。

（2）提高了政府的服务能力和效力，促进并加快了“服务型政府”的构建。各级政府站点建设成为便民服务的“窗口”，帮助人们实现足不出户便可以履行完成政府各部门的办事程序，促进了政府办公自动化的程度，改善了政府的服务质量。

（3）提高了政府的反应能力和社会回应力，扩大了公民的参与。政府信息资源管理可以使政府机关借助现代信息和通讯技术建立政府与组织间、政府与社会、政府与企业、政府与公民之间的广泛交流和沟通，及时传达政府的施政方针和政策，反映公民的要求和呼声，从而提高政府的反应能力和社会回应力。

（4）提高了公共决策的正确性和公共政策的质量和水准。政府信息资源管理可使政府运用所获取和掌握国家政治、经济、社会发展诸领域的准确的、可靠地信息，以制定正确的决策，作出理性的判断及采取必要的行动，进而提高政府决策和公共政策的水准与质量，更有效地为经济和社会发展服务。

（5）促进信息的流通利用和平等共享。政府是最大的信息收集者，通过充分利用这一资源实现政府信息共享，实现政府信息公开和可获得性，加强与民间信息的交流，建立政府与政府之间、政府与民众以及政府与企业之间的互动回应机制，从而有助于推动政府的信息化发展以及整个社会的信息化发展。

第二节　公共部门信息资源的开发与利用

一、信息资源开发利用概述

信息资源开发是手段，信息资源利用是目的，两者相辅相成、互相促进。深入理解它们的内涵以及它们之间的辨证关系，才能实现信息资源的有效开发和充分利用。

（一）信息资源开发内涵

从系统角度考虑信息资源开发，我们倾向于较为宽泛的信息资源开发概念，即人类通过对信息的搜集、组织、加工、传递使信息价值增值的活动和为了使这一活动得以有效进行而开展的信息系统建设、信息环境维护等活动。

（二）信息资源利用内涵

信息资源的利用，是信息资源利用部门根据用户的需求，结合信息资源开发状况及经济运行状况，制订科学、合理的信息资源分配与使用方案，使现实的信息资源充分发挥作用和产生效益的过程，并在科学技术不断发展的情况下，制订信息资源发展的战略和策略。

（三）信息资源的开发与利用的关系

信息资源的开发与利用是指将收集到的信息，根据用户的需求，有目的地进行不同类型、不同方式、不同深度地整序和加工，使其增值，并以各种类型的产品、以不同方式提供给用户。

开发跟信息系统、信息机构等关系密切，而利用则与信息用户紧紧联系在一起。信息资源的利用比信息资源开发困难。但开发和利用二者之间并非孤立，而是相辅相成、互相促进。开发是利用的前提，利用为开发提供动力和方向。开发是为了更好地利用；反之，用户强烈的利用欲望和行动，必将促进开发工作的进展，利用是开发的延续。任何开发行为的最终目标都能够在其利用过程中产生社会价值和经济效益。

（四）信息资源开发利用的意义

公共部门信息资源的开发利用在公共部门活动中意义主要体现在：

1. 提升组织的工作效率

维持组织正常运作离不开信息资源，而开发出有价值的信息产品无疑极大地推进公共部门工作的开展，提高工作效率，改善公共组织的运作绩效。

2. 增强组织的应变能力

在当今的信息社会，任何组织机构都要面对不断变化的外部环境，及时开发和利用信息资源，可以增加公共组织的灵活性和适应性，特别是对时局的应变能力。

3. 提高组织的创新能力

知识创新、组织创新是社会经济发展的主旋律，也是一个组织得以存在和运行的有效动力。对于公共组织信息资源的开发和利用能够加快组织信息的不断更新和交流，对于提高组织的创新能力起到了重要的作用。

二、我国公共信息资源开发利用现状

我国信息化建设可以追溯到20世70年代大力推动计算机普及及应用。1993年“三金”工程的启动逐步拉开了我国信息资源开发与利用的序幕。

1997年，在第一次全国信息化工作会议上，原国务院信息化工作领导小组颁发了“国家信息化规划纲要”，确认了信息资源开发利用在信息化工作中的核心地位，并且取得各方面的一致认同。

1999年，我国实施“政府上网工程”，其目的也在于推动我国各级政府部门为社会服务的公众信息资源汇集和应用上网，推行电子政务，一方面促使政府事务变得公开、高效、透明、廉洁和共享，另一方面为政府信息资源的管理和开发利用提供了新的手段和机会。

2004年10月27日在北京召开国家信息化领导小组第四次会议。会议讨论了《关于加强信息资源开发利用工作的若干意见》等文件。温家宝同志发言指出：大力推进国民经济和社会信息化，是覆盖现代化建设全局的重大战略举措。要紧紧抓住信息化发展的机遇，进一步增强加快信息化进程的紧迫感和使命感，以信息化带动工业化，以工业化促进信息化，走新型工业化道路，推进经济结构调整和经济增长方式转变，推动经济社会全面协调可持续发展。会议还部署了今后一个时期我国信息化工作的内容，主要包括：加强信息化资源开发利用；扎实推进电子政务；引导推广电子商务；加强信息安全保障工作；深入开展信息化战略和规划研究，等等。

总的来说，在国内外大环境的促动下，我国中央和地方政府在本部门、本地区信息化发展规划中，大都强调把信息资源的开发利用摆在首位。政府部门信息资源开发以各类政府管理信息系统和网络为技术基础，逐步发展。随着现代信息技术在政府部门应用程度的不断提高，新生和存量政府信息资源的数字化、网络化比重明显增加，提供了大量的适应国民经济和社会发展需要的信息产品和服务。

我国政府上网工程正在全国轰轰烈烈地铺开，但人们理想中借助键盘和鼠标办理各种事务的电子政务难以真正地通过网络进行。究其原因，在于信息资源相当匮乏。电子政务的有效开展，必须以充足的政府信息资源作为前提，这样才能解决政府信息化过程中“路多车少”、“有车无货”等问题。从这个意义上，也更加说明了政府信息资源开发利用的必需性和迫切性。

三、我国公共部门信息资源开发与利用存在的问题

虽然，近几年来我国各级政府部门的信息资源建设取得了一些成就，在政府信息资源开发利用方面有了长足进步，初步满足了政府部门和社会的需要。但具体来说，还存在以下主要问题：

（一）领导者重视不够，认识不足

西方国家在20世纪60－70年代就有办公自动化系统，而我国20世纪80年代才开始尝试和推广办公自动化系统。许多政府只是使用一台机器来提供简单的信息，起到的是装点门面的“形象宣传”作用，许多政府网站只是单一的挂个网页，而且网页的更新速度较慢，未能很好地利用现代信息技术手段来收集有用的信息来进行政府工作的信息化管理。这一现象在基层政府表现得尤为明显。

（二）政府信息资源界限不分，价值不明确

各省有关部门通过利用互联网，政府信息资源在一定程度上得到了开发利用，但目前在全国范围内还未形成通过网络来利用政府信息资源的态势，且缺乏行之有效的组织和办法，网上可利用的政府信息资源较少，公用信息与保密信息的界限不明，信息价值无法确定。

（三）信息资源部门利益不均，共享性较差

在现行体制下，受利益分配关系的驱使，政府部门仍存在无序状况，信息资源不能实现跨部门共享，部门间的共享机制也没有建立起来。一是信息共享意识较落后，仅仅把政府信息资源的公布当成是宣传的一种途径，二是部分行业（部门）各自开发自己的网上信息服务系统，信息产品重复、不足与闲置并存，造成资源的严重浪费。

（四）管理体制存在弊端，部门垄断现象严重

据统计，目前国内约 80% 的社会信息资源由政府部门控制，这种局面是在长期计划经济体制下形成的。而政府是信息资源的唯一提供者，具有绝对垄断地位，缺少竞争的压力，缺少进行信息产品创新的动机。这样不仅容易产生信息资源数量少、信息质量差、服务质量低、内部管理效率低等显见的垄断弊端，而且还容易引发腐败现象。

（五）法制建设不健全，信息安全有待提高

我国制定有关政府信息资源、信息采集、交换、公告、信息网络建设的标准及信息建设的规范，也正在制定信息公开的法律，但是不成体系，基本法律仍然缺乏，而且一部法律的制定需要较长的时间，一些原有的法律已经过时，新的条例还没有健全，旧的法律不能适应时代的发展变化，妨碍了政府信息资源工作的顺利进行。因此，需要不断的修改和补充来与时俱进，适应新时代的变化。

四、公共部门信息资源开发与利用的具体方法

（一）制定有关公共部门信息资源开发利用政策法规

从宏观理念上，参照发达国家的做法，如美国的信息政策法规，在加强信息政策法规上做文章，做好开发利用信息资源的大环境。政府上网，必然要涉及政府信息资源管理及其法规问题，国家应制定政府信息资源开发的法规和条例，对政府信息公开化原则、开发信息资源的组织机构及职责、政府信息的发布和政府信息的保密等项工作，都作详细全面的规定，以确保政府信息资源的开发遵循统一的规定，确保更多的信息依法向社会和民众开放。

（二）改进公共部门信息资源基础建设

公共部门信息资源基础建设包括：信息资源数字化、信息资源网络、数据库、应用系统等方面。加强公共部门信息资源基础建设，是开展公共部门信息资源开发利用的重要先

行工作。公共部门要突出信息资源开发利用的中心地位，发展共用电子资料库，推进其增值利用。加强数据库建设和开发，在数据库建设和开发的基础上要逐步实现数据库生产和数据库检索服务的分家来提高信息的价值。另一方面，信息资源开发是一项技术性非常强的工作，公共部门在开发信息资源之前，应先请信息公司作咨询规划，使信息资源建设科学、周密、有序，避免盲目性。

（三）加强信息资源的整合，实现信息资源的共享

提高公共部门信息资源的利用率，信息资源的整合是关键。因为信息资源整合，将打破各职能部门对信息资源的垄断和封锁，强化公共部门信息资源的公共属性，改变一些信息资源实际上为部门占有的情况，促进信息共享，以便于开发利用。现行的各公共部门虽然都拥有局部的信息资源优势，但无法满足市场高质量信息服务的需求。市场经济条件下公共部门信息资源的开发与共享离不开市场拉动。公共部门可以建立统一信息资源管理平台，信息交换和共享机制来促进公共部门信息资源的畅通流转和高度共享，要依照存量共享，增量共建的原则，政府规范和市场调节相结合，行政性开发与商业性开发并举，共同参与，优势互补，共享利益，形成有效的信息发布和查询功能，使死库变活库，以保持它的可持续发展。

（四）完善公共部门信息资源的运行机制

按照经济学的观点，垄断导致资源的低效配置。而引入竞争是破除垄断的根本办法，竞争有利于效率的提高和服务的改善。竞争机制是市场机制的核心，价值链是加强竞争机制的有效手段。政府管理的社会公共信息具有综合性、权威性和连续性等优点，具有潜在的商业价值，可以利用市场机制来开发利用这些资源。市场经济机制的建立和现代信息技术的飞速发展，政府可扩大非密集信息开发，鼓励信息服务，企业对政府信息资源进行商业开发和利用，建立政府与企业某种形式的伙伴关系有可能使双方都从中受益，达到双赢。

第三节 电子政务

政府是全社会最大的信息拥有者、处理者和用户，承载着社会管理和服务的职能。将信息技术有效的融入政府行政业务，建立电子政务系统，可以增强各级政府的决策水平，提高行政效率和质量，有利于建设一个更加精简、高效、有竞争力的政府。

一、电子政务的概念

电子政务就是政府机构应用现代信息和通讯技术，将政府管理和服务通过网络技术进行集成，并对政府需要和拥有的信息资源进行有效的开发和管理，同时改进、优化政府的

组织结构、业务流程和工作方式，并以打破时间、空间和部门分割的制约，从而加强政府业务运作的有效监管，提高政府的工作效率、决策质量、调控力度、廉洁程度，节约行政开支，全方位地向社会提供高效、优质、规范、透明的管理和服务。

电子政务最主要的内涵有两点：一是运用信息技术而不是采用原始的书面审核方式，使得人们可以从多种渠道获取政府的信息和服务。二是政府与政府以及政府与社会之间都可以通过电子化的渠道进行沟通，政府根据管理对象的不同需求向其提供各种不同的服务。

具体来说有四点含义：

（1）必须借助现代信息技术、通信与网络技术，同时离不开信息基础设施和相关的软件技术发展的支撑。

（2）电子政务的切入点是政务信息管理，处理的是与行政管理有关的公共事务。

（3）不是将传统的政务管理和运作简单地搬上互联网而是要对现有的政府组织结构、运行方式、行政流程进行重组和再造，使其在信息技术的支持下，加强对政府业务运作的监管，使其更加有效地运行。

（4）电子政务的目标是更好地提供公共服务。

二、电子政务的基本模式

从电子政务的实施对象和应用范畴的角度，可以讲电子政务的基本模式划分为以下三种：

（一）GtoG 电子政务

GtoG 电子政务即政府（Government）与政府（Government）之间的电子政务，又称 G2G，它是指政府内部、政府上下级之间、不同地区和不同职能部门之间实现的电子政务活动。具体的实现方式包括：

1. 政府内部网络办公系统

这是电子政务的基础。它是指政府部门内部利用办公自动化系统和 Internet/Intranet 技术完成机关工作人员的许多事务性的工作，实现政府内部办公自动化和网络化在实现内部资源充分共享的基础上，提高政府的作业效率和业务水平。

2. 电子法规、政策系统

颁布和实施各项政策法规是各级政府部门的一项重要工作。通过电子化方式传递不同政府部门的各项法律、法规、规章、行政命令和政策规范，具有十分明显的速度和管理成本优势，即可以做到政务公开又可以实现政府公务人员和老百姓之间的“详细对称”。目前，众多政府机构的网站都开设了不同形式的政策、法律宣传窗口，起到了较好的作用。

3. 电子公文系统

公文处理是政府部门的基本职能，传统的公文处理方式依靠纸张作为载体，借助盖章、签字等形式表面公文生效。这种传统的方式不仅浪费资源，而且效率低下，常常会影响政府决策的效率。电子公文系统借助网络技术，可使传统的政府间的报告、请示、批复、报告等通过数字化的方式实现瞬时传递。

4. 电子司法档案系统

通过电子化的手段，在司法机关之间进行共享，如公安机关的刑事犯罪记录、审判机关的审判案例、检察机关的检查案例等司法信息。

5. 电子财政管理系统

传统的财务管理系统因为财务信息的封闭和独立给政府财务管理带来了一定的难度，也为腐败的滋生创造了条件。建立在网络基础上的电子财务管理系统可以向主管部门、审计部门和相关机构提供分级、分部门的政府财政预算及其执行情况报告，包括从明细到汇总的财政收入、开支、拨付款数据以及先关的文字说明和图表，便于有关领导和部门及时掌握和监控财政状况，使管理者的水平跃上一个新的台阶。

（二）GtoB 电子政务

GtoB 电子政务是指政府（Government）与企业（Business）之间的电子政务，又称作 G2B。企业是国民经济发展的基本经济细胞，促进企业发展、提高企业的市场适应能力和国际竞争了是各级政府机构的共同责任。GtoB 模式旨在打通各政府部门的界线，实现业务相关部门在资源共享的基础上迅速快捷地为企业提供各种信息服务，精简工作流程，简化审批手续，提高办事效率，减轻企业负担，为企业的生长和发展提供良好的环境。GtoB 电子政务的形式主要有：

1. 电子采购与招标

通过政府门户网站公开政府采购以及招标信息，为企业和参与政府采购提供必要的帮助，一方面向企业提供了政府采购的相关程序和政策，另一方面使政府采购更加透明，减少徇私舞弊和暗箱操作，降低企业的交易成本，节约政府采购支出。

2. 电子税务系统

电子税务系统使企业通过网络就可以完成税务登记、税务申报、税务划拨等业务，并可查询税收公报、税收政策法规等事宜。这样既方便了企业也减少了政府的开支，提高了国家税务征管的效率和水平。

3. 电子工商行政管理系统

工商行政管理部门的主要职能是对市场和企业的行为进行管理。让企业通过互联网申请办理各种证件和执照，能够缩短办证周期，减轻企业负担。如，企业营业执照的申请、受理、审核、发放、年检、登记项目的变更等等都可以通过电子化的方式进行处理。

4. 综合信息服务系统

政府部门还可以利用网络手段为企业提供各种快捷、高效、低成本的信息服务，比如，商标注册管理机构可以提供已注册商标的数据库供企业查询；政府向企业提供政府经济白皮书、法律法规规章数据库以及国际贸易统计资料等信息。

G2B 电子政务活动远远不止如此，只要与企业发生直接或者间接联系的政府管理部门都可以在一定程度上通过电子政务代替传统形式的政务活动，以提高效率，降低成本，为企业提供更大的方便。

（三）GtoC 电子政务

GtoC 电子政务是指政府（Government）与公民（Citizen）之间的电子政务，又称 G2C，是政府通过电子网络系统为公民提供各种服务。GtoC 着眼点同样是强调政府的对外服务功能，其模式服务的范围更加广泛，目前的应用主要包括以下方面：

1. 电子身份认证体系

电子身份认证可以登录个人姓名、性别等自然信息，也可以记录个人的信用、收入及纳税状况等信息，使得公民的身份能够对时随地的认证，既有利于人员的流动又可以方便公安部门的管理。此外，电子身份认证系统还可以使公民通过网络办理结婚证、离婚证、出生证、学历和财产工资等手续。

2. 电子社会保障网络服务系统

通过电子化的方式建立覆盖地区甚至全国的社会保障网络，使得居民能够通过网络及时全面地了解到自己的养老、失业、工商、医疗等社会保险账户的医疗明细情况。政府也可以通过网络把各种福利运用电子资料交换、磁卡、智能卡等技术直接支付给受益人。电子社会保障网络服务体系既可以增加社会保障的透明度还可以加快社会保障普及的进度。

3. 电子医疗服务系统

政府通过网络向公民提供医疗保险政策信息、医药信息、执业医生信息等为居民提供全面的医疗服务。而且，居民可以通过网络查询自己的医疗保险个人账户余额和当地公共医疗账户的情况，查询国家新批的药品的成分、功效、试验数据、使用方法及其他详细数据，查询当地医院的级别和执行医生的资格情况以选择合适的医院和医生等。

4. 电子就业服务系统

政府主管就业部门通过建立网上人才市场或者劳动力市场，提供工作职位缺口数据库和求职数据库信息，应聘者可以通过网络发送个人资料，接收用人单位的相关信息，并且可以直接通过网络办理相关手续；政府还可以在网上为求职者提供就业培训，分析就业形势，指导就业方向。

5. 教育培训服务系统

政府可以建立全国性的教育平台，资助学校和图书馆接入互联网和政府教育平台，够买要与资源提供给学校和学生；政府还要重点加强对信息技术能力的教育和培训以适应信息时代的挑战，并且拨款资助偏远、贫困地区的信息技术的应用，逐步消除落后地区与发达地区之间业已存在的“数字鸿沟”。

（四）GtoE 电子政务

GtoE 电子政务是指政府与政府公务员之间的电子政务，又称 G2E。G2E 电子政务是政府机构通过网络技术实现内部化管理的方式，也是 G2G、G2B 和 G2C 电子政务模式的基础。GtoE 电子政务主要通过 Intranet 建立起有效的行政办公和员工管理体系，为提高政府工作效率和公务员管理水平服务。具体的应用主要有以下几种：

1. 公务员日常管理

利用电子化的手段实现公务员的日常管理，如利用互联网进行日常考勤、出差审批、差旅费异地报销等工作，这样即可以为公务员带来很多的便利，又可以节省领导的时间和精力，同时还可以有效地降低行政成本。

2. 电子人事管理

政府公务员的人事管理是政府机构自身管理的重要内容。电子化人事管理包括电子化招聘、电子化培训、电子化学习、电子化考评等内容。电子化人事管理的发展将使传统的、以纸质档案为中心的人事管理方式产生重大的变革，对提高政府人事管理水平和效率、降低成本起到极为重要的作用。

3. 电子档案管理

以电子化的方式对政府记录的类型和格式进行统一，方便政府和公众对各类政府记录的使用。

4. 电子化后勤管理

主要通过电子化的方式，为政府各部门采购办公设备和提供后勤保障服务。

三、中国电子政务的主要任务和基本原则

（一）中国电子政务的主要任务

2002 年 8 月中共中央办公厅、国务院办公厅联合转发了《国务院信息化小组关于我国电子政务建设指导意见》。该《意见》指出我国电子政务的目标是：标准统一、功能完善、安全可靠的政务信息网络平台发挥支撑作用；重点业务系统建设取得显著成效；基础性、战略性政务信息库建设取得重大进展，信息资源共享程度明显提高；初步形成电子政务网络与信息安全保障体系，建立规范的培训制度，与电子政务相关的法规和标准逐步完善。

《意见》在明确提出了电子政务发展目标的同时也进一步明确了我国电子政务建设的主要任务。

1. 建设和整合统一的电子政务网络

为了适应业务发展和安全保密的要求，有效地遏制重复建设，要加快建设和整合统一的网络平台。要统一标准，利用统一网络平台，促进各个业务系统的互联互通、资源共享，要用一年左右的时间基本形成统一的电子政务内外网络平台，在运行中逐步完善。

2. 建设和完善重点业务系统

为了提高决策、监管和服务水平，逐步规范政府业务流程，维护社会稳定，必须加快12个重要业务建设；继续完成以取得初步成效的办公业务资源系统、“金关”、“金税”和“金融监管”四个工程，促进业务协同、资源整合；启动和加快建设宏观经济管理、金财、金盾、金审、社会保障、金农、金质、金水等八个业务系统工程建设。业务系统建设要统一规划，分工负责，分阶段推进。党的工作业务系统建设方案由中共中央办公厅研究提出。

3. 规划和开发重要政务信息资源

为了满足社会对政务信息资源的迫切需求，国家要组织编制政务信息资源建设专项规划，设计电子政务信息资源目录体系与交换体系；启动人口基础信息库、法人单位基础信息库、自然资源和空间地理基础信息库、宏观经济数据库的建设。

4. 积极推进公共服务

各级政府部门要加快政务信息公开的步伐。在内部业务网络化的基础上，充分发挥部门和地方政府的积极性，推动各级政府开展对企业和公众的服务，逐步增加服务内容、扩大服务范围、提高服务质量。近两年重点建设并整合中央和地方的综合门户网站，促进政务公开、行政审批、社会保障、教育文化、环境保护、防伪打假、扫黄打非等服务。

5. 基本建立电子政务网络与信息安全保障体系

要组织建立我国电子政务网络与信息安全保障体系框架，逐步完善安全管理体制，加强关键性安全技术产品的研究和开发，建立应急支援中心和数据灾难备份基础设施。

6. 完善电子政务标准化体系

逐步制定电子政务建设所需的标准和规范。优先制定业务协同，信息共享和网络与信息安全的标准，加快建立健全电子政务标准实施机制。

7. 加强公务员信息化培训和考核

要发挥各级各类教育培训机构的作用，切实有效地开展公务员的电子政务知识和技能培训，制定考核标准和制度。要制定公务员信息技术知识与技能的培训标准和培训计划，编制培训教材，落实培训机构。

8. 加快推进电子政务法制建设

适时提出比较成熟的立法建议，推动相关配套法律法规的制定和完善。加快研究和制定电子签章、政府信息公开及网络与信息安全、电子政务项目管理等方面的行政法规和规章。基本形成电子政务建设、运行维护和管理等封面有效的激励约束机制。

（二）中国发展电子政务的基本原则

1. 统一原则，加强领导

电子政务建设必须按照国家信息化领导小组的统一部署，制定总体规划，避免重复建设。各级党政主要领导同学要亲自抓，防止各自为政，要正确处理中央与地方、部门与部门的关系，明确各自的建设目标和重点，充分发挥各方面的积极性，分类指导，分层推进，分步实施。

2. 需求主导，突出重点

电子政务建设必须紧密结合政府职能转变和管理体制改革，根据政府业务的需要，结合公众的要求，突出重点，稳步推进。要讲求实效，坚持经济效益和社会效益相统一。当前要重点抓好建设统一网络平台、建立标准、健全法制、建设和整合关系国民经济和社会发展全局的业务系统。

3. 整合资源，拉动产业

电子政务必须充分利用已有的网络基础、业务基础和信息资源，加强整合，促进互联互通、信息共享，使有限的资源发挥最大的效益。要在符合标准的条件下优先使用国产设备和软件，逐步推进系统建设、运行维护的外包和托管模式，带动我国信息产业的发展。

4. 统一标准，保障安全

加快制定统一的电子政务标准规范，大力推进统一标准的贯彻落实。要正确的处理发展与安全的关系，综合平衡成本和效益，一手抓电子政务建设，一手抓网络与信息安全，制定并完善电子政务网络与信息安全保障体系。

本章小结

信息资源管理是指对广义的信息资源进行的管理，公共部门信息资源管理是对公共部门信息资源的一种全面管理。公共部门信息资源管理的内容主要包括信息资源的开发利用、信息基础设施建设、信息技术及产品的开发和生产、管理信息系统的建设、信息安全的防护等。

加强公共部门信息资源的开发和利用可以提高组织的创新能力、增强组织的应变能力、提升组织的工作效率。公共部门信息资源开发与利用的具体方法有：制定有关公共部门信息资源开发利用政策法规；改进公共部门信息资源基础建设；加强信息资源的整合；实现信息资源的共享；完善公共部门信息资源的运行机制。

中国电子政务的主要任务是：建设和整合统一的电子政务网络；建设和完善重点业务系统；规划和开发重要政务信息资源；积极推进公共服务；基本建立电子政务网络与信息安全保障体系；加快推进电子政务法制建设；加强公务员信息化培训和考核；完善电子政务标准化体系。

重要概念

信息资源　　公共部门信息资源管理　　信息资源开发、利用　　电子政务

案例分析

武汉市武昌区南湖街社区服务网建设情况

武汉市武昌区南湖街社区网的建设开通运营至今，效果显著。南湖地区居民和商户足不出户上网点击查询就可查到所需的南湖地区1 300多条商务信息，得到工作、衣、食、住、行快捷周到的网络服务。而不上网的居民商户打一个服务热线也可及时得到所需的答复。本文旨在通过对武昌区南湖街社区网的建设情况的介绍，调动广大群众献计献策共同建设社区网的美好明天。本文共分为五个部分：摸底调查情况，组织专班进行社区网建设，服务栏目，取得的成效，今后努力方向。

1. 摸底调查

武汉市武昌区南湖花园城经过十年的开发，已逐步形成为武昌地区规模最大并具有现代人文气息的居住新区。现开发面积2.64平方公里，约4 000亩，房屋开发300余万平方米。建成房屋1 094栋，34 460套住房，社区居委会7个，居住小区19个，居民6万多人，待开发100余万平方米，按市规划建成后，共有4平方公里，将入住15万~20万人，占武昌人口的1/4。从目前已入住的居民综合素质来看，家庭年收入在5万或以上者为68%，文化素质的表现为：中专以上学历人口比例为34 9/5，会电脑操作的人员比例为57%。根据我们抽查结果显示：要求便捷、可靠、正规的家政服务的占99%，要求进行孩子教育服务的占67%，要求医疗服务的占89%，要求计生服务的占54%，要求网络服务的占51%。

2. 组织专班

依据摸底调查实际和需求，南湖街办事处为了抓好此机遇，更好地服务本地区的居民和商户，着力打造社区服务平台，在街道办事处主要领导的重视下及分管领导的直接指导下，于2005年10月在武汉蓝星科技服务有限公司技术支持下，开始筹建南湖街社区服务网站，并组织了一支强有力的科技开发团队，同时在开发过程中还得到市、区各级领导和有关部门的关怀和大力支持。经过全体团队工作人员共同努力，南湖街社区网站（www.nhhy.net）于2006年1月1日开通运营，同时设立专用社区服务热线88013373。

3. 服务栏目

南湖街社区服务网信息中心以提高居民生活质量为中心，整合人文、商务资源，开发了各项与居民生活密切相关的网络服务功能，它是集电子政务、电子商务和社区服务三位一体的多功能服务平台，开拓出市场化、规模化的全新社区服务领域。网站现设有一级栏目22个，子栏目33个，次子栏目37个。其政务功能有：社区新闻、公告通知、南湖政务、信息咨询等。商务服务功能有：网上交易、社区房产信息、汽车维护信息、Flash广告招商等。社区服务功能有：再就业信息、家政服务信息、特色餐饮信息、生活需求信息等。娱乐功能有：南湖论坛、历史文化、网络学院、南湖博客、软件下载等。以上众多功能服务涵盖南湖街区域及其他区域。

4. 初见效果

南湖街社区服务网信息中心开通运营至今，初见效果：

（1）社区服务网的知名度、信誉度IE趋提升。

（2）各科室、社区居委会月上报信息量上百条，资源共享得到明显增强，工作效率得到提高。

（3）改变了原有的会议电话和纸张通知、通告等，月节约成本上百元。

（4）南湖地区居民和商户足不出户上网点击查询就可查到所需的南湖地区1 300多条商务信息，得到工作、衣、食、住、行快捷周到的网络服务。对不上网的居民商户来说，打一个服务热线也可及时得到所需求的答复。以上的网上服务受到了广大的居民及商户的普遍欢迎。

（5）市信息产业局领导及相关部门多次听取南湖街社区服务网信息中心的汇报，多次进行实地考察，并确定其为市级社区服务网试点项目之一。

5. 努力方向

虽然已初见效果，但离居民及商户的需求还有一定的差距，今后南湖街社区服务网将根据实际需求不断改进：

（1）在现有的基础上继续夯实网站的各项工作，建立完善的管理机制，加强信息管理，提高服务质量，继续做好网站的宣传，并不断更新服务内容，扩大网络服务空间。

（2）在抓好社会效益和服务的同时，努力发展商务会员和个人会员，吸引更多企事业或私营单位和个人加盟，提供信息发布、单位形象宣传、商品或服务展示、信息反馈等优质服务。从而达到社会效益和经济效益共赢的局面，与时俱进办好街道网站。

【简要分析和问题】

电子政务是现代信息社会对于公共部门的必然要求，南湖街道将电子政务引入居民社区并与电子商务相结合、补充有利于推进该社区信息化建设、促进和谐社区建设、提高社区管理和服务水平。

1. 结合案例，说明我国在社区推广和发展电子政务的主要任务是什么。

2. 以南湖社区为例，谈谈政府部门在社区服务网络的建设过程中应该起到的作用。

同步测练与参考答案

一、单项选择题

1. 下列选项中不属于人类社会发展的三大资源的是:( )。

A. 能源资源 B. 网络资源 C. 信息资源 D. 物质资源

2. 信息资源的开发和建设是信息资源管理的( )。

A. 核心任务 B. 首要组成部分 C. 主要应用部分 D. 战略任务

3. 我国实施“政府上网工程”是哪一年( )。

A. 1994 年 B. 1996 年 C. 1997 年 D. 1999 年

4. 政府(Government)与政府(Government)之间的电子政务被称为( )。

A. GtoB 电子政务 B. GtoE 电子政务 C. GtoC 电子政务 D. GtoG 电子政务

5. 电子工商行政管理系统属于电子政务模式中的( )。

A. GtoE 电子政务 B. GtoC 电子政务 C. GtoB 电子政务 D. GtoG 电子政务

二、多项选择题(至少有两项正确答案)

1. 以下属于“金字工程”的是:( )。

A. 金关 B. 金网 C. 金桥 D. 金卡

2. 公共部门信息资源管理的内容包括( )。

A. 信息资源的开发和建设 B. 信息基础设施的建设

C. 信息数据的收集整理 D. 信息安全与防护

3. 下列属于 GtoC 电子政务的是:( )。

A. 电子财政管理系统 B. 电子就业服务系统

C. 电子医疗服务系统 D. 电子社会保障网络服务系统

4. 中国发展电子政务的基本原则包括( )。

A. 需求主导,突出重点 B. 稳步推进,讲求实效

C. 整合资源,拉动产业 D. 统一标准,保障安全

5. 2002 年 8 月颁布的《国务院信息化小组关于我国电子政务建设指导意见》内容包括:( )。

A. 我国电子政务建设的主要任务 B. 我国电子政务发展目标

C. 我国电子政务发展的基本原则 D. 我国电子政务发展的内容

三、判断题(正确的标 A,错误的标 B)

1. 广义的信息资源是指文献资源或者数据资源,或者各种媒介和形式的信息的集合,包括文字、声像、印刷品、电子信息、数据库等。

2. 信息资源开发和利用相辅相成、互相促进。开发是利用的前提，利用为开发提供动力和方向。

3. 1993年"三金"工程的启动逐步拉开了我国信息资源开发与利用的序幕。

4. 电子采购与招标属于GtoC电子政务模式。

5. 建立电子政务系统，可以增强各级政府的决策水平，提高行政效率和质量，有利于建设一个更加精简、高效、有竞争力的政府。

四、简答题

1. 公共部门信息资源管理的内容是什么？
2. 我国公共部门信息资源开发与利用存在的问题有哪些？
3. 电子政务的概念是什么？

五、论述题

1. 试述公共部门加强对信息资源管理的必要性和意义。
2. 结合我国公共部门信息资源开发与利用的现状，谈谈加强其开发利用的具体方法。
3. 试述中国电子政务的主要任务和基本原则。

参考答案

一、单项选择题

1. B；2. A；3. D；4. D；5. C

二、多项选择题

1. ACD；2. ABD；3. ABC；4. ABCD；5. BCD

三、判断题

1. B；2. A；3. A；4. B；5. A

四、简答题（略）

五、论述题（略）

第十二章

CHAPTER TWELVE

公共管理方法

学习目标

通过本章的学习，了解四种传统的公共管理方法；掌握目标管理的含义、特征、内容与实施、作用和局限性；明确全面质量管理的含义、特点和实施步骤；了解包括网络计划方法、系统分析方法、决策方法在内的其他现代公共管理方法。

重点难点提示

- 传统公共管理方法
- 目标管理的内容、作用和局限
- 全面质量管理的含义、特征、实施步骤
- 网络计划方法
- 系统分析方法

第一节　传统的公共管理方法

20 世纪 70 年代之前，公共管理领域与其他领域之间虽然也存在着互动的借鉴关系，但其运行基本上是以法律、经济、行政指令、责任约束等传统行政方法为主要支撑，它们构成了公共管理的基本方法。

一、法律方法

法律方法是指公共组织运用法律、法规、法令等手段调节各种社会关系的方法，如运用环境保护法、水资源保护法等对公共事务所进行的管理，其依靠的不仅仅是国家正式颁布的法律，同时也包括国家各类管理机构制定和实施的各种具有法律效力的规范。

法律方法具有权威性、强制性、规范性和稳定性的特点，适用范围比较广泛，涉及政治、经济、科学、教育、文化等性质不同的领域，尤其适合于解决那些带有共性的问题。但是，法律方法往往缺乏必要的灵活性，而且不完全受公共机构的控制，需要依据法律程序才能实施，所以，它在公共管理中的运用受到了一定的限制。

二、行政方法

行政方法是公共管理组织依靠组织的权威，运用其职位权力，通过行政命令对下属进行管理的方法。该方法往往以指示、命令、决议、决定等形式体现出来，具有权威性、强制性、无偿性、简便性的特点。

行政方法是当前公共管理中运用的主要手段，是公共管理中必不可少的一种基本方法，它尤其适用于需要高度集中的和适当保密的条件或领域，便于解决一些特殊的、紧迫的问题。但行政方法对上级机关的要求甚高，上级的失误将会导致连锁反应。另外，该方法有时具有武断、专制的色彩，不利于调动下属的积极性。

三、经济方法

经济方法是公共组织按照经济法律，运用价格、信贷、利率、税收、工资、奖惩等经济杠杆，调整人们之间的经济利益关系，以影响其行为的管理方法。它具有利益性、有偿性、间接性和多样性的特点，能有效地调动人们的积极性。

运用经济手段时要注意不同的经济手段在各自作用的领域内的效用是不同的，运用时切忌千篇一律。同时，由于经济手段很难满足人们的精神和社会需求，所以最好是实现它与行政指令、法律方法的有机结合，这样会取得更佳的管理效果。此外，经济手段也具有一定的强制性，但其强制性弱于法律和行政手段。

四、教育方法

教育方法是公共组织运用宣传、说服、沟通、精神鼓励等手段，以诱导组织成员自觉地为实现组织目标而努力的管理方法。教育手段具有稳定性、长期性的特点，但其结果具有不确定性。

教育手段需要管理者具有较高的思想素质、知识修养及人际交往能力，能以自身力量影响下属，要针对不同的情况采用不同的教育途径。教育者需要对教育对象进行耐心细致的说服教育，努力体贴关心下属，了解他们的特点和需求，晓之以理，动之以情，这样才能够收到良好的效果。

公共管理的传统方法的基础性地位，决定了其不仅在过去发挥了主要作用，而且在当前以至将来都会是公共组织实施管理所不可或缺的组成部分。社会的发展对公共管理组织提出了更高的要求，公共管理的传统方法也需要在应对社会需求的过程中不断改进，综合运用，扬长避短，以期取得最佳效果。

第二节　目标管理

一、目标管理的含义及特征

20世纪后半叶，管理学界最重要的事件之一就是目标管理（Management by Objectives，MBO）方法的应用与推广了。1954年，美国管理学家彼德·F·德鲁克在《管理实践》一书中，首先提出“目标管理和自我控制”的主张。他认为，一个组织的“目的和任务，必须转化为目标”，如果“一个领域没有特定的目标，则这个领域必然会被忽视”。各级管理人员只有通过这些目标对下级进行领导，并以目标来衡量每个人的贡献大小，才能保证一个组织总目标的实现。因此，德鲁克提出：

（1）让每个职工根据总目标的要求自己制定个人目标，并努力达到，这样就能使总目标的实现更有把握。

（2）在目标管理的实施阶段和成果评价阶段，应充分信任职工，实行权限下放和民主协商，使职工自我控制，独立自主地完成自己的任务。

（3）成果的考核、评价和奖励也必须严格按照每个职工目标任务的完成情况和实际成果的大小来进行，以进一步激发人们工作的主动性和创造性。

德鲁克的上述思想，在当时的企业界和管理学家中产生了巨大的影响，并为目标管理的实际应用打下了坚实的基础。

（一）目标的含义及其特点

1. 目标的含义

狭义地讲，目标是指一个单位或个人的工作在一定时间内所期望达到的水平或程度，是人们在某一时期内用自己的努力所期望并且可以达到的预先确定的结果。广义地讲，目标是始终存在于人们头脑中并促使人们积极行动、努力追求的结果，是控制与组织人们行动的指南，是一切行动的出发点与根本。

因此，所谓目标就是一定时期内期待于每个部门、需要每个人的努力才能完成的工作结果。“目标”在目标管理中的作用仅仅是一种手段，而非最终的目的。

就公共管理而言，目标是公共管理的基本指向，是激励组织成员努力工作的力量源泉，也是考核管理者及其下属工作绩效的客观标准，一切公共管理活动都是围绕着目标进行的。如果没有目标或目标不明确，导致工作没有重心，就会影响组织的凝聚力和吸引力，从而损及管理活动的实际效果。

2. 目标的特征

目标具有多层次性，是一个系统的有机的、相互联系与制约的目标体系，在这个目标体系中，有组织的总目标，也有各职能部门乃至每个职工的子目标。组织的总目标完全可以并且应该进行分解，形成各职能部门以及每个职工的子目标，而各子目标又完全可以并且能够进行耦合，职工个人的目标可以耦合为组织的总目标。也就是说，目标管理的目标是一个大系统，可以分解成若干个子系统目标，而每一个子系统目标又可以进行再分解，直至成为每个成员的具体目标。这样可以让职工参加管理，让每个职工都明确组织总目标及自己的努力方向，以调动其工作积极性。

（二）目标管理及其基本特征

对目标管理可以做广义和狭义的理解。广义的目标管理是整个目标的管理过程，狭义的目标管理则是指计划管理中的目标分解、落实、执行、协调、监察的工作制度。目标管理的基本特征有：

1. 目标管理是成果管理

目标管理是根据重成果的思想提出的，由于它非常重视管理成果即目标的实现，故称作“根据成果进行管理的方法”。它把组织与其要实现的成果作为奋斗目标，又以组织目标为管理的基准，一切管理活动都围绕目标的实现来进行，工作的好坏和成绩的大小，都视目标的时限程度而定，这有利于克服做表面文章和摆花架子的不良现象。

2. 目标管理是整合管理

实行目标管理，要制定组织的总目标，并逐级分解落实，形成组织的目标体系，通过目标体系把全体员工有机地组织起来，形成一个整体力量，共同为组织目标的实现而奋斗。因此，目标管理是通过目标体系整合组织成员的力量，以实现组织目标的整合管理。

3. 目标管理是自主管理，分权与自我控制的管理

目标管理的思想基础是相信人的能力，注重人的因素，让全体职工参与管理。在目标制定阶段，强调人人参与组织目标的制定，并根据组织的总目标和自己的工作实际确定自己的工作目标；在目标执行阶段，强调自我控制和自主管理；在目标成果评价阶段，强调先自我评价，再组织评价。所以，实施目标管理的过程，就是职工参与管理、自主管理和民主管理的过程。

4. 目标管理是过程管理

目标管理的管理活动是贯穿于整个组织目标的制定、执行和考评过程中的，是对整个目标制定和实施过程的管理，它是一个系统的管理程序和管理过程。

5. 目标管理是参与式管理

目标管理不仅像传统管理理论那样重视组织目标和管理目的，而且还将其视为一种激励下级、开发和培养下级能力的手段。因此，目标管理是一种民主参与式的管理，要求上级部门充分发挥下级的作用，积极参与到各项管理决策中来。

二、目标管理的内容与实施

目标管理的基本内容是动员全体职工参与组织目标的制定、执行并保证其实现。

目标管理的实施过程大致可以划分为目标制定、目标执行、目标成果评价三个阶段，预定目标实现后，又制定新的目标，进入新的一轮循环。

（一）目标的制定

实行目标管理，首先要建立一套完整的目标体系。一般由组织的最高管理机构或个人根据各方面的综合情况特别是上一个目标管理周期的成果评价结果，确定这一周期的管理总目标，并提出这一阶段实现总目标的基本方针。然后，通过多种形式（例如联合讨论、个别协商、相互交换意见等）以这个总目标和基本方针为基础，让组织全体职工以及各个下属职能部门按层次制定出与总目标基本方向一致的下属部门的单位目标与职工个人目标。

1. 目标制定中的多方因素

在制定目标的过程中，特别是在制定基层单位目标和职工个人目标时，应当使制定出的目标既能提高组织的相关功能，又能提高基层部门管理人员及每个职工的工作积极性与业务能力。同时，为了制定出切合实际的目标，需要充分考虑许多相关问题。主要考虑上级的要求、服务对象的要求、主观条件与客观环境等方面因素。

（1）上级要求即上级组织的目标、任务或计划。只有以上级组织的要求为基本依据，结合本组织的实际，兼顾自身的长远发展计划，才能制定出既符合整体利益，又适合本组织实际情况的正确目标。

（2）服务对象的要求是公共部门赖以存在和发展的基础。服务是公共部门存在的目

的，要做好服务，就必须了解服务对象的意愿，并通过各种科学的方法和技术，预测顾客需求的发展趋势，以此作为制定本组织目标的依据。

（3）主观条件包括组织成员的素质，组织的人力、物力、财力等情况，在制定目标时必须以这些客观条件为基础，实事求是，扬长避短，制定出切合本单位实际的目标。

（4）客观环境包括政治的、经济的、技术的、社会的、自然的客观因素，这些因素都是制定目标的约束条件和客观基础。在制定目标时必须对它们进行深入的调查和分析，把主观需求和客观条件有机地结合起来，从而制定出切实可行的目标。

2. 目标制定所遵循的原则

在制定目标时，主要遵循以下几条原则：

（1）明确具体原则。目标的确定应有具体对象，也就是让组织成员广泛参与目标的制定，使目标更加符合实际，使目标水平更加接近执行个人，以使执行者能够较好地完成任务；目标的表达一定要简洁清楚，一目了然，有利于分解为子目标，使执行者能较容易地明确其目标；目标应尽可能量化，实在不好量化的应采取有利于管理和考核的方式进行表达。目标应有明确的时间界限，表明何时完成。

（2）整体一致原则。组织所制定的目标除了应以社会利益、国家利益、组织利益为前提外，更要注意组织的总体目标与基层单位及职工个人的子目标的方向一致，要上下互相联系，条块互相协调，以总目标统帅子目标，以子目标的完成保证总目标的实现。

（3）先进可行原则。制定目标既要有先进性，又要确保可行性。所谓先进性，主要是指目标应对执行者产生鼓励和激励的作用，以充分调动和发挥职工的积极性。所谓可行性，主要是指目标应切合实际，相对合理，是可以实现的目标。

（4）重点突出原则。目标的制定在全面考虑的同时应突出重点和关键性的工作。目标的数量要适中，既要照顾全面，把需要的问题反映出来，又要突出重点，分清主次，以使执行者抓住重点，主次分明地去实现目标。避免把日常事务也纳入目标之中，特别是要防止目标数量过多，使力量分散。

（5）灵活协调原则。目标应能随时根据情况的变化进行协调平衡，以适应未来情况的发展和环境的变化，增强组织的应变能力，提高竞争性。还应注意目标之间的协调，避免互相制约和不良影响。

3. 确定目标的步骤

根据上述原则和要求，确定目标的过程大致可以分为以下几个步骤：

（1）搜集信息。信息包括：国家计划、政策法令、上级要求、发展规划、下级和基层的反映及本系统的人力、物力、财力、技术水平和其他重要问题与条件等。搜集信息应在明确上级要求的基础上进行，并且尽可能准确具体。

（2）初步拟定目标方案。初步提出的方案可以有若干个，体现不同的特点，以供比较选用。目标方案既可以由下级提出，上级批准；也可以由上级部门提出，再同下级一起讨论决定。

(3) 评价与修订目标方案。初步方案拟定之后，管理人员要征求上级的意见，并与下级、同事进行讨论，评价目标方案是否达到预定要求、制约因素是否已考虑周全、指标是否可行、有无潜在的问题等，然后在广泛征求意见的基础上，再进行修订。

(4) 确定目标。在评估论证和修订的基础上，选择最优目标方案。

(二) 目标的执行

目标体系建立之后就要组织目标实施，目标执行是目标管理的第二个阶段，其工作内容主要有：

1. 分权与自我控制的管理

上级主管放手把与目标相适应的权力交给下级，即交给相应目标的具体执行者，使每个人都在自主管理中尽力实现自我控制，以实现自己的目标，这才符合目标管理的基本精神。

2. 合理分配资源

将本系统的财力、物力、人力、时间加以合理配置和合理使用，为目标管理活动的正常开展创造条件。

3. 对目标进行总体控制

即采用预警和监测系统、信息反馈机制、监察考核和必要的规章制度等手段，检察下级的工作是否依照目标进行，如有偏差，应及时调整，以使目标实施活动沿着既定的轨道进行。当然，总体控制应当以授权管理为前提，从总体上对偏差予以指导，纠正偏差和维持平衡。

(三) 目标的考评和奖惩

这是目标管理的最后一个阶段。其任务是检查目标管理的执行情况，肯定成绩，找出不足，总结经验教训，奖励、表彰先进，惩罚、鞭策后进，并为制定下期目标提供依据。

1. 目标成果评价

目标成果评价是指适用科学的考核方法，对目标实施的成果进行实事求是的评价，并依据评价结果进行奖罚，实现责、权、利的统一。同时，在考核和评价的基础上，使目标管理进入下一轮的循环过程。

2. 目标评价遵循的原则

在目标评价的过程中尤其要注意遵守评价的标准、过程、结果的公开原则，以达到鼓励先进、鞭策落后的效果。在进行目标成果评价时，要对目标完成的情况即成果进行评价，而不是以付出努力的多少来判断。它是以自我评价为主、上级评价为辅以及几次参与的综合评价方式。即首先让目标执行者进行自我评定，并将自我评定结果填入目标卡片中，这时，目标执行者特别要注意总结工作中的经验教训，进行自我检查，自我提高。然后上下级之间对目标成果评价交换意见。在此基础上，采用目标成果的综合评定方法，对目标的综合评价成绩与等级进行定量或定性评价。最后由上级对下级人员的目标成果进行恰如其分的评价，以表彰和奖励先进，对落后者进行适当的惩戒。

3. 目标评价的步骤与方法

评价的步骤一般是先由目标的执行者进行自我批评，并将考评结果送至上级主管部门；然后再由上级实事求是地给以评定，确认其完成目标的情况。评价的依据是年初确定的奋斗目标。成绩的评定，主要看目标的完成情况。评价的办法一般采用积分法，其计算公式是：

综合评价 = 目标的完成程度 + 目标的复杂程度 + 主观努力程度 +/- 修正部分

公式中的各项因素采用积分的办法确定一定的分值和评分标准，然后根据标准给以评分，最后将得分加起来并进行必要的纠正，即得到综合评分的分数。

在进行综合评价的基础上，按完成目标的情况给予必要的奖励和惩罚，以促进目标管理深入持久地开展下去。

三、目标管理的作用和局限性

（一）目标管理的作用

目标管理在我国的推广和运用有了很大的进展，取得了明显的成效。它主要表现在以下方面：

1. 有利于调动职工的积极性，保证组织目标的实现

由于传统管理模式以“物”为中心，员工行为受到各项规章制度的严格规范，个性受到严重的压抑，个人积极性被挫伤，组织气氛沉闷。目标管理的最大优点在于它能使人们用自我控制的管理来代替受他人支配的管理，激发人们发挥最大的能力把事情做好。可见目标管理的一个重要功能是竭力帮助员工摆脱传统任务型组织中的被动状态，使其被压抑的潜力得以充分的展示和发挥。目标管理的核心精神是：目标管理以相信人的积极性和能力为基础，让员工自己当老板，自己管理自己，变“要我干”为“我要干”。

2. 有利于管理组织应变能力的增强

管理工作是一项动态工作，应随着工作环境与条件的变化及时调整管理组织和工作方法，以迅速适应变化了的工作环境和工作条件。

而目标管理是一个不间断的、反复的循环过程，其循环周期可以是一年、半年、三个月或更短些。这样就能根据变化了的环境，适时地、正确地制定组织目标，动员全体职工去实现目标。此外，目标管理在实施过程中，上级必须下放适当的权限，让每个职工实行自我管理，充分发挥每个人的智慧和力量，使每一个职工面对变化了的工作条件，适时地、合理地作出判断和决定，并积极采取必要的措施，以适应复杂多变的工作环境。可见，这种“动态”的管理制度，在多变的“现实”中贯彻执行，就能增强管理组织的应

变能力。

3. 有利于提高各级管理人员的领导能力

领导水平的高低，是能否搞好各行各业管理工作的关键。过去，大多数管理干部都是靠其职务、权威去命令下级工作，也有极少数的管理人员采取了放任自流、松弛涣散和不负责任的管理态度。事实说明，这种“命令型”或“放任型”的领导方式，对搞好管理工作是极为不利的。

实行目标管理，能创造一个培养和锻炼管理人员领导能力的管理环境，使他们逐渐具备真正的领导能力，不是单凭职务、权威、地位和尊严去领导下级，而是相信群众、依靠群众来实现领导，也就是采用“信任型”的领导方式。因此目标管理在管理方式上实现了从“命令型”向“信任型”的过渡，也就是从以往的由上级发布命令，下级只是服从的传统管理方法，转移到下级自己制定与上级目标紧密联系的个人目标，并由自己来实施和评价目标的现代管理方法上来，如表 12 – 1 所示。

表 12 – 1　　传统管理方法向现代管理方法的转移

序号	命令指示型的管理方法	信任指导型的管理方法
1.	为下级制定实施计划，并规定工作的目标	下级自己制定与上级目标相结合的个人目标
2.	对下级进行工作方法的训练	使下级主动地确定自己的工作方法
33.	严格检查下级是否按照上级的指示意图进行工作	下级自己检查自己的目标实施活动并自我评价目标成果
44.	上级研究新的工作方法，指示下级遵照执行	为下级提供不断改进自己工作的机会
55.	在工作过程中，上级加强检查，下级只是按指令实施	下级在实施目标过程中，实行“自我管理”，上级只是加强指导

资料来源：http：//course. cug. edu. cn/security_manage/chapter4/4 – 1. htm

4. 有利于改善和提高职工的素质

以往各单位在布置工作任务时，片面强调领导意志，因而不能使每一个职工清楚地了解整个组织的总目标，致使每个职工的积极性不能充分发挥，人的主观能动作用也受到限制。在这种情况下，往往出现在自己职责范围内本来应该及时处理的问题也要一一请示汇报，长此以往会逐步丧失职工的责任心和进取心。

而目标管理是以全体职工为对象，以提高职工的工作能力为中心。由于管理职层的不同，职工个人目标与组织总目标直接结合的程度就不同（见图 12 – 1）。所以，大多数基层职工，只能通过提高个人工作能力间接地与组织总目标相结合，成果评价也只能以提高

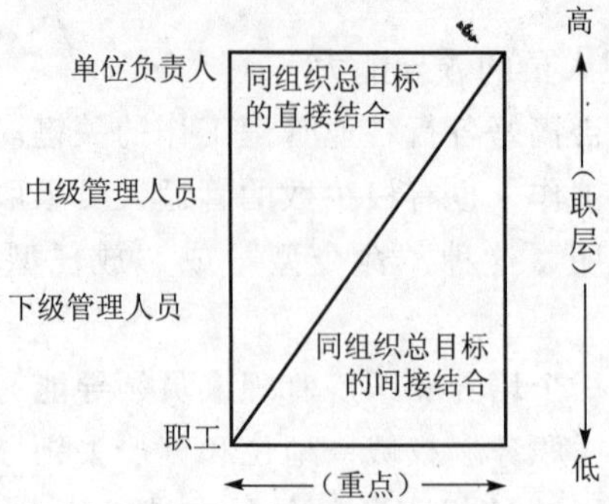

图 12－1　职工个人目标与组织总目标直接结合的程度

资料来源：http：//course. cug. edu. cn/security_manage/chapter4/4－1. htm

（二）目标管理的局限性

目标管理在公共部门的广泛应用，对提高政府工作能力起到了十分重要的作用。它可以使工作具有明确的目标和方向，可以避免工作的盲目性、随意性和被动性，可以提高计划工作的科学性和整体协调性，有助于调动工作人员的进取心、责任感和荣誉感，充分发挥每个人的潜力和积极性，有利于进行有效的控制等。当然，目标管理也存在一些局限性，主要有：

（1）设置目标较为困难。既要使目标具有正常的“紧张”和“费力”程度，又要使目标具有可考核性；既要注意经济效果，又要注意社会效益。这些方面的限制使目标的制定很难达到合理。

（2）公共部门的目标往往比较模糊，不易量化，其结果也不容易衡量。

（3）公共目标的制定过程并非是一个理性选择的过程，而是一个政治过程，往往充满了对多元价值与目标追求的冲突。

（4）目标趋向于短期。目标管理的实施多以一年为周期，因为越是短期目标，就越容易实施和考核，长期目标很难体现出目标管理的优越性。但这种强调短期目标的管理，可能导致对组织长期目标和发展规划的忽视。

（5）灵活性差。目标如果经常变动，就失去了它的意义。但目标毕竟是一种尚未实现的未来结果，如果目标的前提条件、环境或者政策已经发生改变，仍要求坚持原定的目标，那将是不明智的。

目标管理能否应用于公共管理取决于以下几个方面具体公共部门的自身特征。考虑目标管理是否适用于某个公共部门，首先要对该部门进行全面的考察，检查其自身有哪些特征限制着目标管理的应用。例如，与私营企业相比，公共组织的目标通常是多元发散、模糊不清的，其管理手段、程序与报酬制度也受到严格限制。二是各级管理者对实施目标管理的热情。由于公共部门在绩效考核指标、员工报酬、人员聘任方面的自主权要比私营组织小得多，因而也就限制了在上述方面存在强约束的公共部门中的推广应用。但是，今后随着公共部门自主权的扩大与公共管理中公民主权意识的增强，这些限制目标管理的因素将逐步得以改善。

第三节　全面质量管理

一、全面质量管理的含义

全面质量管理（Total Quality Management，TQM）是一种系统的管理方法。它最早出现于企业界，但很快就被应用于政府管理及其他公共管理领域中，成为当今管理界最时髦的管理口号。全面质量管理应用计量和人力资源管理方法，针对组织的运作过程加以改良，不但能有效地实现组织目标，更能使顾客的需求得到满足，全面质量管理结合了多项基础性管理技术以改进现状，成为一种新的管理典范。

著名质量管理专家弗根堡姆（A. Feigenbaum）认为，质量管理的最高指导原则为：组织要产生真正的效能，对品质的控制需始于产品的设计，终于顾客接纳该产品并且感觉满意。

全面质量管理是以质量为中心，建立在组织全体员工参与基础上的一种管理方法，是一种全员参与的、以各种科学方法改进组织的管理与服务，通过高品质和不断改进的产品与服务，获取顾客满意的管理理念、制度和方法。

二、全面质量管理的特点

（一）广义上的“质量”

全面质量管理的“质量”是全面的，即它所指的质量是广义上的质量。它不仅包括产品质量，还包括工序质量、工作质量，通过改进工序、工作质量，不仅可以保证产品质量，预防和减少低质量产品与服务，而且还有利于达到降低成本、及时提供产品、以便更好地满足用户和服务对象等多方面的要求。

（二）实现生产全过程的管理工作质量

全面质量管理的范围是全面的，即实现生产全过程的管理。为使顾客得到满意的产品和服务，不仅要对产品和服务的形式进行质量管理，还要对此外的各项工作、各个环节进行质量管理。

（三）全员性的质量管理

全面质量管理的参加人员是全面的，即全员性的质量管理。产品和服务质量设计组织的所有部门和员工，其工作直接或间接影响产品与服务的质量。提高产品和服务的质量需要依靠全体人员的共同努力，从组织领导者、技术支持专家、经营管理人员到具体经办人员，只有人人都关心质量，组织的质量管理才能搞好。

（四）科学的管理模式

全面质量管理作为一种现代管理方法，是一种科学的管理模式。全面质量管理使用以社会经济统计为主的科学管理方法，并将其与新兴经营管理技术有机结合起来，针对不同的影响因素，有的放矢地运用不同的管理方法，把握质量波动的规律，以稳定地提高产品和服务质量。

表 12－2　　传统管理与全面质量管理的区别

比较项目	传统管理	全面质量管理
组织文化	个人主义，专业分工，独断领导，利润至上，追求生产力	集体努力，跨部门合作，教导授能，顾客满意，追求品质
沟通方式	下行沟通	下行沟通，平行沟通，斜向沟通，多向沟通
意见表达和参与方式	主管裁定，建议制度	正当程序，品质管理小组，态度调查
工作涉及	效率，生产力，标准化作业程序，狭窄的控制幅度，详尽的工作说明书	品质，顾客导向，革新，宽广的控制幅度，自主化的工作范围，充分的授能
训练项目	工作相关技能，单一部门业务技术性质的知识，生产力	广泛的技能知识，跨部门业务，诊断问题与解决问题的相关知识，生产与品质
绩效评估	个人目标，由主管考核	团体目标，由顾客、同事、主管三者共同考核，强调品质与服务
薪资制度	以个人为单位争取功绩，加薪以及福利	以团队为基础发放酬赏，财务酬劳，非财务性质的表扬
卫生医疗与工作安全	处理问题	预防问题，安全计划，保健计划，员工互利
考选升迁与职业生涯发展	由主管考选，狭窄的工作技能以个人绩效决定升迁，单一部门的直线式生涯途径	由同事考选，解决问题的能力，以团队表现决定升迁，不同部门的水平式生涯途径

资料来源：曹现强，王佃利．公共管理学概论．北京：中国人民大学出版社，2005

三、全面质量管理的实施步骤

全面质量管理作为全过程的质量管理，这一全过程可以归纳为计划（Plan）、实施

(Do)、检查（Check)、和处理（Action）四个环节，简称为“PDCA”循环。

（一）计划环节

计划环节的主要任务是寻找质量管理问题，拟定质量管理的方针与目标，建立质量标准和工作制度等。制订计划时要综合考虑以下因素：一是服务对象的需求，从而实现产品与服务的供求平衡；二是质量情报，即了解国内外先进水平，并据此作为制订质量计划的重要依据；三是技术能力，以使制订的质量计划建立在适合本组织技术能力的基础上；四是经济效益，尽量使计划能够尽量减少成本费用，取得尽可能多的经济效益。

（二）实施环节

实施环节就是根据计划阶段的设计方案，采取具体行动和措施，贯彻执行计划。实施阶段是全面质量管理的重点与核心环节。在实施阶段要综合运用各种全面质量管理分析工具，建立质量保证体系，对于公共部门的全部信息进行如实的质量记录，为检查环节与处理环节的工作提供基础性资料。

（三）检查环节

检查环节就是检查实施阶段的各种活动是否遵循计划阶段制定的标准，结果是否达到预期的要求。如果与预期计划之间存在着偏差，就要综合运用各种统计分析技术，寻找存在的问题及其原因。

（四）处理环节

处理环节就是根据检查环节的分析结果，采取相应的应对措施。如果导致问题产生的因素存在着正的边际效应，就应将这些因素经反复检验后固定下来；如果这些因素导致了负的边际效应，就应采取相应的纠偏行动。

全面质量管理中的 PDCA 循环具有以下三个特点：第一，周而复始，PDCA 循环的四个阶段不是运行一次就结束，而是周而复始循环进行的。第二，环环相套，全面质量管理是一种全员参与的现代管理模式，任何一个部门和任何一个工作阶段都存在着 PDCA 循环，从而构成了一个大环带动小环的有机逻辑组合。第三，阶梯式上升，PDCA 循环不是停留在一个固定水平之上的，不断解决问题的过程就是水平逐步上升的过程。

第四节 其他现代公共管理方法

现代公共管理方法除了目标管理和全面质量管理之外，还有许多其他方法。其中网络计划方法、系统分析方法、决策方法是现代公共管理较常用的方法。下面我们将作简要介绍。

一、网络计划方法

网络计划方法是指应用网络图全面反映整个工作的流程、计划内各项工作之间的相互关系和进度，通过实践参数的计算，找出关键线路与机动时间，以对计划进行优化的一种科学管理方法。

网络计划技术源于19世纪美国学者甘特创制的甘特图表。20世纪50年代中期，美国在此基础上研制成功了关键线路图法（Critical-path Method，CPM）和计划评审技术（Program Evaluation and Review Technique，PERT）。由于这种方法建立在工作关系网络模型的基础上，把计划的编制、协调、优化和控制有机地结合起来，所以称之为网络计划技术。

网络图是网络计划的基础。网络图使用一系列箭线和圆圈来表明一项任务或工程的所有工作的先后顺序和相互关系的网状图解模型。绘制网络图是网络计划方法的关键步骤。绘制网络图应注意准确地确定目标，搜集、研究相关资料，进行任务分解，确定各工序所需要的时间、工序间的顺序和相互关系，列出全部工序的明细表，然后绘制网络草图。

应用网络计划方法的一般步骤是：首先，绘制网络草图；其次，通过计算实际参数，判别出关键工作和关键路线；然后，在满足既定要求的情况下，按某一衡量指标（时间、成本、资源等）选择最优方案；最后，在计划执行过程中，不断收集、传送、加工、分析信息，使决策者可能实现最优选择，及时对计划进行必要的调整。

大量的应用实践证明，网络计划技术有以下主要优点：

（1）它能够形象地把整个计划用网络图的形式表现出来，可以直观地反映工作之间的相互联系和相互制约的关系。

（2）它能告诉我们各项工作的开始时间和完成时间，计算时间参数，能够预见某项工序提前或推迟完成对整个任务的影响程度，能够根据外界条件的变化及各工序活动的实际完成情况进行调整，在执行中保持对计划的有效控制和监督。

（3）通过计算可以找出自始至终对完成期限有关键性影响的工序活动，即关键工序。抓住关键工序，以最优化原理去合理安排计划中的各项工作，从而以最佳的途径（最短的工作时间、最少的资源、最低的费用）来完成工作。

（4）可与成本、资源一并加以统筹安排，可把控制进度与成本控制、合理利用资源综合起来考虑。

（5）网络计划技术与计算机技术结合起来，从计划的编制、优化到执行过程中的调整和控制，都可借助电子计算机来进行。

由于网络计划具有以上优点，所以在公共管理中得到充分的应用。运用网络计划方法使管理的对象和要素处于严格的科学管理之中，能够有效地提高管理工作效率。

二、系统分析方法

系统分析是20世纪40年代，为解决人类生活和社会系统中不断涌现出的众多复杂难题而发展起来的一种以人为中心的、为管理决策服务的科学和艺术。经过多年研究和发展，从20世纪70年代末开始，系统分析被广泛地应用于通讯理论、生物和系统工程、哲学、经济及公共领域的分析和研究。

系统分析是一种决策辅助技术，它采用系统的观点和方法对所研究的问题提出各种可行方案和策略，进行定性和定量的分析和评价，帮助决策者提高认识所研究问题的精细程度，以便决策者选择行动方案。

系统分析方法既是一门科学，又是一门艺术。它为解决政府、企业、军事、工业、农业、服务业、交通和通讯等方面的系统中的各个特殊的管理与计划问题，提供了能够加以验证的理论、模型和技巧。在分析过程中要作出创造性的选择，并且需要把各种定性和定量的工具巧妙地搭配使用。

具体来说，系统分析就是通过对广泛资料的处理，获得有关信息，再进一步量化，利用一些有效方法（如进行统计和检验等）进行比较和分析，以确认或发现所提出的问题的目标。在应用系统分析求解问题时，具体的逻辑过程如下：

（1）确定分析目标。目标是管理者或决策者希望达到的结果。目标的确定是在考虑系统环境要求及系统存在问题的基础上进行的。它涉及环境要求的认知，对存在问题的界定以及目标自身的合理性、可行性等问题。

（2）选择可行方案。分析者应尽可能多地寻找到或设计出各种较合理的备选方案，加以进一步分析和计算。

（3）选择计算准则。计算准则是人们用来评估可行方案达成目标或结果程度的尺度，如准则指标、变量规模、风险和不确定程度等。此外，还要选择相应的计算技术，如模拟、数字规划、网络、排队等，以保证可行性方案计算结果的有效性。

（4）应用模型技术。分析模型运算的结果，提出效应分析结果和推荐意见，编写出各种必需的文件和说明，排出可行性方案的顺序，提供给决策者作为决策的依据。

以上步骤构成了系统分析的完整路径。系统分析过程实际上是一个数据处理与信息转换的过程。因此，系统分析人员必须对系统的状态、系统的变化、系统的信息给予充分的重视。

三、决策方法与技术

所谓决策方法与技术，是指在决策过程中为实现决策方案优化而运用的各种职能方法与科学技术的总称。它是决策活动必须借助的手段，也是决策任务完成的桥梁。

根据不同标准，可以对它们进行不同的分类。根据理性因素在决策中的地位，可以把决策方法与技术分为理性决策方法、非理性决策方法和综合决策方法。根据决策方法与技术的性质，可以分为定性决策方法与技术和定量决策方法与技术。其中定性分析方法包括价值分析、可行性分析、德尔菲法、主观概率预测法、超理性分析法等；定量分析方法包括预测分析、经济效益分析、回归分析、投入产出分析、模糊分析等。根据学科基础的不同，可以把决策方法与技术分为解析方法、计算机类的仿真技术，以及在社会学和心理学等基础上发展起来的方法，如专家决策法、问题分析法和防范分析法等。

下面重点介绍常用的专家决策法和德尔菲法。

（一）专家决策法

专家决策法是基于专家的知识、经验和分析判断能力，在历史和现实等有关资料综合分析的基础上，找出预测对象未来的发展趋势及状况，并作出决策。它可以分为个人决策法和专家会议决策法两种。

个人决策法是指依靠专家个人对预测对象未来的发展趋势及状况作出的判断。该种方法的顺序是：先征求专家个人的意见、看法和建议，然后对这些意见、看法和建议加以归纳、整理，得出一般结论。

专家会议决策法是指邀请专家以召开调研会的方式，向与会专家获取有关预测对象的信息，经归纳、分析、判断和推算，对决策对象的未来发展趋势及状况作出判断，又称集团头脑风暴法。其有两种基本形式：直接头脑风暴法和质疑头脑风暴法。直接头脑风暴法是根据一定规则，通过共同讨论具体的问题，发挥集体效应，进行创造性思维活动的一种专家集体评估、预测的方法。质疑头脑风暴法是一种先后召开两个专家会议集体产生设想的方法。第一个会议完全遵从直接头脑风暴法的原则，第二个会议则是对第一个会议提出的设想进行质疑。

（二）德尔菲法

德尔菲法是在专家会议决策法的基础上发展起来的一种经济实用的决策方法。德尔菲（Delphi）是古希腊一处遗址的名称。20世纪50年代，美国兰德公司与道格拉斯公司联手以“德尔菲”为代号，研究如何通过由控制的反馈更为可靠地收集专家意见的方法，由此得名。

这是让专家们背靠背地提出解决某一问题方案的方法，往往采用函询调查的形式。具体做法就是就某一问题分别向有关领域的专家征询意见，然后把专家的意见收集起来进行归纳整理，隐匿专家姓名，再反馈给同一组专家，进行第二轮函询，请求他们借助于整理归纳的结果重新思考再给予回答；然后，把收集的意见再进行综合整理后反馈回去，如此循环往返若干次，使最初分散的意见趋于集中，从而形成一个比较一致且可靠的结论。德尔菲法能克服专家会议法的一些缺点，防止个人判断的局限性，尽可能消除主观因素的影响，且费用低、效果好，是现代决策中应用较广泛的一种方法，便于集思广益和提出创造性的设想。

本章小结

传统的公共管理方法有法律方法、行政方法、经济方法、教育方法。广义的目标管理是整个目标的管理过程，狭义的目标管理则是指计划管理中的目标分解、落实、执行、协调、监察的工作制度。全面质量管理是以质量为中心，建立在组织全体员工参与基础上的一种管理方法，是一种全员参与的、以各种科学方法改进组织的管理与服务，通过高品质和不断改进的产品与服务，获取顾客满意的管理理念、制度和方法。其他公共管理方法中网络计划法、系统分析法、控制法、决策方法是现代公共管理较常用的方法。

重要概念

法律方法　行政方法　经济方法　教育方法　目标　目标管理　全面质量管理　网络计划方法系统分析方法　决策方法　专家决策方法　德尔菲法

案例分析

【案例】天津市政府办公厅所实行的目标管理

在1991年精心策划、充分准备的基础上，从1992年开始，天津市政府办公厅率先在市级机关中推行了目标管理。

1. 紧紧围绕市政府重点工作确定机关的管理目标，使厅务服从和服务于政府落到实处，更好地发挥了办公厅的参谋、助手作用。十年来，天津市政府办公厅坚持把每年市政府的重点工作，特别是“三、五、八、十”四项奋斗目标、人民代表大会通过的《政府工作报告》中确定的主要任务及改善城乡人民生活的20件实事等，都量化成具体的目标，并将目标细化、分解，明确责任部门、负责领导、时限要求和工作质量。

2. 以制度建设作为目标管理的主要内容，使机关建设走上了规范化、科学化的轨道。十年来，天津市政府办公厅积极围绕改进机关作风、提高工作效率定制度、抓落实。通过建章立制，明确了岗位责任，许多工作从无章可循走向规范有序。十年中，办公厅全面推行了岗位责任制和AB岗制度，坚持了工作人员的考勤考绩等一整套工作制度。各处室也都结合工作实际，建立了工作流程制度和处室内部管理制度等，使机关建设不断得到加强。为适应信息化发展的需要，办公厅先后制定了一系列制度，对数据源单位的职责、工作人员的应用达标标准及安全规则等都作出了明确规定，使办公自动化发挥了越来越重要的作用。

3. 把“学理论、抓班子、带队伍”作为抓好目标管理的根本，使办公厅干部队伍的整体素质有了明显提高。天津市政府办公厅坚持把抓好理论学习、加强班子建设和提高干部队伍的综合素质作为长期的、根本的任务。一是坚持抓好办公厅的领导班子建设。办公厅先后制定了《市政府机关局级领导干部勤政廉政规定》、《市政府办公厅领导班子加强自身建设的制度》等，坚持开好领导班子的民主生活会，在每次市委组织部对班子的考察评议中都得到了领导的肯定和群众的好评。二是采取措施努力提高干部队伍的综合素质。在实施目标管理过程中，很多干部职工有了紧迫感和危机感，办公厅上下学习的空气更浓了。

4. 天津市政府办公厅始终把作风建设纳入目标管理的全过程，形成了“团结、奋进、严谨、务实”的厅风，维护了市政府的良好形象。十年来，天津市政府办公厅一直把维护政府形象作为衡量每个干部职工言行的标准，坚持弘扬正气、表彰先进、鞭策后进，使干部的整体面貌发生了深刻的变化，形成了灵、通、快的行政指挥系统，保证了各项工作高效运行。

通过十年的实践证明，实行目标管理是机关建设的成功之举，是使机关管理走向制度化、科学化，提高行政水平的有效途径，对促进政府职能转变，改进工作作风，提高工作效率，维护政府的良好形象，都起到了积极、重要的作用。

［资料来源：陈洪江．坚持改革创新，加强机关建设——天津市政府办公厅十年来实行目标管理的做法和经验．中国行政管理，2001（6）。］

【问题】

结合案例谈谈天津市政府办公厅在实施目标管理方面取得了哪些有益经验？

【解析】

目标管理方法有以下两大特点：

目标管理方法的第一大特点是以目标为导向。在本案中，天津市政府办公厅在过去十年的工作中始终坚持将市政府的重点工作以及人民代表大会决议通过的任务都量化为具体的目标，并将其细化，分配到各相关部门。这样做可以明确各组织机构及其行政工作人员的权力、职能及所承担的责任。对今后工作中的控制、监督以及任务完成后相关责任的承担提供了方便。除了明确目标之外，天津市政府办公厅还配合出台了相应的规章，力求通过强有力的行政规章来保证各项行政活动都导向组织的目标。而与这些行政规章同时发挥监督约束效力的还有按阶段向市长或分管副市长报告制度。这一制度旨在发挥行政指挥中心的作用，及时纠正执行阶段出现的偏差，保证行政管理活动朝着预定的方向稳步发展。这样一来，天津市政府办公厅便可以处理好各种内部与外部关系，协调好各种力量，以保证行政目标的实现。

目标管理方法的第二大特点是重视对人的管理。天津市政府办公厅把“学理论、抓班子、带队伍”作为抓好目标管理的根本，使办公厅干部队伍的整体素质有了明显提高。干部队伍的水平提高了，便可以更好地理解自己所在组织、岗位的目标要求，明确自身的职责，按照目标导向原则来指导自己的行动。

同步测练与参考答案

一、单项选择题

1. 下列哪项不属于传统的公共管理方法：（　　）。

A. 法律方法　　B. 行政方法

C. 经济方法　　D. 说教方法

2. “目标管理和自我控制”是由（　　）首先提出的。

A. 泰勒　　B. 彼得·德鲁克

C. 布坎南　　D. 马克思·韦伯

3. 下列关于目标管理中目标的理解错误的是：（　　）。

A. 目标具有多样性

B. “目标”是目标管理的最初出发点和最终要达到的根本目的

C. “目标”在目标管理中的作用仅仅是一种手段，而非最终的目的

D. 目标具有多层次性

4. 对于目标管理的理解错误的是：（　　）。

A. 灵活性差

B. 目标趋向于短期

C. 公共目标的制定过程是一个理性选择的过程

D. 设置目标较为困难

5. 关于全面质量管理的理解错误的是：（　　）。

A. 计划环节的主要任务是寻找质量管理问题，拟定质量管理的方针与目标，建立质量标准和工作制度等

B. 实施环节就是根据计划阶段的设计方案，采取具体行动和措施，贯彻执行计划

C. 检查环节就是检查实施阶段的各种活动是否遵循计划阶段制定的标准，结果是否达到预期的要求

D. 处理环节就是根据实施环节的分析结果，采取相应的应对措施

二、多项选择题（至少有两项正确答案）

1. 传统的公共管理方法有哪些：（　　）。

A. 法律方法　　B. 行政方法

C. 经济方法　　D. 教育手段

2. 对于目标管理的含义有几种解释，以下正确的有：（　　）。

A. 目标管理是一种“管理中的管理”

B. 目标管理实质上是一种面向管理的管理

C. 目标管理以 Y 理论为基础，相信人的自我管理能力

D. 目标管理是通过目标体系整合组织成员的力量，以实现组织目标的整合管理

3. 全面质量管理包括：（　　）。

A. 计划　　B. 实施　　C. 检查　　D. 处理

4. 全面质量管理的特点有：（　　）。

A. “质量”是广义上的“质量”

B. 全员性的质量管理

C. 科学的管理模式

D. 以个人为单位争取功绩，加薪以及福利

5. 在社会学和心理学等基础上发展起来的方法有：（　　）。

A. 解析方法　　B. 专家决策法

C. 问题分析法　　D. 防范分析法

三、判断题（正确的标 A，错误的标 B）

1. 传统公共管理方法中的法律方法具有权威性、强制性、规范性和稳定性的特点。

2. 传统公共管理方法中的行政方法具有权威性、强制性、无偿性和复杂性的特点。

3. 传统公共管理方法中的经济方法具有利益性、有偿性、直接性和多样性的特点。

4. 教育手段具有稳定性、长期性的特点，但其结果具有不确定性。

5. 专家会议决策法是指让专家们背靠背地提出解决某一问题方案的方法，往往采用函询调查的形式。

6. 目标管理是面向目标的管理过程。

7. 全面质量管理是以质量为中心，建立在组织全体员工参与基础上的一种管理方法。

四、简答题

1. 简要回答传统公共管理方式有哪些？

2. 什么是目标管理？

3. 什么是全面质量管理？

五、论述题

1. 谈谈目标管理的特点和局限性。

2. 说一说你理解的全面质量管理。

3. 其他公共管理方法里选择一个你认为好的方式，并加以阐述。

参考答案

一、单项选择题

1. D；2. B；3. B；4. C；5. D

二、多项选择题

1. ABCD；2. ACD；3. ABCD；4. ABC；5. BCD

三、判断题

1. A；2. B；3. B；4. A；5. B；6. B；7. A

四、简答题（略）

五、论述题（略）

第十三章

CHAPTER THIRTEEN

公共管理的责任与伦理

学习目标

通过本章的学习，掌握公共管理责任的内涵、特征和结构，公共管理责任的问责；理解公共管理伦理的内涵、构成及功能；明确公共管理伦理的建构。

重点难点提示

- 公共管理责任的内涵
- 公共管理责任的特征和结构
- 公共管理责任的问责
- 公共管理伦理的构成及功能
- 公共管理伦理的建构

第一节　公共管理责任

一、公共管理责任的内涵

现代公共管理即指运用管理、政治以及法律的理论和过程来实现立法、行政以及司法部门的指令，为整个社会或者社会的局部提供所需的管理和服务技能。它是人类社会活动的一个重要组成部分，且伴随着人类社会的发展，其职能正在不断分化、范围在不断扩张，日渐成为整个社会发展过程中越来越重要的角色。因此，为了确保公共管理朝民主化、法治化、科学化方向发展，必须构建科学的公共管理责任，通过其有效的运作，确保行政部门和行政者切实地承担起他们在道义上、法律上、政治上的责任，能积极回应并采取行动去满足社会和民众的基本要求。

公共管理责任主要包括：政治责任、法律责任和道德责任。究其渊源，构建责任体系的理论依据主要来源于公共管理的原则取向和价值定位。具体表现为：

首先，公共管理主体必须承担政治责任。所谓政治责任即指国家机关及其工作人员的所作所为必须合理、合目的性（合乎造福于民、服务于民的宗旨），其政策、法律、规章、行政命令等决策必须符合人民的意志与利益。若公共管理主体的决策失误或管理行为偏离了公共目标且侵害到了公共利益，虽然不一定违法，却必须承担相应的政治责任。这是由公共管理的民主原则决定的，即主权在民，只有作为公民整体的人民才是公共权力的最终拥有者，而公共权力行使主体必须承担服务于权力所属主体的义务——对公民负责，这样才能有效地保障公共管理客体的尊严、平等、自由权益等不受肆意侵害。因此，公共管理主体在运用公共权力实施管理行为时必须向人民和权力机关等负政治责任。

其次，公共管理主体必须承担法律责任。所谓法律责任是指由法律明确规定的，由国家强制力保障实行的，由国家授权机关依法进行追究的违法机关或个人必须承担的责任。一般而言，法律责任包括刑事法律责任、民事法律责任、行政法律责任。这些责任的存在是由公共管理的法治原则决定的：法治原则认为任何管理行为都是权力和责任的统一体，有何种权利就应有相应的义务，行使何种权力就应承担相应的责任，权力无法脱离责任而单独存在，否则这种权力就是非法的、不合理的。所以要求公共管理主体必须运用合法权力采取合法行为去实现合乎法理的目标，若违法必然会受到法律的制裁，要承担相应的法律责任。

再次，公共管理主体必须承担公共管理的道德责任。所谓“道德责任”，也称为“行政伦理”，即指管理机关及其管理人员在执行职务时必须承担的道德意义上的责任，其主要依靠管理人员的伦理自律性和新闻媒体与公众舆论的追究机制来实现。具体说来：第一，公共管理的社会伦理性。其要求管理机关及其管理人员的生活和行为必须符合人民及社会所要求的道德标准和规范，以确保社会秩序的稳定和政治统治的正当性。第二，建立在管理人员都坚持公共利益优于个人利益和部门利益，公共利益永远占据第一位的假设上的管理制度无法抵挡管理人员的道德失范行为，一旦失去了道德规范的约束，公共权力往往会变成管理人员谋取私利的工具。第三，公共管理主体作为公众利益的代理人存在机会主义行动，即利用相对管理客体而言的信息优势和管理服务的垄断性来进行权钱交易、权色交易等。第四，一般公共管理主体都要面对“道德困境”，即在面临多元道德目标冲突时，将效率作为其本身唯一的伦理目标，公共利益则退居次要地位甚至被抛弃。因此，道德责任是对公共管理主体的必不可少的约束。

由此可见，公共管理的责任体现了政治制度、法律规范、行政伦理对公共管理主体的要求，其确保了公共管理行为的民主化、法治化和道德化。它是政治责任、行政法律责任、道德规范三者相互联系构成的统一整体，其内部三种责任之间的关系纷繁复杂，三种责任在范围上、追究机关上、连带性等方面各有特色，从而造成了它们在现实政治生活中各自采用不同的运行机制。

二、公共管理责任的结构

现代社会的公共管理责任呈现出一种二元的结构，即客观制度性责任和主观伦理性责任。

（一）公共管理的客观制度性责任

对公共管理的客观制度性责任的把握，是以人类理性中的工具理性为依托的。对人的理性作工具理性和价值理性的划分，这在一定程度上揭示了人类理性的内在结构，反映了人类理性的基本特征。工具理性着重手段对达成目的的可能性，其特点是注重过程，注重手段，注重方法，注重技术，注重实证，注重量化。工具理性作用的过度发挥，导致根据数学结构来阐释自然，把现实同一切内在的目的分割开来，从而把真与善、科学与伦理分割开来。显现于社会生活中，制度和体制成为唯一关注的对象。只对过程负责，不对结果负责，可为人类理性工具化的一个缩影。这种责任机制并没有给公共管理活动带来应有的效率。

对制度和体制的过分强调和依赖，是工具理性扩张的结果。它导致了公共管理主体的主体性丧失，因为工具理性支配社会的前提一定是工作中主体的消亡。工具理性通过显现技术合理性和政治合理性而表现出它的专制与蛮横。在哈贝马斯看来，现代社会的病态就在于，工具理性的体制化运作大举侵占了生活世界的领域，人与人之间的相互理解与沟通被各自分离的意见的机械组合的量化计算所代替。

当然，制度和体制的作用是不可忽视的，尤其在我国，各种制度和体制都有待于进一步完善，更应对此予以格外关注，但它不是公共管理责任发挥作用的唯一途径，而且工具理性的过度张扬会导致公共管理责任的扭曲。

公共管理责任同其他政治责任和行政责任一样是与间接民主相联系的，是国家责任政治的产物。如果对其进行深入剖析，会展示出两种行为：一是制度行为表现为忠实地遵守法律、上级的命令和效率标准。制度行为属于外在责任的范畴，是指由法律、体制和职业关系所决定的责任，也可称为客观责任。公共管理主体的法权地位、公共管理行为的法律效力、公共管理过程的法定程序和公共管理结果的法律责任，构成了客观责任的主要内容。二是伦理行为，即坚守道德的标准，避免出现不符合伦理道德的行为。伦理行为可以归结为主观责任的范畴。道德责任感、道德良知和道德信念，形成了主观责任赖以依托的内在根据。

库珀对客观制度性责任作了如下概括：公共管理人员既要对“他们组织的上级负责，贯彻上级的指示或相互之间业已达成一致的目标任务，也要为他们的下属的行为负责”，同时要对“民选官员负责，把他们的意志当作公共政策的具体表现来贯彻”，更“要对公民负责，洞察、理解和权衡他们的喜好、要求和其他利益”。对上级和下属负责，源自于韦伯科层制的组织结构对职责的划分。对民选官员负责这种法律责任关系，虽然不像对上级的关系那么直接，但它是公共管理人员更为重要的责任。公共管理的根本特征是它的公共性，对公民负责是“最根本的义务关系，因为公民是主权者，公共行政人员是他的受托人”。

无论如何理解公共管理责任，它都与特定的价值取向相联系。不管是否愿意承认，任何公共管理活动都有自己的价值取向，“价值中立”只是人们的善良愿望而已。工具理性成为理性主宰的前提下，对公共管理活动的价值审视似乎变得没有必要了。致使人们只对手段负责不对目的负责，只对过程负责不对结果负责。

工具理性对价值理性的侵犯导致对客观制度性责任的无限夸大，不仅主观伦理性责任成为忽视的对象，而且使公共管理主体失去自我。作为过程和方法是货真价实的对工具理性的张扬，作为结果恰恰是价值理性的一种追求。仅追求公共管理技术和方法的改进及谋求在“价值中立”的基础上追求过程的所谓科学性，无视其结果，只能导致公共管理主体自我意识的丧失。当公共管理主体失去了自我，公共管理客体也丢掉了自身的质的规定性。

随着我国行政体制改革的深入，公共管理活动制度化和法制化的进程不断向前推进，工具理性正在成为公共管理的重要依托。需要说明的是，我们虽然要充分认识工具理性的作用，但是，也应看到工具理性片面化的危害。尤其是在探讨公共管理责任的过程中，切不可忽视价值理性的作用。

（二）公共管理的主观伦理性责任

如果把理性仅仅片面地理解为工具理性，客观制度性责任就成为主宰一切的东西，在价值理性引导下，探索主观伦理性责任及其在公共管理中的作用，也就成为毫无意义的了。然而，不可忽视的是，除了明确界定制度性责任之外，公共行政人员还必须履行大量的“非制度性责任”，这也就是公共管理主体的主观伦理性责任。在对公共管理责任的分析中，对主观伦理性责任的探求就成为其中的重要内容。主观伦理性责任虽然也要在自律和他律的统一中去把握，但毕竟自律居于主导地位。当公共管理主体以自律来规范自己的行为时，就可以从因果序列的他律中解放出来。虽然在价值理性上倾注毕生心血的思想家不乏其人，然而工具理性似乎成了理性的代名词，由于它追求一种人对自然统治的知识形式，抛弃了诸如实质、因果性、属性一类的形而上学范畴，把世界仅仅归结为它的量的方面，通过提炼抽象的普遍性，建立纯形式的程序化的范畴体系，因而它必然由对人性的张扬转变为对人性的牵制。呼唤价值理性的回归，应成为全面运用人的理性，对公共管理责任进行探索的前提条件。

价值理性的回归，必然要求对公共管理责任的重新界定。如果说工具理性为追求那种使人类征服自然的知识形式，把具有普遍有效性和客观必然性的知识变成抽象的方法和手段的话，而价值理性却为人们勾画了未来价值实践活动的观念模型。价值理性是人类对价值和价值追求的一种自觉意识，是在理性认知基础上对价值追求的自觉理解和把握。价值理性在人的活动中表现为价值主体合规律性与合目的性相统一的行为取向。价值理性注重目的，注重结果，方法和技术只是达成目的的手段。

依据价值理性形成的责任机制，就是公共管理主体的职业伦理，有人称之为“黄金法则”。伦理学中义务范畴表明了一种普遍存在的道德要求。公共管理主体由于其承担的使命和职责，对公众必然具有履行某种义务的道德责任。主观伦理性责任也是一种义务，这种义务为社会公德和社会舆论所约束，这是在价值理性意义上对责任的理解。道德责任感、良知和信念作为对主观伦理性责任的自觉意识，是人们履行主观伦理性责任的内在动力。

公共管理主体在道德责任感、道德良知和道德信念的作用下，形成自身的道德价值观，从而形成稳定的自我道德评价机制和选择行为的内在道德标准。道德价值观是公共管理主体主观伦理性责任的核心，对其履行主观伦理性责任的作用可作如下分析：在进行公共管理活动之前，道德价值观要依据公共管理主体应履行的义务的道德要求，对动机进行自我审查，对符合道德要求的动机予以肯定，否定不符合道德要求的动机，以确定正确的动机；在公共管理活动进行的过程中，道德价值观发挥着监督作用，坚持符合道德要求的价值取向，清除不符合道德要求的价值取向，特别是在发现问题时，能够改变公共管理活动的方向，避免导致无效或负效用的结果；在一项公共管理活动之后，道德价值观可以对其作出评价，对公共管理活动中履行了道德义务获得内心的满足，对没有履行道德义务而愧疚。客观责任源于法律、组织机构、社会对行政人员的角色期待，但主观责任却根植于我们自己对忠诚、良知、认同的信仰。主观伦理性责任机制的建立，有赖于价值理性的支撑。

三、我国公共管理责任的问责

我国现阶段推行官员问责制，本质上是建立一个有责任心的政府，为人民利益负责的政府。而是否是有责任的政府，是否为人民服务，要由人民来评价。因此，评价的指标和价值与人们心目中追求的目标息息相关。

民主是每代行使人民权力的政府所必须拥有的素质。政府的权力来自人民的授权，权力在民，政府只是行使管理国家的权力的代理机构，而不能替民做主。如果政府不清楚自己的位置，而是凌驾于人民之上，它就会失去存在的合法性，被人民推翻，所以作为代行使人民权利的政府要始终维护人民权益，按人民的意愿行使权力。我国实行的是人民代表大会的政治制度，人民当家做主，人民参政议政。但在实践中，人民代表大会还在不断完善中，由于制度、技术等方面的原因，人民表达意见的渠道不很通畅，所以参政议政的程度受到限制。所以民主是现阶段人民追求的目标之一，这也是官员问责制的内容之一，因而，它理所当然地成为人民评价官员履行责任的第一个指标。

实现民主的前提就是政治公开。只有保证人民的知情权，人民真正知道政府应该做什么、正在做什么，没有做什么，把政府及官员置于公众监督之下，才能对他们的工作作出评价。因此，目前在我国，全面推行政务公开，实行“阳光行政”，不断提高施政的透明度，完善来自人民的监督渠道，是现阶段官员问责制的第二个内容，是人民评价政府工作的第二个指标。

人民评价政府工作的第三个指标是效率。没有任何纳税人愿意请一个办事效率极低的政府为他做事。人人都希望用最少的钱买到最好的服务，这就需要我们的政府最好是一队精兵强将，人数要少，战斗力要强，并且要不断加强训练提高作战能力，以满足人民的需求。这是官员问责的又一要义。

与效率相对应的就是公平，这是人民评价政府工作的第四个指标。公平与效率是辩证的统一，虽然在一定程度上追求公平会影响效率，但公平是效率的基础，公平带来效率：在社会主义市场经济条件下，政府一定要保证经济规则的公平，做到了公平，经济就会正常运行，才会有效率，物质生产才能丰富，人民才能满意。

因此，民主、公开、效率和公平在当代中国，既是人民评价政府的价值尺度，也是官员问责制的内容所指。

根据前面对“公共责任”内涵的分析，现阶段我国政坛上推行的官员问责制的责任体系应由如下几个方面所构成：

第一，在其位，谋其职，并主动接受外部监督的责任。政府官员应明确自己的身份，对其施政纲领与所执行的政策向人民汇报、解释说明。这也是我国推行“民主政府”、“透明政府”的应有之义。政府作为委托者有按照民意实施政策及纲领，完成受托任务向人民（委托者）作出汇报或说明的义务，这是政府应该履行的责任。

第二，政府官员在没有履行好他分内的职责义务时，要承担政治上的责任。政府官员要对全国人民代表大会负责，接受全国人民代表大会的问责，也就是接受民众的问责。民众的问责是我国问责制最为根本的内容。但目前由于诸多原因只能间接地问责，弱化了它的问责力度。因此，民众问责也是我国推进高官问责能否成功最为关键的内容。民众通过实施对自己选举官员的撤职、罢免的权利来实现对没有履行其职责义务的官员的问责。

第三，承担来自政府系统内部的问责。依据宪法和相关法律，我国的行政机关实行的是行政首长负责制，各级政府乃至部、委、厅、局，均由相应的行政正职即“一把手”负责这种问责姑且称之为行政问责，即行政官员要对上级负责，为其过失或违法乱纪行为承担行政责任，主要表现为上级对其任命的下级的行政处分或责令辞职。

第四，来自法律法规的问责，即对失职、渎职的违法犯罪行为要承担的法律责任，包括刑事的、民事的、经济上的赔偿等。了解问责制的这一涵义，对于在推行问责制的起始阶段，避免一些官员打着“引咎辞职”的幌子而逃避其他责任的情况，有着积极的意义。我国的问责制刚刚实行，必须警惕其在一开始就被“扭曲变形”而走样，防止高官问责成为官员们的保护伞。

第五，来自自身的问责。这是官员出于道德上的责任义务而作出的一种“自问”，是官员本人自省的形式，它直接表现为引咎辞职。这种主动问责的机制，是官员因自觉对其职责义务履行不力或自认对所发生的问题负有责任而自动请辞，以表内心的愧疚，完全是官员的自愿行为。“完全自愿”的特点告诉我们，引咎辞职不是外在压力的结果，而是官员内部的道德自觉所致。所以，它不属于外在的制度责任的追究，而是制度责任内化为道德责任的反映。可见，问责制这一层面的涵义对维护政府信誉，加强公务员道德文化建设，具有非常重大的意义。

第二节　公共管理伦理

一、公共管理伦理的内涵

简单地说，公共管理伦理就是以公共管理学为元理论，运用伦理学的原理、观点和方法，来研究公共管理实践行为的规范问题的知识体系。从理论和实践相结合的角度来考量，它是当代公共管理活动和伦理学价值观在相互渗透、融通、化合中应运而生的一个管理伦理学领域，属于应用伦理学的一个基本范畴。其研究对象在于：对公共管理行为加以道德规范的理论依据、内涵界定、实现途径、功能分析、效应评估等公共管理道德哲学的理论与实践问题。

我们可以从公共管理三个层面的含义来理解我国公共管理伦理的内涵。

公共管理的第一层面是政治（国家）管理：即国家的立法（含决策）、司法的职能行为。这一层面公共管理伦理指的是：凡从事制定公共政策与法律、法规，维护国家主权与安全，维护社会秩序，履行宏观调控等国家职能的公务人员的日常心态及行为，所应遵循的基本道德规范体系。如：决策（立法）道德规范——只制定善策和良法；维权道德——确保国家主权、公民权益不受侵害；公正与公平理念——掌权用权者（含组织和个人）以心忧天下、造福百姓为己任，通过政策、法律、制度的安排和创新，保障好最广大人民群众的根本利益。值得强调的是，公共政策的首要职能是匡扶正义、维护公道；尤其是在当前我国公民收入差距扩大、弱势群体扩张的情况下，政治管理行为人秉持的理念应当是"公平优先，兼顾效率"，而非相反。

公共管理的第二层面是政府公共事务。主要包括行政区划与国家礼仪事务、国家公共安全事务、国家对外关系事务、公共人事与财政事务、政府机关自身管理事务等。这一层面的公共管理伦理指的是：从事这类公共管理事务人员的工作动机和行为，应当遵循的基本道德观规范体系。如：践行宗旨（为人民服务）的"两全"（全心全意而非三心二意）道德规范；模范守法、依法行政的执法道德规范；认真负责、办事高效的业务道德规范；秉公办事不以权谋私的廉政道德规范等等。必须强调的是，当前这一层面最突出的悖论问题恰恰在于，公共管理不公、行政人员廉洁度低，会对社会公共利益造成侵害。因此必须强化宗旨"两全"道德和廉洁自律道德修养。

公共管理的第三层面是社会公共服务。主要是提供教育、科技、文化艺术、医药卫生、体育发展以及维持社会公共秩序等公共服务。这类公共事务更密切关系全体社会成员的日常生活和切身利益，为广大普通老百姓所最为关注和在意。这一层面的公共管理伦理指的是：所有从事社会公共服务的国家公务人员，其动机和行为应当遵循的道德规范体系。

总之，公共管理伦理的内容丰富多彩，是一个表现形式多样化、内在结构多层次的公务职业道德规范体系。它日常表现为公务职业理想、公务职业态度、公务职业责任、公务职业纪律、公务职业良心、公务职业作风和公务职业荣誉等公务道德品质与道德规范知识。其规范主体是国家公务人员，规范客体是公务行为的动机、过程、结果及其评估，以公务"动机"的道德规范为关键。

二、公共管理伦理的构成

公共管理伦理是一个有机的整体，具有诸多层面的要素：

（一）观念形态

即伦理意识，包括系统思考指导我们作出行为选择的价值观。公共管理伦理意识包含伦理准则意识、伦理责任意识和伦理目标意识。准则意识是对公共管理的原则立场和根本态度，通过对伦理主体的调控，达到由内而外的目的和理想；责任意识是如何看待公共管理的责、权、利，是公共管理伦理认识的核心，认识不同，对公共管理活动的精神和态度就不一样，表现出行政主体自我调控的特质；目标意识的核心是公共管理理想，是激励人们进取的精神力量，人民在公共管理这一岗位上追求什么样的理想和目标，选择什么样的社会价值和自我价值，对公共管理系统起着调节、内驱和导向的作用。

（二）实践形态

就是以一定的伦理原则为指导的公共管理行为，就是如何将价值观和我们所承担的义务以及这些义务所导向的最终目标统一起来。公共管理伦理实践指的就是公共管理伦理意识和规范，要通过公共管理实践来实现。通过行政活动、行政关系、行政态度、行政作风、行政效果等表现出来。一般来说，行政行为和公共管理伦理要与地位、职责、权利和义务相一致。

（三）准则评估形态

伦理准则评估作为观念和实践的结合形态或中介，即检测准确性、公平性和合理性为核心的伦理准则评估，以及通过实际的公共管理的职业判断的提高而提供道德指导准则和教育活动。公共管理伦理评价与教育是人们在社会政治生活中依据一定的历史标准和公共管理伦理标准，通过社会舆论、传统习惯和内心信念的作用，对公共管理者行为以及对整个公共管理系统的现状进行价值判断的活动。评价效用如何是衡量道德约束力强弱的尺度之一。公共管理伦理评价的前提是确立评价标准。社会舆论、传统习惯、政治信念是道德评价的三种主要形式，社会舆论反映整个社会对行政行为的监督，具有明显的行为约束的优势，它表现着社会发展对行政行为的客观要求，表达着社会和集体中大多数人的愿望和意志；传统习惯是在社会政治生活中长期形成的，由于重复或沿袭而巩固下来，是和民族情绪、社会心理交织在一起的，具有稳定性的特点；政治信念是人们对行政行为进行善恶评价的精神力量，是伦理评价中最重要的力量。

三、公共管理伦理的功能

由于公共管理伦理对公务行为的道德指导是多途径、多层面的，因此它具有多层面、多向度的功能（价值）。其中最显著的价值有以下诸项：

（一）引导功能

公共管理伦理使公共管理系统中的群体有明确的正义目标，大家同心同德为这一目标努力奋斗，公共管理伦理为理论与实践、理想与现实相结合提供了一种有效的具体形式。

公共管理伦理是现实社会的主体道德，其内容具有社会的公共性和示范性。因为所依据的是国家和社会公认的、共同的道德观念和理想，因此，公共管理伦理的共同原则和基本精神具有社会普遍性，公共管理行为具有公共性。又因为公共管理系统掌握着一定的社会政治资源和所处的特殊地位，其行为和风貌不仅为社会大众所关注，而且渗透到社会生活的各个方面，产生巨大的影响，直接对社会大众起示范效应和导向作用，并影响民德和民风，“上行下效，捷于影响”（《四书章句集注·大学章句·朱熹注》），所以，公共管理伦理具有公共示范性。

（二）规范功能

公共管理伦理是以一定的概念、范畴和一系列的伦理规范反映并作用于公共管理过程和公共管理行为而存在的。这种规范的特点就在于：以善恶来认识、评价和把握公共管理过程中担任公共管理角色的行为，通过外在的舆论评价和内心信念的体验以及一定的制度约束，形成强大的规范场，引导和约束公共管理系统的运行和公共管理者的作为，即通过伦理规范限定公共管理活动的范围、行为模式，使公共管理过程趋于程序化、规范化。

作为公共管理伦理核心的道德规范本身就是对当政者行为的种种界定和约束，而权力角色自身的道德意识和人格追求又直接对其自律品质的形成起指导、监督和自我评价作用。在公共管理活动进行中，公共管理伦理对于符合公共管理伦理要求的情感、信念和行为予以激励和强化；对于不符合公共管理伦理要求的情感、欲念则予以纠正或弱化。特别是在公共管理行为过程中，出现认识错误、方式或方法失当时，公共管理伦理能够纠正行为者某种自私欲念和偏颇情感，改变自己行为的方向和方式，以避免产生违背公共责任要求的后果。公共管理伦理对于公共管理行为的进行起着检察官的作用。

（三）维系功能

公共管理伦理是赢得民心和民意的重要砝码，从某种程度上它直接影响着统治的稳固和国家的治乱兴衰。因为公共管理伦理是整个社会道德的表率，其伦理取向昭示着社会的伦理导向。公共管理人员作为社会政治、经济、文化等各项事业的管理者，职业伦理势必成为全社会关注的焦点。早在2000多年前，孔子就指出：“为政以德，譬如北辰，居其所而众星共之”（《论语·为政》）。当然，我们今天所追求的德与孔子所说的德的内涵已经完全不同了，但“为政以德”仍然是兴国安邦的重要一环。当政者“其身正，不令而行，其身不正，虽令不从”（《论语·子路》）。如果真正从社会价值导向上倡导“领导就是服务”、“服务就是奉献”的为官道德，公共官员能够对公民负责，对公民的利益负责，为公民忘我地办实事，就一定会得到民众的拥护；如果公共官员都能克己奉公，秉公办事，所有的社会问题都能得到根本性治理。

（四）选择功能

所谓伦理选择，是指公共管理主体在一定伦理意识的支配下，根据某一伦理标准，在不同的价值或善恶冲突之间作出的自觉自愿的抉择，是指存在几种行为方案时，确定采取何种行为方案以实现伦理目标的过程。在发生公共管理行为之前，总是要从某种动机出发，进行公共管理活动的选择；并依据公共责任的伦理要求，对公共行为动机进行检查。在公共管理活动的选择中，选择的动因问题占据着核心位置。从根本上讲，利益和利益关系是影响公共管理主体进行选择的决定性因素，并成为一切公共管理伦理现象的基础。

四、公共管理伦理的建设

公共行管理伦理体系的建构必须从外部和内部双重层面的分析入手，通过外部控制和内部控制的双重架构融合互动，整合为适应政府转型的公共行政伦理体系。

（一）内部控制：平衡冲突性的价值观

为了使公务人员对自我的控制更具效力，公务人员价值观养成是公共行政伦理必须关注的主要对象。著名的行政伦理专家库珀认为通过内部控制，即通过训练和职业性社会化过程来培养和强化公务员的职业价值观和职业水平是非常必需的，即依靠公务员自己内心的价值观和伦理准则控制。从这一点出发，作为从事公共事务管理者的个体应建立最基本的四种价值观，这四种价值观相互关联、相互融合，是伦理体系建立的基础，利于行政个体建构自身的价值自主性。

1. 强化公共责任的职业价值观

公务人员在执行决策的时候必须深刻理解公共责任的内涵。用库珀的话说，他们必须要变成“负责任的管理者”。公务人员接受公共部门的雇佣就意味着必须积极地接受社会通常认同的公共原则。如何把模糊、概念化的公共责任转化为公务人员的行动自觉，转化为我对你的“义务”，关键在于建立明确的职业价值观。公共责任的职业价值观包括从事该项职业所应具备的公共意识、关怀意识、责任意识、奉献意识等。作为以公共利益为诉求的特殊群体，他们必须关注公共性问题，将人类共通性的问题作为自己责无旁贷的义务，承担其应有的伦理使命，强烈的职业价值观会使个体在责任实现中更为主动。

2. 强化以公共利益为核心诉求的公众利益价值观

在公共领域中，个体行为从属于公共目标，要求行为主体以公共利益为核心的价值取向，以适应公共行政在历史的继承过程中所拥有的伦理环境。公务人员的政治人和社会人双重品格的冲突，致使他们在履行公共义务时总困扰于自我利益和公众利益之间。尽管公共领域里存在各种狭隘利益的纠葛，但毫无疑问，公共利益的取向应是最高标准。个体的合理的利益诉求，必须与公共利益共生并融合。即公务人员在维护公共利益的过程中作出了伦理选择时，实际也选择了个人利益，或者说个人利益的选择已经包含在这种选择之中了，这就是公共领域的利益共生性。强调公共利益的核心诉求，正是为了内化公务人员的公共信念，以超越其狭隘的利益视野。

3. 强化“顾客导向”的服务型组织价值观

政府转型的关键在于实现政府职能转变。从计划经济到市场经济，政府已摆脱了经济领域中的“裁判员”和“运动员”的双重身份。经历了“划桨人”到“掌舵人”的角色转变，其“服务”职能得到了强化。现代公共组织中的个体应积极吸取服务型组织的价值理念，树立“顾客导向”意识。这里的“顾客”既包括行政相对人同时也包括组织中的上级和下级等。强化“服务”导向，一方面是遵循组织自上而下传递的基本价值观，身体力行，实践尊重个体价值的现代文明观念；另一方面也是完成当代高效、高质量行政行为的重要因素。

4. 强化依法行政的法律价值观

依法行政是法治原则对政府行为的一个基本要求，即必须依照法定极限、法定方式、法定程序来实施行政管理行为。今天诸多公共行政实践已经涌现，越来越多的“民告官”、“官告民”的现象，凸现社会群体法律意识的勃兴，此时对于公共行政个体，必须自觉接受法律约束，避免行为失范。在走向法治社会的进程中，法律价值观必须内化为公务人员的基本素养。

（二）外部控制：伦理制度的理性建构

制度是权力的制约框架，它规范与制约着公务人员的个体行为。从某种意义上说，制度体现的是规则的刚性，而制度所包含的伦理则体现的是规则的价值取向。制度的伦理化对于行政人员的行政行为有着普遍的约束力。因为，制度伦理对个体的偏好、价值目标起着矫正的作用，能把个体的行为纳入到统一的伦理中。制度伦理以群体的制约抵制了个人的非伦理行为。伦理内涵在制度和社会结构之间总是通过制度框架和体制安排而发挥作用，在公共行政的法律制度和权力结构体制及其运行机制上，都需要包含伦理的价值，并有着把这种内容付诸实施的具体方式和方法。制度建设就是将伦理付诸实施的规则安排由于控制的因素来源于公务人员自身以外，因此它是一种外部控制。库珀认为外部控制着眼于组织结构的合理安排或是立法、制定组织规则、设立严格的监督机构的建设。所以，在公共领域里，需要以制度的形式建立一系列明确的公共行政伦理规范，公务人员知道什么是应当做的和什么是不应当做的，使公务人员有着正确的道德价值定位和价值伦理取向。

如何对伦理进行有效的制度建构，新制度主义提供了一个有用的参考性框架。新制度主义以三个特征作为其制度建构的分析性框架：① 简化：政治制度可以简化那些对个体来说复杂的情形，提供一套规则，规则赋予角色义务。正因为公务员系统存在于政治制度的框架内，因此他的行为被一系列规定（逻辑）所规范——它提供了一种供参考的行为框架即伦理义务感。② 象征体系（符号）：身处于政治制度中的角色寻找一种符号以确定事情正按他们应该的方式发生。对公务人员而言，这暗示着伦理决定的作用可根据已认可的规则、习惯、习俗，经过一个确定的过程来达到。③ 秩序：制度在一个潜在的复杂的、多元化的政治中提供了内在的连续性的结构。通过简化复杂问题提供一个“恰当的程序”符号以帮助个体理解这个世界。制度建构了秩序，这种制度的秩序感提供过程的连续性。因此，对公共组织而言，伦理框架的设计提供了制度秩序，使公务人员能够依据所提供的一套规则、规范、习惯和符号公正地作出伦理决定。因此，外在控制的有效模式应从原则走向规则，进行基本的制度设计，关注从职业伦理规范到伦理立法的整个过程。

1. 建构基础性伦理原则

伦理是最苛求的原则。只有在给行政主体提供一种良知和伦理规则之后，主体才有可能履行它应遵循的伦理原则，这实际上是伦理价值的简化，或者是必须遵从的符号体系，使公职人员对伦理的要求一目了然。人们总是首先选择用于制度的根本道德原则，然后才能选择用于个人的道德原则——义务和责任。传统的金科玉律已不足以用来指导处于政府转型区间的公务人员。在新的环境下，对公务人员的伦理标准提出了更高的要求。因为伦理的具体原则总是随着时代的发展而发展的。

2. 健全职业伦理规范体系

职业规范体现的是组织的指导思想和行为哲学原则、价值，它对个体的行为有着指导和决定性的作用。制度规范实质上是人格化的公共组织在一定的理念指导下进行的，因此制度必须坚决地贯彻一定的正义、善的伦理理念，并把它转化成为具体一致、可操作的符号性职业规范，建构和形成和谐有序的良好秩序。如美国职业伦理的设定诉诸一系列公正严谨的行政规范条文，1990 年布什总统关于政府官员及雇员的行政伦理行为准则的《12731 号行政命令》中规定了明确的职业伦理行为标准，以条文的方式将伦理理念具体化、规范化，如：① 公共服务体现着公共信任，要求政府雇员必须把忠于议会法律和伦理准则置于个人利益之上。② 政府雇员不得获取与认真履行职责相抵触的经济利益。③ 政府雇员不得参与从事利用非公开的政府信息所从事的经济交易活动，并且禁止不正当地使用这些信息谋求个人利益。

3. 加紧进行伦理立法

通过现代法律建构起一个保障伦理价值进入政治的合法程序，通过程序正义防止个人或者少数利益集团垄断社会权力分配。目前，我国已经出台的《公务员法》涉及了公务人员的伦理要求，但是一部完全的道德法尚未建立。西方一些国家则早就注意到了这样的要求。制度上，美国国会设有专门的道德委员会和公务犯罪处，其职能是对政府官员和公职人员的道德操守予以有效监督，凡违背道德又不够刑事犯罪者，皆由道德委员会督促其辞职，凡违法者由公务犯罪处移交司法机关依法进行惩处。这种外在约束机制的最终目的是建构公正、正义的伦理秩序。

（三）融合与变革：完善伦理的制度安排

内部与外部控制的整合是伦理发展的规律性选择。偏向任何一面都是残缺的理念，只有结合内部和外部的约束，强化伦理的内涵，双管齐下，才能建立合理的伦理框架。有学者指出：个人责任、审慎（心理控制）和体制约束（外部控制）构成有效的公共行政。另一位学者列举了四个因素：个人品质（一种内部控制）、组织结构、组织文化和社会的期望值（都属于外部控制）。这些列举的因素无疑强调了两者整合互动的重要性。在制度安排中应注意两者的结合，并灌输适应现代社会及我国政府转型时期的伦理理念。

1. 树立适应时代精神的伦理价值观

经济全球化、新技术革命的兴起，国际间经济竞争的强大压力和公民民主意识的增强以及新公共管理运动所倡导的新的治理模式等外部环境的变迁要求当代公共行政建构起具有适应性、前瞻性的伦理价值体系。全球化是推进西方国家政府管理理念和治理模式变迁的积极有力的因素，它带来了各国管理伦理的整合，促进了开放、透明、公平、公正等价值理念在制度中的贯彻力度。在这样的大背景下，我国伦理制度安排必须接受和融合全球化的管理伦理思维，打破封闭的、守旧保守的伦理秩序，建构起新型的伦理基础。此外，新公共管理运动提出的一系列治理模式内涵的价值选择值得深入探讨，在我国的公共实践中，不宜一味模仿西方公共管理改革，要根据我国的国情，强调公共部门一贯秉承的公平、正义及责任意识等伦理观念，强化政府公共部门本应具备的公共性、规范性的价值观。

2. 树立适应政府转型时期的责任伦理

现代政府是责任政府，但同时又是民主政府。科学与民主之间存在着某些矛盾，往往出现顾此失彼的现象。以往的公共行政过于追求“效率”的价值（如追求 GDP 的片面增长），而忽视更广泛的公共价值领域问题，在政府转型时期，强调民主责任就在于求得二者的平衡。公共组织如不体现民主责任，就缺乏公平正义的行政伦理。公开化就是强化民主责任的一种手段。为了重新定义公共服务价值，许多国家期望能够阐明与实行公共管理改革相关的行政伦理价值观念。有的国家如澳大利亚、新西兰等都在寻求一种新的公共行政“伦理理念”，既继承传统的价值观念，又融合新的内容，如“服务于公民”、“效率与效能”、“投入的回报”等。在我国政府转型时期，建设“责任政府”、“法治政府”、“服务型政府”显得尤为重要和紧迫，它既是我国现阶段政府职能转变的重要目标，又是适应全球公共行政变革大趋势的要求。

3. 建立规范公共组织制度行为的伦理保障系统

（1）伦理的教育。在公共行政伦理体系的建构过程中，应关注对个人伦理取向的各种影响因素，如个人道德生成的机制、个人伦理困境的行为选择及个体与外界环境的互动等，以此为着眼点，培育适应转型要求的公务员个体伦理价值体系。将伦理融合到日常的管理之中，培训教育是个关键的过程。在美国，对公务员的伦理培训由来已久，其目的是培养公共管理人员的道德敏锐感，即他们所应具备的道德识别力和责任感。如美国公务员的在职伦理培训方面，根据培训目的、对象和手段分为四种模式：遵从伦理、廉正伦理、融合伦理和整合伦理。在西方社会，伦理教育甚至在企业中都广泛地运用。对于公共组织，更需要伦理培训以提高公职人员进行道德情感、公正意识、社会合理性信念的认知和修养，养成正确的伦理取舍习惯。强调进行辅导、教育、训练，呼唤行政人员内心的道德良知，并使之提高。这样有助于产生出一个更为负责任的和更具有创新性的官僚制度。

（2）伦理的法制化。不仅要以立法的形式对各级政府的制度行为进行伦理的考察，而且对各级政府的制度行为在其范围、权限、内容、力度等方面给予明确的限定，对擅自越位者给予有力的惩罚。道德和法律的结合能赋予公务员道德以法律的意义，刚柔并济，自上而下使公务员的行为在道德上有了依据。在执行层面，为了具体落实一系列伦理的法律要求，在机构设置上应纳入伦理法制化管理的职能，如美国政府中就设置政府道德办公室，授权任命独立的法律顾问来调查对行政部门高级官员犯罪活动的指控。这就是法律作为伦理的有力后盾的体现。加强对公务员的法律控制、政治约束，并通过科层制度更为有效地利用组织内部的纪律，甚至将伦理准则制定为法律。

（3）伦理建设的民众参与。制度的制定切忌“闭门造车”，仅凭官员的指示精神和部门的利益制定制度，这样产生的制度往往带有狭隘性和局限性。伦理建设必须要广开言路，建立民众的民主参与机制，让社会舆论对某一项制度进行充分的讨论，甚至是批评意见和反对意见也要让其发表，以使伦理制度设计更趋完善合理、公正道德。此外，评价政府公共服务的好坏，最后要以社会评价为主，并建立如行政公开、征求民意等制度。

（4）伦理导向的宣传。建设服务型政府要确立公众导向，在制度设计和贯彻层面上要体现“以人为本”，决策和制度提供什么，不提供什么，一方面要听取民意，另一方面更要注意对制度中伦理导向的宣传和解释。一项制度往往包含多种价值取向，这些价值目的对不同的群体有着不同的意义，如何使人们理解并接受制度所承载的伦理导向，必须注意对制度核心价值的宣传，使民众理解并接受。

本章小结

公共管理的责任主要包括：政治责任、法律责任和道德责任。现代社会的公共管理责任实际上呈现出一种二元的结构，即客观制度性责任和主观伦理性责任。现阶段我国政坛上推行的官员问责制的责任体系应由如下几个方面所构成：第一，在其位，谋其职，并主动接受外部监督的责任。第二，政府官员在没有履行好其分内的职责义务时，要承担政治上的责任。第三，承担来自政府系统内部的问责。第四，来自法律法规的问责。第五，来自自身的问责。

公共管理伦理日常表现为公务职业理想、公务职业态度、公务职业责任、公务职业纪律、公务职业良心、公务职业作风和公务职业荣誉等公务道德品质与道德规范知识。公共管理伦理是一个有机的整体，具有诸多层面的要素：观念形态、实践形态、准则评估形态。公共管理伦理对公务行为的道德指导具有多层面、多向度的功能：以德治国功能、德育治吏功能、促进法治的功能、促进发展的功能。

重要概念

公共管理责任　　公共管理伦理　　官员问责制　　主观伦理性责任　　客观制度性责任　　以德治国法制政府　　责任政府　　服务型政府

案例分析

【案例】谁为劣质奶粉买单——官员问责制

劣质奶粉的集中整治

2003年5月以来，安徽阜阳地区因食用劣质奶粉出现营养不良综合症的住院儿童达到171名，其中有13名儿童由于营养不良并发症死亡。劣质奶粉事件出现后，国务院作出批示要求国家食品药品监督管理局对这一事件进行调查。安徽省政府通知要求各地、各有关部门立即组织专门力量，对奶粉市场进行一次拉网式清查。2004年4月19日起，市委市政府接连召开常委扩大会议、市长办公会议和市县乡村四级干部电视电话会议，专题研究部署奶粉市场专项整治工作。

谁该负责，其辞各异

犯罪分子迅速归案，谁该为此负责？与整治行动中的齐心协力形成鲜明对比的是，阜阳有关职能部门对各自责任的认定其辞各异。

阜阳市分管卫生工作的副市长杜长平已公开表示："我不想引咎辞职。"但在"官员问责"的大背景下，各部门的相关负责官员，一边大张旗鼓地开展着检查和整治，一边开始私下盘算自己的仕途。

2004年4月22日下午，阜阳市委副书记、市长刘庆强通过电台向全市人民道歉，"我们有关职能部门监管缺位是有责任的，我们政府督查不到位是有责任的，我们要正确对待新闻媒体对我们的监督，诚恳接受批评，深刻吸取教训……"市长的表态得到外界好评，但笼统的回答与省长的要求相去甚远。

工商部门首当其冲地遭遇了舆论问责。但阜阳市工商局一位副局长认为，虽然《产品质量法》和国务院规定，流通领域的商品质量监管由工商部门负责，但《食品卫生法》也规定食品卫生质量监管属卫生部门职责。按照专门法优于普通法的原则，奶粉质量监管应属卫生部门分内之事，工商部门最多负有协管责任。至于协管，市工商局早在2003年10月就组织了专项打假活动，2004年1月底，又同卫生局在媒体上公布了33个品牌的劣质奶粉"黑名单"，并发出了消费警示。但2004年4月初，在距离市工商局不到200米的某小商店里，黑名单上的劣质奶粉仍摆在货架上销售。该副局长坦承，"这与我们的工作缺乏彻底性，甚至在部分执法人员中存在素质欠缺、以权谋私现象有关”。

事实上，劣质奶粉问题并非2003年5月才被发现，从阜阳市人民医院的住院记录看，早在2003年1月，就有受害婴儿前来就诊。到5月，就诊患儿增加到6名，才引起医生怀疑。阜阳市疾病预防控制中心对患儿所食奶粉的检测结果证实了医生的怀疑。到6月份，市人民医院又收治了7名同类患儿。院方找到阜阳电视台，以专题节目的形式揭露了劣质奶粉事件，但直到一位受害婴儿的父亲，因投诉无门不得已向媒体反映后，劣质奶粉伤害婴儿问题才得以在今年真正曝光。

按照《食品卫生法》规定，卫生行政部门要负责食品市场质量卫生监管，建立有效的食品质量卫生报告和预警机制。但阜阳市卫生局直到2004年1月才与工商局联合发布劣质奶粉“黑名单”。这些做法是否有违《食品卫生法》的规定？当记者就此采访该市卫生局时，办公室一位“李主任”不耐烦地拒绝：“我们为什么要解释这事？我们只管查添加剂！”之前，当地有卫生局官员在接受媒体采访时称，国家对一些恶性传染性疾病规定了统计、上报制度，但这种“重度营养不良综合症”主要由工商部门整顿市场，而不应划归公共卫生安全范畴。

记者对阜阳市食品药品质量监督局的采访要求，也被有关方面以“上面有要求”为由婉拒。

各方推脱责任背后的制度缺陷

阜阳市工商局一位副局长在接受中国《新闻周刊》采访时拿出一份市质监局的催款通知——38.2万元，这是本次市工商局委托质监局所作奶粉质量鉴定的费用。“我们自己吃饭都困难，哪有那么多钱给他们？”据他介绍，阜阳市工商局只有1 200多个人员编制，却养着近3 000名职工。按国务院有关规定，这些超编人员工资应由当地政府负责，但阜阳市财政一直无力承担。

同样，阜阳市疾病控制中心一位负责人则表示，目前该中心资金来源除财政拨款发放工资外，并没有稳定的卫生监督经费。因此，一些基础性的监督检查都无法进行。

但是钱并不是问题的全部和核心，食品安全监管方面各部门有职权不清之弊。据了解，目前国内涉及食品安全监管职责的有工商、质监、卫生、农业、药监、商务等将近10个部门。国家原本寄望通过齐抓共管来彻底管好食品安全问题，现实却证明事与愿违。

一些专家指出，导致这种状况，既有某些官员强调部门利益至上的主观原因，也不能忽视部门职能交叉、责权模糊的客观原因。当地有关部门工作不协调，执法缺乏敏感性。不解决好职能划分的问题，就别奢望通过一次整治就消灭祸根。这些体制性的弊端不解决，问责也很难问出头绪来。

[根据中国《新闻周刊》5月17日出版的（2004年第17期总第179期）《劣质奶粉当问谁责》改编]

【问题】

结合本案例谈谈我国官员问责制存在的问题及成因。

【解析】

问责制是民主政治的组成部分，是宪政民主政体下有限政府和责任政府的重要实现途径。而在中国，问责制并不是由民众发动，而是由长官操作。对问责制的理解也趋于狭隘，存在很多问题。

1. 问责制并不是简单地等同于向公众致歉和引咎辞职，这都只是问责制的个别方面，从劣质奶粉一案中，问责的结果只是领导公开道歉或长官引咎辞职。这是否就等于问责了呢？道歉或辞职之后的问题如何解决，怎么防止类似事件再度发生，却无人问津。

2. 问责制也不能仅仅理解为责任的追究，更不是简单地表现为上级对下级责任的追究。如果问责制仅仅是上级对下级责任的追究，那上级失职由谁来追究责任？把问责制片面理解为上问下责，最关键的地方正是无人问责。

3. 以上案例是在事故发生后对负责人具体过失的惩罚，这容易产生误解，把官员的责任局限于某具体事件。使人误认为只要不发生事故，就不产生责任问题。如果没有人挑起“大头娃娃”的病因，就不会有全国上下对劣质奶粉的追究。这样的问责制只是对具体问题的责任追究，一种纯粹的过失惩罚措施，而问题的关键在于，只有平时认真负责，才能减少重大事故的发生，这就需要确保官员在平时就充分承担起责任，而不是等到事故发生后的象征性惩罚。而官员因过失被惩戒通常是在事故发生之后，为时已晚。目前的问责只是行政责任的承担，不是真正的官员问责，问责的关键要找出应当负责的人并让其负责。

4. 被问责辞职后的官员何去何从，也是公众关注的焦点。在现有体制下，绝大多数官员仍是实行终身制，即使辞职仍留在体制内甚至被保留待遇。有一些官员辞职只是迫于舆论和公众的压力，只是为息民愤不得已而为之。

同步测练与参考答案

一、单项选择题

1. 统治型社会治理模式中的责任是：（　　）。

A. 多方向的负责任系统　　B. 一个自下而上负责的线型系统

C. 双向的负责任系统　　D. 一个自下而上的系统

2. 现代社会的公共管理责任呈现出：（　　）。

A. 二元结构　　B. 线性结构　　C. 单向结构　　D. 双向结构

3. 我国官员问责制评价官员履行责任的第一个指标是：（　　）。

A. 政务公开　B. 民主　C. 公平　D. 效率

4. 下列哪一项不是公共管理伦理的构成要素：（　　）。

A. 责任形态　B. 准则评估形态　C. 实践形态　D. 观念形态

5. 下列哪一项不是公共管理伦理失范的表现：（　　）。

A. 权力交易　B. 企业化运作　C. 权钱交易　D. 渎职失责

6. 下列哪一项不是建设公共管理伦理的措施：（　　）。

A. 加强立法　B. 加强教育　C. 加强监督　D. 强化制度体系

二、多项选择题

1. 公共管理的责任主要包括：（　　）。

A. 法律责任　B. 政治责任　C. 道德责任　D. 伦理责任

2. 公共管理责任的二元结构包括：（　　）。

A. 自上而下的责任　B. 主观伦理性责任

C. 客观制度性责任　D. 自下而上的责任

3. 人民评价政府工作的指标是：（　　）。

A. 民主　B. 效率　C. 公开　D. 公平

4. 现阶段我国政坛上推行的官员问责制的责任体系的构成要素是：（　　）。

A. 在其位，谋其职，并主动接受外部监督的责任

B. 政府官员在没有履行好其分内的职责义务时，要承担政治上的责任

C. 承担来自政府系统内部的问责

D. 来自法律法规的问责和自身的问责

5. 与公共管理的内涵相对应的公共管理伦理是：（　　）。

A. 凡从事制定公共政策与法律、法规，维护国家主权与安全，维护社会秩序，履行宏观调控等国家职能的公务人员的日常心态及行为，所应遵循的基本道德规范体系

B. 从事这类公共管理事务人员的工作动机和行为，应当遵循的基本道德观规范体系

C. 所有从事社会公共服务的国家公务人员，其动机和行为应当遵循的道德规范体系

D. 确保我国政治基础和社会环境的稳定

6. 公共管理伦理的构成要素有：（　　）。

A. 责任形态　B. 准则评估形态　C. 实践形态　D. 观念形态

7. 公共管理伦理的功能是：（　　）。

A. 以德治国功能　B. 德育治吏功能

C. 促进法治的功能　　D. 促进发展的功能

8. 公共管理伦理建设从这样一些方面进行：(　　)。

A. 加强教育　　B. 强调立法

C. 强调干预与监督　　D. 加强制度体系

三、简答题

1. 简述公共管理责任的内容。
2. 简述公共管理责任的二元结构。
3. 简述我国官员问责制的构成。
4. 简述公共管理伦理的内容。
5. 简述公共管理伦理的构成。

四、论述题

1. 论述公共管理伦理的功能。
2. 论述转型期中国的公共管理伦理建设。

参考答案

一、单项选择题

1. B；2. A；3. B；4. A；5. B；6. D

二、多项选择题

1. ABC；2. BC；3. ABCD；4. ABCD；5. ABC；6. BCD；7. ABCD；8. ABC

三、简答题（略）

四、论述题（略）

综合测练与参考答案

综合测练与参考答案（一）

一、单项选择题（每题2分，共10题）

1. 标志着公共行政学诞生的著作是：（　　）。

   A.《行政学》　　B.《政治与行政》

   C.《科学管理原理》　　D.《行政学研究》

2. 以下关于"市场失灵"不正确的说法是：（　　）。

   A. 市场活动可能导致"外部经济性"

   B. 市场经济导致收入分配不公

   C. 市场不能有效提供具有"外部经济性"的公共产品

   D. 市场经济运行的宏观不稳定

3. 关于公共企业的性质下面不正确的论述是：（　　）。

   A. 其本身不以利润最大化为目标

   B. 负有一定的公共政策义务

   C. 为资源在全社会达到优化配置创造必要的条件

   D. 是构成政府公共经济部门的一个重要组成部分

4. 美国联邦国内税法对于合乎规定的非营利组织作了界定，以下不正确的说法是：（　　）。

   A. 该组织的运作目标完全是为了从事慈善性、教育性、宗教性和科学性的事业

   B. 该组织的净收入不能用于使私人受惠

   C. 该组织所从事的主要活动不是为了影响立法

   D. 该组织所从事的主要活动可以干预公开的选举

5. 在引入新战略之前，确定战略方案的前提是：（　　）。
A. 必须确立战略议程　　B. 必须制定备选战略
C. 必须对战略方案实施可行性评估　　D. 必须进行环境分析
6. 提出“社会人”理念的理论家是：（　　）。
A. 古立克　　B. 厄威克　　C. 梅奥　　D. 巴拉德
7. 政策执行的含义下列陈述错误的是：（　　）。
A. 政策执行无须建立组织机构
B. 政策执行是一系列的活动过程
C. 政策执行的指向是实现政策目标
D. 政策执行有特定的执行主体
8. 下列选项不属于公共部门人力资源管理主要内容的是：（　　）。
A. 公共部门人力资源管理的规划
B. 公共部门人力资源管理立法
C. 公共部门的职位分类
D. 公共部门人力资源管理的职业发展与保障
9. 历史上最早建立预算制度的国家是：（　　）。
A. 美国　　B. 法国　　C. 日本　　D. 英国
10. 下列哪一项不是4E公共部门绩效管理标准之一（　　）。
A. 经济　　B. 效益　　C. 效率　　D. 效果

二、多项选择题（至少两个正确选项，每题2分，共10题）

1. 属于人际关系行政理论的是：（　　）。
A. 需求层次学派　　B. 当代行为学派
C. X—Y理论　　D. Z理论
2. 从政府行政体系及其与社会系统的相互作用来看，政府职能具有如下的基本特性：（　　）。
A. 整体性　　B. 稳定性　　C. 权变性　　D. 社会性
3. 下列属于垄断企业的有：（　　）。
A. 供电公司　　B. 燃气公司　　C. 石油公司　　D. 自来水公司
4. 下列属于非营利组织特征的有：（　　）。
A. 官方性　　B. 组织性　　C. 非营利性　　D. 志愿性
5. 战略管理小组在整个战略管理的全过程发挥的作用是：（　　）。
A. 搜集信息和理念
B. 综合信息和理念
C. 根据标准确定行动的优先程度

D. 了解和把握公共部门的优势和弱势、机会和威胁

6. 下列关于矩阵组织体制的陈述正确的是：（　　）。

A. 又称项目组织体制或专案组织体制

B. 由纵横两套管理系统组成

C. 能够广泛灵活地集中必要的人才资源和其他资源

D. 实行双重领导而容易指挥统一

7. 公共政策具有的共性特征是：（　　）。

A. 阶级性和公共性　　B. 合法性和权威性

C. 价值多元化和功能丰富性　　D. 动态性

8. 公共部门人力资源管理自身的特征有：（　　）。

A. 规范性　　B. 公共性　　C. 复杂性　　D. 再生性

9. 公共预算管理的三个关键性目标是：（　　）。

A. 财政纪律与总量控制　　B. 资源分配与配置效率

C. 管理财政风险　　D. 营运管理与运作效率

10. 公共部门绩效管理的4E评价标准包括：（　　）。

A. 经济（Economic）　　B. 效益（Effectiveness）

C. 公平（Equity）　　D. 效率（Efficiency）

三、判断题（正确的标A，错误的标B，每题1分，共10分）

1. 公共行政从效率、有效性和服务质量等方面更注重投入后的产出，更关注结果。

2. 非营利组织的战略管理借鉴了一些企业战略管理的方法，但与传统的战略管理大同小异。

3. 弗兰克·古德诺的官僚制（科层制）理论构成西方行政管理学的另一个理论基础。

4. 纯粹的公共产品是很少的，大部分产品是私人产品，还有一类就是介于公共产品和私人产品之间的混合产品。

5. 人力资源管理将人本身看作是组织的财富和资源，是组织重要的投资。

6. 我国公务员制度要求公务员保持“政治中立”。

7. 公共预算可以随环境的变化随时调整。

8. 传统公共管理方法中的法律方法具有权威性、强制性、规范性和稳定性的特点。

9. 目标管理是面向目标的管理过程。

10. 教育手段具有稳定性、长期性的特点，但其结果具有不确定性。

四、简答题（每题5分，共2题）

1. 简述公共管理的基本特征。

2. 简述政府与市场的关系。

五、论述题（每题 10 分，共 2 题）

1. 试述民营化过程中需要注意的问题。

2. 试述促进中国非营利组织未来发展的措施。

六、案例题（每题 20 分，共 1 题）

人事录用：如此“择优录用”

A 县某局办公室主任，有一天在办公室对干部张某说：“你爱人是中专生，又会写材料，我们办公室正好需要一名文字秘书，我们准备把你爱人也调来。”正当张某对主任表示感谢时，同室的干部刘某也想把自己在外地的爱人调来，并且也向主任汇报了其爱人有文字工作的专长，但名额只有一个，这可为难了主任。就在这时，县委组织部一位负责人打来电话，推荐李某到该局办公室工作，局领导把这事交给办公室主任办理。局办公室主任经过考虑，当众宣布：今后凡调进办公室工作的同志，一律通过考试，择优录取。于是，三位候选人都参加了考试。考试结束后的第 10 天，主任宣布，决定录用李某。张、刘二位要求公布考试成绩，主任说：“参加考试的三位同志成绩都合格，从分数看不出优劣来，各有所长，各有所短。例如李某有些试题虽未动笔，但已做了的试题比较齐整；你们二位的爱人虽然每题都做了，但有不完善的地方，又欠工整。”张、刘对主任的答复不满意，又去找局领导，再次要求公布考试成绩，但局领导置之不理。不久，李某正式调入局办公室工作，而考试成绩始终未见公布。对此，张、刘愤愤不平，群众也议论纷纷。

问题： 结合本案例谈谈人事录用应遵循什么原则。

参考答案

一、单项选择题（每题 2 分，共 10 题）

1. D；2. A；3. A；4. D；5. C；6. C；7. A；8. B；9. D；10. D

二、多项选择题（至少两个正确选项，每题 2 分，共 10 题）

1. ABCD；2. ACD；3. ABD；4. BCD；5. ABC；6. ABC；7. ABCD；8. ABCD；9. ABD；10. ABCD

三、判断题（正确的标 A，错误的标 B，每题 1 分，共 10 分）

1. B；2. B；3. B；4. A；5. A；6. B；7. B；8. A；9. B；10. A

四、简答题（每题 5 分，共 2 题）

1. 公共管理大致应具备以下特征：（1）以政府为中心的开放治理主体；（2）营造分权式的管理环境；（3）重视结果和个人责任；（4）在公共部门中引入竞争机制；（5）公共部门提供公共供给方式的改变；（6）引入私人管理方式，建立明确的绩效标准，实行绩效评估；（7）职业化的管理方向。

2. 政府与市场，是一国经济和社会发展不可缺少的两种机制、两种手段，但是这两种手段都不是完美无缺的，都天然地存在着很大的缺陷。“政府失灵”和“市场失灵”现象是客观存在的，单纯依靠市场机制、政府缺少必要干预和单纯依靠政府手段、以计划取代市场这两种极端方式都会阻碍经济和社会的发展。只有将政府干预与市场调节紧密结合，相互配合使用，才能弥补二者的不足，发挥各自的优势。因此，如何界定政府在市场经济中的职能范围和干预方式就成为公共管理的重要问题。

五、论述题（每题10分，共2分）

1. 各种民营化路径都存在着这样或那样的缺陷。如何避免这些缺陷，使得民营化途径尽可能公平和有效率？具体地应该从以下几个方面来考虑：（1）民营化过程中的交易成本。从交易费用最小化的角度来考虑民营化途径固然没有错，但关键在于有没有充分地理解“交易费用”问题，特别是一些隐性化的交易费用。在现代社会中，公众对经济事务的参与意识越来越强烈，在此情况下想要绕开公众的广泛参与讨论来解决关乎他们切身利益的事情，以图节约“交易费用”，无疑是一种天真的想法。（2）民营化过程中的公平。对“公平”的极端敏感和关注正是民营化过程中政府部门面临的最大挑战。公众不仅希望民营过程的规则是公平的，也希望起点是公平的。（3）民营化方式对企业治理结构的影响。大部分人对民营化的关注集中在成本—收益和规则公平上，很少考虑到民营化路径的选择会对日后企业的治理结构产生较大影响。事实上，这种影响是切实存在的。由于民营化后企业治理结构上的混乱和倒退，使得企业的绩效表现不尽如人意，甚至严重地影响到企业普遍的经济效率。

2.（1）鼓励建立政府与非营利组织间的合作关系。具体来讲，应注意以下两点：第一，政府应认识到非营利组织的优势与作用，鼓励促进非营利组织发展；第二，非营利组织应注意摆正自己与政府的位置。非营利组织要积极促成与政府和企业建立良好的三方合作，求大同、存小异，共同促进我国经济和社会的发展。（2）创造良好的环境，培育非营利组织发展。非营利组织的发育、成长与政治、经济、社会环境因素关系密切，我们应该积极创造良好的政治、经济、社会环境，培育非营利组织发展。（3）政府制定扶持非营利组织发展的相关法律、政策。第一，改革非营利组织的成立制度；第二，取消“挂靠制”，保证非营利组织具有民间性等特性；第三，建立完善的行政管制和司法管制制度；第四，建立监督与评估政策。（4）非营利组织积极加强自身的建设。第一，坚持民主作风、支持社会的多元格局，促进社会自我管理的改善；第二，提高人员素质、加强经营管理；第三，保持对弱势群体的关怀；第四，加强科学研究，保持创新能力。

六、案例题（每题20分，共1题）

分析：本案例涉及政府部门的人事录用问题。人事录用是根据一定的条件和标准，采用一定手段来甄选和录用公职人员的过程。这一过程应当遵循以下原则：

第一，民主集中制原则。民主集中制原则是我国公共部门在录用公职人员时必须坚持的原则。这不仅有助于人才的选拔，也可以在一定程度上保证选拔的人员对群众负责，进而得到群众的拥护和认同。发扬民主，就是要在录取工作中采取切实可行的措施，让群众有更多的发言权和决定权。在上述案例中，最后群众之所以对录取结果不满并议论纷纷，正是因为该办公室的人员录用考试缺少民主的因素，群众的发言机会少，只能默认领导的选拔结果。集中，是在民主基础上的集中，通过民主程序选拔出来的拟聘对象，要经公共部门的组织人事部门考察后，报经有关管理机构讨论审批。

第二，用人所长原则。用人所长，就要克服求全责备的思想，主要看人的长处、优点，不应该只看一个人不能干什么，而重在看他能干什么。在看到一个人长处的同时，往往也就看到了他的短处。因此，要敢于肯定别人的长处。那种“宁用无瑕之石，也不用有瑕之玉”的做法是用人的大忌，公共部门在录用的过程中要竭力避免。

第三，德才兼备原则。“德”和“才”是衡量公职人员素质的双向标准，二者缺一不可。作为公共部门的一员，首先要有“德”，这样才能在工作过程中尽心尽力为社会和人民服务。同时，还要有一定的专业知识，否则有可能会因为业务上的无知而出现瞎指挥或冒险蛮干，给事业造成巨大损失。

第四，“因事择人”原则。从事业的需要、职位的需要出发去选用合适的人员，才能实现事得其人，人适其事，使人与事科学地结合起来。相反，如果因人设事，就会造成机构臃肿、人浮于事、增加用人成本、工作效率低下等后果。贯彻因事择人原则是避免因人设事和防止机构膨胀的前提，是避免走人“帕金森定律”所述误区的必要条件。

第五，竞争性原则。竞争性原则是指在公职人员的录用中，公共部门把其空缺的职位和所需的资格条件向社会公开，凡符合条件的人一律机会均等，公开报名，公平考试，公正录用。根据考试结果择优录取，避免任人唯亲等不正之风，广开用人渠道，择优选拔优秀人才进入公职人员队伍。上述案例在考试结果的评定上不够客观，因此结果也显得模棱两可。这有悖于竞争性原则。

综合测练与参考答案（二）

一、单项选择题（每题 2 分，共 10 题）

1. 下列不是公共管理学诞生的背景的选项是：（　　）。

A. 第三次浪潮　　B. 知识经济　　C. 信息社会　　D. 工业社会

2. 政府内在性的表现以下除（　　）都是正确的。

A. 政府官员以增进政府绩效来应付更多的公共事务

B. 政府官员总是招录更多的人员充实到政府机构

C. 政府官员追求不断的晋升和轻松的工作

D. 政府官员都有使自身利益最大化的倾向

3. 以下关于国家对公共企业实施监管不正确的说法是：（　　）。

A. 对公共企业经营运作进行干预

B. 对行政部门管理公共企业的具体行为进行监督

C. 国会对行政部门和企业的监管

D. 政府主管部门的监管

4. 非营利组织在人力资源管理策略上更强调：（　　）。

A. 创造利润　　B. 价值体系和使命感的作用

C. 统一指挥　　D. 组织协调

5. 在战略的制定实施过程中，公共部门不受以下哪个因素制约：（　　）。

A. 资金制约　　B. 利润制约　　C. 法规制约　　D. 透明度制约

6. “公共组织决策和管理权力由两人以上组成的委员会共同行使，按少数服从多数的原则集体决定、共同负责的组织体制”是（　　）的组织特征。

A. 职能制　　B. 分离制　　C. 分权制　　D. 委员会制

7. 关于渐进决策模型以下不正确的陈述是：（　　）。

A. 渐进方式是一种次优的决策模式

B. 渐进方式可以帮助人们检验所做的抉择是否正确

C. 渐进方式比较稳妥，容易控制

D. 渐进方案会以不断尝试的方式，找出一种满意的结果

8. 公共部门人力资源管理职能中，通过专门的技术和程序，对职位进行评价，确定职位的相对价值差异的是：（　　）。

A. 职位评价　　B. 工作分析　　C. 战略规划　　D. 绩效评估

9. 下列哪一项不是公共预算管理的原则：（　　）。

A. 全面性　　B. 统一性　　C. 内部性　　D. 年度性

10. 下列哪一项不是公共部门绩效评估指标体系的设计原则（　　）。

A. 反馈原则　　B. 一致性原则　　C. 客观性原则　　D. 整体性原则

二、多项选择题（至少两个正确选项，每题 2 分，共 10 题）

1. 传统公共行政学的局限在于：（　　）。

A. 理论框架局限　　B. 管理主体局限

C. 管理理念与手段局限　　D. 管理对象与目标局限

2. 市场机制在以下哪几个方面是无能为力的：（　　）。

A. 宏观经济的稳定和长远发展　　B. 消除自由竞争导致的垄断

C. 公共物品的提供和外部性问题的解决　　D. 收入的再分配

3. 公共企业面临以下哪些更为复杂的委托—代理问题：（　　）。

A. 公共企业不像私人企业那样产权明晰带来监督难题

B. 作为公共企业委托者的政府部门具有多元目标

C. 公共企业的激励机制通常不如私人企业完善

D. 间接的委托代理关系致使公众无法很好地制约公共企业的经营者

4. 各国在法律上对非营利组织的“资格认定”主要涉及：（　　）。

A. 非营利组织的类型　　B. 非营利组织的宗旨

C. 确认非营利组织的登记程序　　D. 确认非营利组织的其他条件

5. 确立公共部门战略议程的作用：（　　）。

A. 是战略管理的核心问题

B. 是无足轻重的

C. 对于实现组织的目标或理想有重大的影响

D. 可以帮助组织确定一个当前必须处理的议题

6. 行政管理学派组织理论的代表人物主要有：（　　）。

A. 法约尔　　B. 古立克　　C. 厄威克　　D. 泰勒

7. 从政策层次的角度，可以将公共政策划分为以下几种基本类型：（　　）。

A. 元政策　　B. 总政策　　C. 基本政策　　D. 具体政策

8. 公共部门人力资源管理的发展趋势有（　　）。

A. 人力资源管理的网络化　　B. 人力资源的知识化和专家化

C. 强调战略性的人力资源管理　　D. 人力资源管理外包

9. 对于绩效预算，下列说法正确的是：（　　）。

A. 在胡佛委员会的建议下，美国于 1949 年首次大范围内采用了正式绩效预算模式。

B. 绩效预算就是以项目的绩效为目的，以成本 - 收益分析确定的支出费用为基础和管理的预算。

C. 绩效预算以成本的观念来衡量工作成果，对每个项目都必须经过科学的论证和评估，这对监督和控制财政支出、防止浪费都有积极作用。

D. 绩效预算重视对预算支出效益的考察，使预算可以反映支出所产生的预计效益。

10. 下列属于公共部门绩效评估的衡量指标体系的是：（　　）。

A. 质量指标　　B. 合适度指标　　C. 效果指标　　D. 成本—效益指标

三、判断题（正确的标 A，错误的标 B，每题 1 分，共 10 分）

1. 1887 年美国学者伍德罗·威尔逊发表了《行政学研究》一文，标志着公共行政学学科的建立。

2. 非营利组织提供的比较多的是纯粹的公共产品。

3. 提高一国或地区的人力资源质量是人力资源发展的重要目标和方向。

4. 强化公共伦理责任，加强公职人员的道德建设是公共部门人力资源管理的重要任务，也是公共部门人力资源管理的大势所趋。

5. 公共的预算过程也是利益协调的过程。

6. 项目预算也称为规划 - 计划 - 预算制度（PPBS）。它最早由美国肯尼迪政府时期的国防部长罗伯特. 麦克纳马拉在美国国防部引入了这一预算系统。

7. 传统公共管理方法中的行政方法具有权威性、强制性、无偿性、复杂性的特点。

8. 全面质量管理是以质量为中心，建立在组织全体员工参与基础上的一种管理方法。

9. 分级管理原则和非竞争性原则，是我国非营利组织登记管理制度上的两个重要原则。

10. 专家会议决策法是指让专家们背靠背地提出解决某一问题方案的方法，往往采用函询调查的形式。

四、简答题（每题 5 分，共 2 题）

1. 简述公共部门与私人部门战略管理的区别。

2. 简述公共组织的特性。

五、论述题（每题 10 分，共 2 题）

1. 试述公共政策在现代公共管理中应能发挥的功能。

2. 论述公共部门绩效管理的障碍及其克服。

六、案例题（每题 20 分，共 1 题）

北京市以中关村为龙头，全面带动电子政务建设

1999 年，国务院决定加快中关村地区高新技术产业的发展，要求中关村科技园区的建设和发展要以海淀园为核心，以科技创新为基础，将中关村地区密集的智力资源转化为以市场为导向的科技成果，通过孵化创业和规模化生产经营，向全市和全国辐射，促进高新技术产业化。同时要求，中关村科技园区应当按照体制创新和精干、高效、减少层次的原则，建立符合先进生产力发展要求，适应市场经济需要，有利于服务高新技术企业和其他市场主体，有利于发挥中关村科技园区核心区智力密集优势的管理体制和运行机制。

当时，作为中关村科技园区的管理机构，整个中关村科技园区管委会仅有 45 个人员编制，而管理对象则十分庞大，一个海淀园就直接面对着 6 000 多家企业，而且每年都有上千家新增企业入园。显然，传统衙门式的政府管理模式和工作方式已经远远不能适应新的要求。这样，根据北京市委、市政府的决定，电子政务工程试点项目在中关村科技园区海淀园迅速启动。1998 年，“中关村”网站正式建成。1999 年，中关村创新资源网和企业协会助新网建成。2000 年 5 月，“数字园区”工程启动。7 月，“数字园区”一期开通。8 月，“数字园区”二期启动。

中关村科技园区海淀园“数字园区”网上办公系统是园区管委会为提高对园区企业的管理与服务水平，简化、优化企业办事程序，以 Internet 为工作平台，将海淀园管委会所辖的 12 个直属职能部门 5 大类 64 项管理与服务项目转移到网上来实施，同时开放与企业管理相关的其他 5 个政府部门的接口，实现政府管理模式的网络化。

据了解，2000 年海淀区地税收入 48.79 亿元，比上年同期增长 26.73%，居北京市 18 个区县首位，这主要归功于中关村科技园区海淀园的高科技企业税收。同时，由于一系列优惠政策措施的出台以及政府管理体制的创新，2000 年海淀园也迎来了新一轮的入园高潮。一至三季度即新增企业 1 054 家，且很快成为海淀园经济新的增长点。同时许多跨国公司和中资企业将研发机构和研发中心转移到海淀园。一大批符合市场经济运行机制要求的高新技术企业群体的形成，为高新技术产业发展奠定了重要基础，同时也带动了地税收入的大幅增长。

这也坚定了北京市政府加快推行电子政务的决心。截至目前，北京市已有 123 个机关单位在“首都之窗”上建立了自己的网站。“首都之窗”作为北京市级机关中心网站，已经成为市民了解政府部门的捷径。同时，市政府大多数委办局都建立了自己的局域网，实现了内部联网。

按照北京市电子政务工作会议提出的北京市政务信息化工作的目标，到 2005 年底，建成体系完整、结构合理、高速宽带、互联互通的电子政务网络系统，以政策系统共建共享的信息资源库，全面开展网上交互式办公。为此，市政府将陆续出台一系列相关的政策措施。

问题：评析北京中关园电子政务的建立给政府工作带来了什么影响？

参考答案

一、单项选择题（每题 2 分，共 10 题）

1. D；2. A；3. A；4. B；5. B；6. D；7. A；8. A；9. C；10. A

二、多项选择题（至少两个正确选项，每题2分，共10题）

1. ABCD；2. ABCD；3. ABCD；4. ABCD；5. ACD；6. BCD；7. ABC；8. ABCD；9. ABCD；10. ABCD

三、判断题（正确的标A，错误的标B，每题1分，共10分）

1. A；2. B；3. A；4. B；5. A；6. A；7. B；8. A；9. A；10. B

四、简答题（每题5分，共2题）

1.（1）公共部门与私人部门在战略内容上的区别表现在：首先，公共部门的战略管理比私人部门的战略管理更具广泛性和复杂性。其次，私人部门的战略管理是为争夺更多市场和追逐更多利润进行的战略管理，具有明显的竞争性；而公共部门只是将竞争作为提高绩效的手段而非目的，在战略管理方面更强调协作关系而不是竞争关系。（2）公共部门和私人部门在战略目的上的区别表现在：首先，私人部门战略管理的根本目的是追求利益最大化；而公共部门战略管理的目标是为了实现公共利益。其次，与私人部门战略管理实现"经济利益"的明确导向不同，公共部门在实施战略管理中必须了解公众要求和期望，对不同利益相关者的需要进行有效的判断、满足。（3）在战略的制定实施过程中，公共部门会受到私人部门所没有的因素的制约，这些制约因素是公共部门在战略制定中必须考虑的。

2. 公共部门和私人部门的差异性决定了公共组织与私人组织具有本质上的区别。公共组织独具的特性可以归纳为以下几点：（1）公共组织以追求公共利益为价值取向。（2）公共组织的活动既受法律规范的约束，同时又体现法律的权威性。（3）公共组织的权威具有割裂性。（4）公共组织受到高度的公众监督。（5）公共组织间的相互依存性。（6）公共组织对政治文化因素的考虑。（7）公共组织的目标大多模糊不清且不易测量。（8）公共组织的独占性。

五、论述题（每题10分，共2题）

1. 公共政策在现代公共管理中应能主要发挥以下几方面功能。

（1）引导功能。是指政策能够引导社会公众和事物的发展方向，使其趋向于政策制定者的期望目标。（2）调控功能。是指政策能够借助法律、经济、行政和道德规范等各种手段，调控社会公共事务中产生的种种利益矛盾。（3）分配功能。是指政策能够通过政府的社会再分配职能，在一定历史时期的特定分配原则的指导下，对新创造的社会价值在不同社会成员之间进行重新分配以实现预期目标。（4）创新功能。是指政策能够在其自身活动过程中，通过不断引入新思想、新方法、新观念和新方案来完成对自己的更新和完善，以便能在协调社会政治经济关系和满足社会需求方面更加得心应手。

2. 公共部门绩效管理的障碍包括：（1）非市场产出的公共部门的产出大多难以量化，它一般并不直接从事生产活动，而是提供公共服务，这种服务是无形的。（2）公共部门目标的多元性，且大多抽象笼统。（3）公共部门难以用统一的绩效指标体系来衡量，绩效评估是依据一定的标准进行的价值判断活动，因此，制定绩效标准及其绩效指标体系是进行绩效评估的前提。(4) 组织的障碍。(5) 绩效管理信息系统的不完善。克服公共部门绩效管理障碍的途径有：(1) 尽量使绩效目标明确化，具体化。(2) 因地制宜地设计绩效指标体系。(3) 加强绩效管理的制度化、法制化建设。(4) 建立民主参与机制。(5) 发展和优化组织能力。(6) 要能持续不断地发现问题和改进绩效的机会。(7) 建立健全绩效管理信息系统。

六、案例题（每题 20 分，共 1 题）

案例分析：电子信息网络方法是指政府通过电子信息网络手段对行政工作进行管理的方法。北京市中关村科技园区管理委员会就是通过建立“中关村”网站以及“数字园区”系统来对园区进行管理的。通过管委会采用电子信息网络方法之后所取得的成效来看，这一方法对于行政管理活动具有两方面意义。

首先，电子信息网络方法有利于行政机构的精简。在“数字园区”信息网络系统建成之后，包括企业审批在内的有关科技园的行政管理工作全部转移至网络平台之上。行政主体和行政客体可以通过网络进行互动，这样一来，以前部分中层管理人员的职能便被网络取代。这也就是只有区区 45 人编制的中关村科技园区管委会能够对偌大的一个科技园区进行有效管理的主要原因之一。

其次，电子信息网络方法可以改进政府公共管理，改善政府的公共服务。中关村科技园区管委会通过建设电子信息网络平台，使各项政策信息的发布、各企业对于政策的反馈变得更加便利，大大提高了政府的行政沟通水平。同时，电子信息网络平台的建设，使得各项政务信息公开的原则得到了更好的贯彻，从而提高了政府的威信。

综合测练与参考答案（三）

一、单项选择题（每题 2 分，共 10 题）

1. 下列关于公共选择理论错误的选项是：（　　）。

A. 公共选择理论是由美国著名经济学家布坎南创立的

B. 公共选择理论把“经济人”的假定引入对政治市场的研究

C. 公共选择理论最重要的成果是关于市场失灵的理论

D. 公共选择理论认为政府部门具有扩张的内在动机

2. 1993 年，美国总统克林顿宣布了一项为时 6 个月的（　　）计划，对联邦政府的行为进行全面调查研究，并委托副总统戈尔率领一个工作组开展这项工作。

A. 企业型政府　　B. 政府再造　　C. 重塑政府　　D. 公民宪章

3. 关于公共企业民营化的作用以下不正确的说法是：（　　）

A. 民营化可提高公共企业的效率　　B. 民营化能够吸引私人资本参与

C. 民营化可减轻政府财政负担　　D. 民营化减少了政府的财政来源

4. 与营利性组织相比，非营利组织在进行管理时面对的制约：（　　）

A. 只来自社会　　B. 更少　　C. 只来自政府　　D. 更多

5. 哪个因素未对公共部门战略管理产生重要影响：（　　）

A. 公共部门环境的特殊性　　B. 公共部门交易的特殊性

C. 公共部门组织的特殊性　　D. 公共部门内部管理的特殊性

6. 下列不属于学习型组织的内容的是：（　　）

A. “自我超越”　　B. “分权”　　C. “建立共同愿景”D. “系统思考”

7. “公共政策是对全社会的价值做权威性的分配”这一定义的提出者是：（　　）

A. 托马斯·戴伊　　B. 詹姆斯·安德森

C. 哈罗德·拉斯韦尔　　D. 戴维·伊斯顿

8. 人力资源管理的最新发展趋势是：（　　）。

A. 人事管理　　B. 劳工管理

C. 福利管理　　D. 战略性人力资源管理

9. 请选出下列选项中叙述错误的一项：（　　）。

A. 政府预算必须是完整的，包括政府所从事的所有的财政收入和支出的内容

B. 根据《预算法》规定，我国的预算年度属于跨历年制

C. 政府预算必须真实可靠，预算收支数额不允许虚列冒估。性质不同的预算收入应该严格区分，不能随意混淆

D. 预算作为政策工具，首先要有可操作性，这样才能满足财政管理中提高效率的要求。同时，为适应经济中不断变化的形势，要求预算编制前的预测要尽可能准确

10. 下列哪一项不属于公共部门绩效评估的衡量指标体系（　　）。

A. 产出指标　B. 合理性指标　C. 合适度指标　D. 质量指标

二、多项选择题（至少两个正确选项，每题 2 分，共 10 题）

1. 公共管理的基本特征有：（　　）。

A. 政府是唯一治理主体　B. 分权式的管理环境

C. 重视结果和个人责任　D. 在公共部门中引入竞争机制

2. 西方国家“政府再造”的特征有：（　　）

A. 与行政环境变化相适应　B. 广泛采用私营部门的管理方式

C. 着重于政府如何运作　D. 重新探索政府与社会的关系

3. 西方国家公共企业民营化的基本途径有：（　　）

A. 放松管制　B. 承包和租赁　C. 出售　D. 放权

4. 目前世界各国非营利组织的登记制度主要有：（　　）

A. 严格审查制度　B. 许可批准制度　C. 登记备案制度　D. 登报声明制度

5. 战略实施的手段主要包括：（　　）

A. 政治手段　B. 法律手段　C. 激励手段　D. 组织文化

6. 下列属于泰勒科学管理主张的有：（　　）

A. 计划职能与执行职能分开　B. 职能工长制

C. 例外管理　D. 满足职工的精神需求

7. 下列属于公共政策典型决策模型的有：（　　）。

A. 理性决策模型　B. 渐进决策模型　C. 系统决策模型　D. 集团决策模型

8. 我国国家公务员制度的基本原则是：（　　）。

A. 党管干部原则　B. 竞争原则　C. 效率原则　D. 法制原则

9. 我国的预算执行机构包含哪三个层次：（　　）。

A. 国务院和各级地方人民政府及其所属的财政部门

B. 中央和地方各级主管部门及其所属的各预算单位

C. 政府专门设立的预算管理机构

D. 银行和金融机构

10. 公共部门绩效评估指标体系的设计原则是：（　　）。

A. 一致性原则　B. 客观性原则　C. 整体性原则　D. 可测性原则

三、判断题（正确的标 A，错误的标 B，每题 1 分，共 10 分）

1. 传统公共行政学的核心管理理念可以概括为“全能的政府以行政的手段实施全面

管理”，这就在管理主体上排除了非政府主体的参与。

2. 公共管理主张在公共部门中引入竞争机制。

3. “非营利组织”这一概念是从组织目标上加以界定的，强调这些组织的宗旨不是为所有者营利，但并不是说它们就不盈利。

4. 非营利组织理论上应该是独立于企业和政府之外的，在现实的发展中，三者之间的界限十分清楚。

5. 目前世界上绝大多数国家非营利组织的成立制度，都是登记备案制度和登报声明制度。

6. 公共部门人力资源管理的发展趋势从“人事管理”转向追求“以人为本”的人本管理理念。

7. 传统人事管理以事为中心，而人力资源管理把人放在第一位。

8. 标志着我国国家公务员制度的基本框架已经建立的是《公务员法》的出台并实施。

9. 各级政府编制统一的预算，应该按照统一的科目、统一的口径和统一的程序加以计算和全额编列。

10. 预算财政年度的公历年制，是从公历1月1日到公历12月31日，我国预算不属于公历年制。

四、简答题（每题5分，共2题）

1. 简述电子政务的概念。

2. 简述公共管理的责任的内容。

五、论述题（每题10分，共2题）

1. 论述转型期中国的公共管理伦理建设。

2. 试述传统官僚组织的困境。

六、案例题（每题20分，共1题）

行政审批与行政效率

从2001年3月20日起，深圳市宝安区、镇两级分别实行联合办公。区级联合办公有成员单位和常务单位14个。常务成员单位有区工商分局、环保局、运输局、规划国土分局、经发局、卫生局、消防大队、房屋租赁办。非常务成员单位的指派人员采取预约的方式，通知到场办公。镇级联合办公常务成员单位有工商所、消防中队、房屋租赁办、计生办、环保所、国土所、防保所、交管站。联合办公实施以来，对转变机关作风，树立政府形象，提高行政效率，优化投资环境发挥了积极的作用，达到了预期目的。

实行联合办公后，审批速度加快，“提速”明显。联合办公由于简化了办事程序，提高了办事效率，从而极大地激发了群众的办照热情。据统计，从2001年3月20日联合办公开始至当年年底，各职能部门共接受现场咨询一万多人次，受理材料2 500余份，仅工商分局实行联合办公后就受理各类企业开业、变更、注销共2 500份，发出营业执照

2 000 多份，比上年同期分别增长了 63% 和 56%。同样，镇级联合办公也提速明显，共办理个体工商户营业执照 6 000 多份。其中公明、龙华、松岗镇的成效比较显著。公明镇每逢周二实行联合办公审批，并实行“会审制”，即每个联合办公日下午 4 点，所有联合办公成员单位工作人员，对当日受理的申请中需要进行现场调查的单位或个人的经营场所，集中前去调查会审、现场审批；不能现场审批的则出具整改意见或作出说明。同时，他们实行固定办公与流动办公相结合的办法方便群众。为解决边远地区群众到固定办公地点办理证照不方便的问题，公开推出了流动办公制，将固定办公与流动办公结合起来。该镇还制定了严格的联合办公工作制度、签到制度及请、销假制度，不允许迟到或缺席，如要请假，需由分管的副镇长、联合办公领导小组组长审批。由于该镇对联合办公高度重视，实行联合办公以来，已办理执照 600 多份，比上年同期增长 50% 以上。龙华镇和松岗镇的办照速度也很快，龙华推出了“办事承诺制”，规定办照的最长时间不超过 5 天，有的行业在当天就可办到营业执照。联合办公的效率受到了群众的欢迎和赞扬。

问题：谈谈深圳市政府在行政审批过程中采取哪些措施提高行政效率。

参考答案

一、单项选择题（每题 2 分，共 10 题）

1. C；2. B；3. D；4. D；5. C；6. B；7. D；8. D；9. B；10. B

二、多项选择题（至少两个正确选项，每题 2 分，共 10 题）

1. BCD；2. ABCD；3. ABC；4. BCD；5. ABCD；6. ABC；7. ABCD；8. ABD；9. ABC；10. ABCD

三、判断题（正确的标 A，错误的标 B，每题 1 分，共 10 分）

1. A；2. A；3. A；4. B；5. A；6. A；7. A；8. B；9. A；10. B

四、简答题（每题 5 分，共 2 题）

1. 电子政务就是政府机构应用现代信息和通讯技术，将政府管理和服务通过网络技术进行集成，并对政府需要和拥有的信息资源进行有效的开发和管理，同时改进、优化政府的组织结构、业务流程和工作方式，并以打破时间、空间和部门分割的制约，从而加强政府业务运作的有效监管，提高政府的工作效率、决策质量、调控力度、廉洁程度，节约行政开支，全方位地向社会提供高效、优质、规范、透明的管理和服务。

2. 公共管理的责任主要包括：政治责任、法律责任和道德责任。所谓政治责任即指国家机关及其工作人员的所作所为必须合理、合目的性，其政策、法律、规章、行政命令等决策必须符合人民的意志与利益。所谓法律责任是指由法律明确规定的，由国家强制力保障实行的，由国家授权机关依法进行追究的违法机关或个人必须承担的责任。所谓“道德责任”，即指管理机关及其管理人员在执行职务时必须承担的道德意义上的责任，其主要依靠管理人员的伦理自律性和新闻媒体与公众舆论的追究机制来实现。

五、论述题（每题10分，共2分）

1. 行政伦理体系的建构必须从外部和内部双重层面的分析入手，通过外部控制和内部控制的双重架构融合互动，整合为适应政府转型的公共行政伦理体系。

内部与外部控制的整合是伦理发展的规律性选择。在制度安排中应注意两者的结合，并灌输适应现代社会及我国政府转型时期的伦理理念。（1）树立适应时代精神的伦理价值观。全球化是推进西方国家政府管理理念和治理模式变迁的积极有力的因素，它带来了各国管理伦理的整合。在这样的大背景下，我国伦理制度安排必须接受和融合全球化的管理伦理思维，打破封闭的、守旧保守的伦理秩序，建构起新型的伦理基础。（2）树立适应政府转型时期的责任伦理。在政府转型时期，强调民主责任就在于求得二者的平衡。公共组织如不体现民主责任，就缺乏公平正义的行政伦理。公开化就是强化民主责任的一种手段。（3）建立规范公共组织制度行为的伦理保障系统。第一，伦理的教育。在公共行政伦理体系的建构过程中，应关注对个人伦理取向的各种影响因素，以此为着眼点，培育适应转型要求的公务员个体伦理价值体系。第二，伦理的法制化。不仅要以立法的形式对各级政府的制度行为进行伦理的考察，而且对各级政府的制度行为在其范围、权限、内容、力度等方面给予明确的限定，对擅自越位者给予有力的惩罚。第三，伦理建设的民众参与。伦理建设必须要广开言路，建立民众的民主参与机制。

2. 传统官僚组织虽然是一种理性的结构设计，但在预期的正面效果之外，也产生了始料不及的副作用。

（1）决策权威集中化造成管理的恶性循环。传统官僚组织的结构特色之一是决策权威的集中化，强调统一指挥、单一权威的原则。权力集中的现象反映主管对人员失控的忧虑和不信任。上级未能充分信任下属，则必然采取严密的监督方式，若采取严密的监督就势必缩小主管的控制幅度，而控制幅度的缩减则造成上下层级数的增加，因而促成机关的金字塔结构形态；层级越多，权力越集中，则上下沟通越困难，越无法相互了解，这样就加重了上级对下级失控的紧张和不信任以及管理上的恶性循环。

（2）专业分工原则的扭曲。科层体系的专业分工原则原是为发挥专才专用的效率结果，但也可能使垂直的权力斗争“水平化”。科层的水平权力争执加上上下层级的线型关系，将使组织内部、组织之间的网路联系更加困难。

（3）制式化对组织效能的可能影响。随着机关的成长与行政环境的改变，制式化对组织效能也会产生种种不利的影响：其一为线性负相关，由于制式化容易压抑工作人员的创新动机，往往会造成效能不增反而下降；其二，制式化的努力虽然可以促成机关运作的理性化，并建立起合理的运作体制，使组织效能随之提高。但当体制作用超过其所能处理环境问题的能力时，科层的反功能就出现了，组织效能也就随之下降。

（4）遏制组织学习。组织学习是组织发展和组织创新的一个条件，理论研究和经验表明，传统的科层组织存在着遏制组织学习和创新的趋向，这主要表现在：① 学习动机的钝化。② 偏好经验学习。③ 形成组织学习的断层。

（5）科层价值与民主价值的冲突。传统官僚组织确实是一种进行管理的有效工具，但它与民主管理的理念却存在着一定的冲突。从民主发展的过程来看，政治科层化所造成的精英统治、权力集中，与民主多数统治的原则是相背离的。

六、案例题（每题 20 分，共 1 题）

案例分析：在上述案例中，保安区委、区政府在深圳市委、市政府的指导下，开展联合办公，简化办事程序，加快审批速度，取得明显成效。

1. 遵循实事求是的科学态度，处理好改革进度与工作质量的关系

宝安区按照改革的原则，遵循实事求是的科学态度，结合当地实际情况，对行政审批项目的去留作出了科学的决断。宝安区的实践证明，只有通过深入的研究和论证，才能作出正确的决策，该削减的要坚决削减，该加强的要切实加强，不能单纯追求数量的减少，不能只顾改革的短期效应，更应注重质量保证。

2. 充分发挥各方面的智慧和力量，形成工作的合力

行政审批改革涉及方方面面，要处理的问题比较复杂，需要调动各方面的力量，协调动作，相互支持，形成合力，提高改革的整体功能。在改革的各阶段始终注意发挥各部门的作用，形成工作"一盘棋"。宝安区实行的区、镇两级联合办公，包括许多常务成员单位，正是集中了各方面的力量和智慧，调动各成员单位的积极主动性，相互支持，协调工作，形成了工作合力，使得这一改革举措取得成功。

3. 联合办公是地方政府管理工作中的创新之举

区、镇政府带头联合办公，提高了办事效率，切实为群众提供了高质量、高效率的服务。有关职能部门也研究制定了改革新举措。这些成功经验表明，只有解放思想，实事求是，在实践中积极探索，充分发挥主观能动作用，大胆摒弃不合时宜的观念和做法，勇于提出新观点、新构思，制定新战略，才能把提高行政效率这一目标落到实处。

参考文献

1. 陈振明．公共管理学．北京：中国人民大学出版社，1999.

2. 陈振明．公共政策分析．北京：中国人民大学出版社，2002.

3. 陈振明．公共管理学．2版．北京：中国人民大学出版社，2003.

4. 陈振明．政府再造：西方“新公共管理运动”述评．北京：中国人民大学出版社，2003.

5. 陈天祥．公共部门人力资源管理及案例教程．北京：中国人民大学出版社，2008.

6. 曹现强，王佃丽．公共管理学概论．北京：中国人民大学出版社，2005.

7. 邓子基．财政学．北京：高等教育出版社，2001.

8. 樊勇明，杜莉．公共经济学．上海：复旦大学出版社，2001.

9. 傅明贤，倪星．行政组织理论．北京：高等教育出版社，2000.

10. 高培勇，王雍君．公共预算管理．北京：经济科学出版社，2003.

11. 黄达强．行政学．北京：中国人民大学出版社，1988.

12. 黄梯云，李一军．管理信息系统．北京：高等教育出版社，2005.

13. 李世英．行政管理学新编．北京：中国人民公安大学出版社，2002.

14. 刘丽霞．公共管理学．北京：中国财经出版社，2002.

15. 卢洪友．政府职能与财政体制研究．北京：中国财政经济出版社，1999.

16. 毛寿龙，李梅．有限政府的经济分析．上海：上海三联书店，2000.

17. 毛寿龙，等．西方政府的治道变革．北京：中国人民大学出版社，1998.

18. 彭和平．公共行政管理．北京：中国人民大学出版社，1995.

19. 金太军，等．政府职能梳理与重构．广州：广东人民出版社，2002.

20. 金江军．电子政务高级教程．北京：中国人民大学出版社，2005.

21. 芮明杰．管理学．上海：人民出版社，1999.

22. 沈亚平．行政学．天津：南开大学出版社，2001.

23. 孙本初．公共管理．3版．台湾：智胜文化事业有限公司，2001.

24. 孙光德，董克用．社会保障概论．北京；中国人民大学出版社，2000.

25. 孙明．市场、政府、国家公务员．北京：东方出版社，1997.

26. 孙柏瑛．公共部门人力资源开发与管理．北京：中国人民大学出版社，2006.

27. 唐兴霖．公共行政学：历史与思想．广州：中山大学出版社，2000.

28. 王传宏，李燕凌．公共政策行为．北京：中国国际广播出版社，2002.

29. 王伟．行政伦理概述．北京：人民出版社，2001.

30. 汪玉凯．公共管理．北京：中央党校出版社，2002.

31. 卫兴华．市场功能与政府功能组合论．北京经济科学出版社，1999.

32. 吴刚．行政组织管理．北京：清华大学出版社．1999.

33. 吴锦良．政府改革与第三部门发展．北京：中国社会科学出版社，2001.

34. 吴琼恩，等．公共管理．台湾：智胜文化事业有限公司，2001.

35. 夏海．中国政府架构．北京：清华大学出版社，2001.

36. 向涛，马金城．公共管理学概论．北京：中国商业出版社，2001.

37. 夏书章．行政管理学．广州：中山大学出版社，1998.

38. 徐理明，彭兴业．国家公务员制度．北京：高等教育出版社，2002.

39. 俞可平．治理与善治．北京：社会科学出版社，2000.

40. 郁义鸿．组织修炼．上海：译文出版社．1997.

41. 曾繁正．行政组织管理学．北京：红旗出版壮，1998.

42. 詹中原．新公共管理：政府再造的理论与实务．台湾：五南田书出版有限公司，1999.

43. 张成福，党秀云．公共管理学．北京：中国人民大学出版社，2001.

44. 张国庆．行政管理学概论．北京：北京大学出版社，2000.

45. 张康之．公共行政学．北京：经济科学出版社，2002.

46. 张康之，凌岚，等．公共管理导论．北京：经济科学出版社，2003.

47. 张立荣．论有中国特色的国家行政制度．北京：中国社会科学出版社，2003.

48. 张良，等．公共管理导论．上海：上海三联书店，1999.

49. 张进铭．政府在经济发展中的作用．北京：经济管理出版社，2001.

50. 张思锋，温海红，赵文龙．社会保障概论．北京：科学出版社，2003.

51. 赵国俊．电子政务教程．北京：中国人民大学出版社，2004.

52. 郑杭生．社会学概论新修．北京：中国人民大学出版社，1998.

53. 周志忍．当代国外行政改革比较研究．北京：国家行政学院出版社，1999.

54. 朱国云．组织理论：历史与流派．南京：南京大学出版社，1997.

55. 竹立家，李登祥．国外组织理论精选．北京：中共中央党校出版社，1997.

56. 竺乾威．公共行政学．上海：复旦大学出版社，2000.

57. ［美］B·盖伊·彼得斯．政府未来的治理模式．吴爱明，等，译．北京：中国人民大学出版社，2001.

58. ［美］戴维·奥斯本，特德·盖布勒．改革政府：企业精神如何改革着公共部门．上海：上海译文出版社，1996.

59. ［美］戴维·奥斯本，彼德·普拉斯特里克．摒弃官僚制：政府再造的五项战略．谭功荣等译．北京：中国人民大学出版社，2002.

60. ［德］马克思·韦伯．经济与社会（下卷）．林荣远，译．北京：商务印书馆，1997.

61. ［美］杰伊·M·谢夫利兹．政府人事管理．北京：中共中央党校出版社，1997.

62. ［美］罗伯特·达尔．公共行政科学：三个问题．彭和平，等，编译．北京：中共中央党校出版社，1997.

63. ［澳］欧文·E·休斯．公共管理导论．北京：中国人民大学出版社，2001.

64. ［美］瑞尼．理解与管理公共组织．北京：清华大学出版社，2002.

65. ［美］萨缪尔森，诺德豪斯．经济学．北京：中国发展出版社，1992.

66. ［美］斯蒂格利茨．政府为什么干预经济——政府在市场经济中的角色．郑秉文译．北京：中国物资出版社，1998.

67. ［美］特里·L·库柏．行政伦理学：实现行政责任的途径．北京：中国人民大学出版社，2001.